直译意译问题的元理论研究

方仪力　著

科学出版社

北　京

内 容 简 介

直译意译问题是翻译研究中的经典问题，亦是普通读者探讨翻译的切入点。本书以抽丝剥茧的方式考察了中西翻译理论史上代表性直译意译讨论，探讨了直译意译问题的提出、展开和深化的过程，呈现了直译意译问题背后的普遍主义思维方式，从而彻底打破了直译、意译两个概念长期以来的二元对立局面，彰显了翻译论争背后求实和求真的面向。这为学界理性认识翻译问题提供了一定的话语资源，帮助翻译讨论脱离"好或不好"的主观臆断，同时有助于大众用事实而不是个人喜好正视翻译问题。

本书适用于高等院校翻译专业师生阅读，也可供其他翻译爱好者阅读参考之用。

图书在版编目（CIP）数据

直译意译问题的元理论研究/方仪力著. —北京：科学出版社，2024.7
ISBN 978-7-03- 078515-2

Ⅰ. ①直… Ⅱ. ①方… Ⅲ. ①翻译—研究 Ⅳ. ①H059

中国国家版本馆 CIP 数据核字（2024）第 097571 号

责任编辑：杨 英 赵 洁/责任校对：贾伟娟
责任印制：徐晓晨/封面设计：蓝正设计

科 学 出 版 社 出版
北京东黄城根北街 16 号
邮政编码：100717
http://www.sciencep.com
北京建宏印刷有限公司印刷
科学出版社发行 各地新华书店经销
*
2024 年 7 月第 一 版 开本：720×1000 1/16
2024 年 7 月第一次印刷 印张：15 1/4
字数：316 000
定价：**118.00 元**
（如有印装质量问题，我社负责调换）

代　序

　　序，亦称"叙"或"引"，有自序、他序、译者序等，素来为学人所重视，成文著书之际总少不了。毕竟，"序以建言，首引情本"[①]，一篇好的序言也可能成就传世名篇，如《桃花源记》《送东阳马生序》《〈天演论〉译例言》等皆是此类。然而，为人作序也好，自我作序也罢，总归是件难事。周作人曾称，"序实在不好做"[②]。话虽如此，他为人作的序也实在不少。或许作序经验丰富，他才颇有感触地说："作序是批评的工作，他须得切要地抓住了这本书和人的特点，在不过分的夸扬里明显地表现出来，这才算是成功。"[③]概言之，作序之人需要"知其人，明其文"方可下笔。好在，我今日是为自己曾经的博士研究生作序，所序之书是她当年的博士学位论文，因此也算是有了下笔的基础，权且勉力为之。

　　我与方仪力的师生缘分始于她在四川大学攻读博士学位期间。初识的她内敛沉稳，待人随和，睿智勤思。于学业而言，她涉猎广博而善慎思明辨，刻苦钻研而能通达事理。为学期间，她展现出了极大的学术热忱、极强的学术敏感性和严谨的治学态度，这为其日后系统性学术思想的养成奠定了坚实的基础。仪力的学术兴趣以翻译史为主，兼涉中西方哲学史、思想史、概念史、语言对比、语言哲学、文化史等多个领域，并先后对"清末民初译名问题""译名观演变与近代知

<hr>

① 黄侃：《文心雕龙札记》，上海：华东师范大学出版社，1996年，第73页。
② 周作人：《知堂序跋》，钟书河编，长沙：岳麓出版社，2016年，第Ⅱ页。
③ 周作人：《知堂序跋》，钟书河编，长沙：岳麓出版社，2016年，第Ⅱ页。

识生产研究""严复著译中的译者身份研究""翻译与会通西学：贺麟翻译思想研究""直译意译的元理论"等主题展开了系统研究。这些研究力图运用跨学科研究方法，在中国思想史、文化史和现代西方理论相互观照的宏观视野下，分析和解决问题。她所具有的问题意识和探索精神，使得她能够极快地抓住问题的本质和核心。其广博的阅读、完善的知识结构和慎思、明辨、严谨的治学态度展现出其很高的学术综合素养，能够胜任作为复杂性科学的翻译学研究。

《直译意译问题的元理论研究》以翻译理论研究者（甚至是非本学科人士）耳熟能详的两个术语"直译"和"意译"作为核心问题的生发源头，运用语言分析、逻辑分析和概念分析等方法，展示出了不同于以往的思考。在写作方式上，全书以历史语境和语言观念的梳理为经，以代表性翻译理论家的直译意译理论为纬，尝试在元理论层面探讨直译意译的合理性基础、论证方法和根本性立场。在逻辑架构方面，全书兼有历时和共时的向度。一方面将其置于中国传统佛学、清末民初中国语体文变革、西方古罗马到中世纪的修辞学和神学视阈、近代德国早期浪漫主义哲学运动，以及 20 世纪 60 年代以后的后结构主义思潮等中西思想史发展的关键历史剖面之中；另一方面又将其与"字对字"、"意对意"、"文"、"质"、异化和归化等共时概念作并置考察，从而以知识考古的方式在概念体系之中揭示出直译意译内涵与外延的嬗变历程。由此，全书在古与今、中与外有关直译意译的理论对话与张力之中揭示了直译意译问题背后的普遍主义思维方式，以及贯穿始终的"求真"和"求是"的形而上学向度。

本书作者称，《直译意译问题的元理论研究》"并非要为直译或意译作界，而是希望通过爬梳译论，正视重要概念背后的思想和理论演变"。这些看似普通的话语，实则体现了一位青年学者的理论自觉和方法自觉，体现了"慎思之、明辨之"的治学精神和"辨章学术，考镜源流"的治学方法。值得注意的另一维度是，作者并没有单纯从前代学者和后代学者相互影响的简单角度铺陈，而是更加侧重于挖掘不同历史时期不同学者在知识建构过程中的选择与诠释。葛兆光曾批评学界在讨论思想连续性时倾向于使用"影响"（influence）这个较为笼统的词语，认为类似的致思路径往往会忽略了思想史上后人的选择与诠释的力量。[1]在他看来，思想史的研究和写作实际上更应该是思想资源、历史记忆重新阐释、再

---

① 葛兆光：《思想史的写法——中国思想史导论》，上海：复旦大学出版社，2004 年。

度重构^①的过程。本书可谓是其生动实践。尤其难得的是，作者虽然选择了在中西话语的并置与勾连之中重置经典问题，显示出作者对本土现实和历史话语的重视，这在热衷于建构宏大理论和新奇概念的当下，更显珍贵。

当然，任何学术著作都有其局限性。钱穆指出"我们该从中国思想之本身立场来求认识中国思想之内容，来求中国思想本身所自有之条理组织系统，进展变化与其派别之分歧"^②。即便从中国本土理论话语演进的层面来看，全书的部分论断也绝非无可商榷之处。进而言之，直译意译问题背后牵涉的思想史、知识史和概念史问题，以及牵涉的多语种、多形体文献绝非本书范围所能够完全涵盖，亦非仅掌握中英两种语言的学者所能够完全把握。好在作者亦有"我罪我知"的虔敬态度，也期待她以此为起点，在漫漫学术路上，持续求索！

是为序。

2024 年 5 月

---

① 葛兆光：《思想史的写法——中国思想史导论》，上海：复旦大学出版社，2004 年。
② 钱穆：《中国思想史》，北京：九州出版社，2012 年，第 8 页。

自　序

　　直译与意译是中西翻译理论中一对重要术语，这对术语所引发的讨论贯穿了翻译理论的整个发生发展过程。围绕直译意译问题的讨论绝不是经验主义层面的简单争执，因而也不能用"如何译？""如何才能更好翻译？"等话语草率概括。从整体来看，该问题隐含着学界对"为何译？""可否译？""为谁译？""如何译？""译还是不译？"等翻译普遍问题的关切和思考，由此也就上升到对"何为翻译？""何为翻译理论？"等有关翻译和翻译学本体的考量。如果直译意译问题的讨论被视为观念发生碰撞和演绎的场域，那么重新认识直译意译问题，就能够为翻译研究者厘清翻译思想史发展的脉络提供方法论途径，同时也能为普通读者深入认识直译意译问题并为其反思翻译之实质和实效提供基本材料。

　　本书以中西翻译理论史上的直译意译问题为研究对象，以描述和重构为主要方法，通过分析和思辨直译意译背后的元理论问题，力图重新认识和理解持续不断的直译意译问题。在本书中，关键词"元"意为"超越"。本书聚焦的直译意译问题的元理论研究是以中西翻译理论史上的相关直译意译理论为研究对象的研究，即通过语言分析、逻辑分析和概念分析，辨析中西翻译理论史上直译意译讨论的合理性基础、论证方法和根本性立场。基于此，本书以历史语境和语言观念的梳理为经，以代表性翻译理论家的直译意译理论为纬，考察相关直译意译理论的提出、展开和深化的过程，探讨直译意译问题背后的形而上学和普遍主义思维方式，尝试为理性认识直译意译问题提供一定的话语资源。

　　本书除导论和结语外，共分四章，主要从历时和共时层面展开讨论。在历时层面，本书将研究对象置于中国传统佛学、清末民初中国语体文变革之中，亦置于西方古罗马时期到中世纪的修辞学和神学视域、近代德国早期浪漫主义哲学运动，以及 20 世纪 60 年代以后的后结构主义思潮中，探讨了不同历史时期直译意译问题讨论的目标、范畴和价值，明确了直译意译问题本身的内涵及其历史性生成。在共时层面，本书将中西翻译理论中直译意译问题作并置考察，力图呈现该问题背后的翻译思想和翻译观念，同时重新考察字对字、意对意、文、质、异化和归化等相关概念的基本内涵。

直译意译之争，中西学界见仁见智。从概念内涵到二者的相互关系，迄今仍无完全一致的理解。本书将直译意译问题重新置于"聚光灯"下，并非要为直译或意译划定内涵和外延的准确范畴，而是希望通过爬梳译论，正视重要概念背后的思想和理论演变。希望通过深入研究，完整呈现翻译学的研究路径，并进一步明确直译和意译不是割裂的二元对立概念，而是思想家在特定历史时期的历史认知和翻译观念的外化，且受历史语境和语言观念的影响。本书尝试用抽丝剥茧的方式说明，唯有通过联系历史语境，考察特定语言观念，翻译作为语言转换的实质才能得以明晰，翻译学相关讨论才能脱离似是而非的，尤其是"好或不好"简单的讨论方式，由此大众才能用事实而不是个人喜好来正视翻译问题。从哲学层面观之，在直译意译问题中始终存在一个求真和求是的形而上学向度。直译意译问题持续不断地被讨论的原因在于思想家对语言和语言背后的"是"与"真"的认识存在分歧。

本书是在我的博士学位论文基础上修改而来。该论文在 2015 年通过答辩，但从修改到付梓出版，前后历时九年。即便如此，我对直译意译这一庞大问题的思考仍未停止。当年攻读博士学位时，我有幸得到导师曹明伦教授的悉心指导，因此，本书包含了恩师的教诲和指教。

在本书漫长的修改过程中，我除得到曹明伦教授的精心指导外，在博士后工作期间，也有幸得到黄忠廉教授的教导和培养，写作和思考问题的方式受黄忠廉教授影响甚巨，此书的修改离不开黄师的指引和教导。

在书稿的完成和修改过程中，我曾得到四川大学英文系诸位教授，尤其是段峰、敖凡和叶英教授的精心指导，也得到了四川大学外国语大学廖七一教授，以及广东外语外贸大学莫爱屏、蓝红军、李瑞林等诸位教授的悉心指导，谨此一并致谢。

本书尚存参考不备或其他不当之处，祈望读者指正赐教。

方仪力

2024 年 7 月于成都

目　录

导　论

> 凡是值得思考的问题，没有不是被人思考过了的，我们所能作的不过是力图重新思考而已。
>
> ——歌德[①]

　　鉴于直译意译是普通读者在讨论翻译时频繁套用的术语，本书在铺陈翻译史料前，有必要从翻译学立场为读者简略梳理直译意译问题讨论的历史，并简要介绍本书的讨论对象、范围、展开讨论的立足点及方法，便于读者更好地理解本书的主旨和相关议题。

第一节　本书题解

　　本书的主要议题是讨论直译意译问题的缘起、发展、实质、历史意义和合理性基础。

　　作为两个并置讨论的术语，直译与意译常常被置于相对的位置，是普通读者在讨论翻译时频繁使用的一对术语。在一定程度上，直译与意译业已成为非常自然的范畴，无须加以特别的检视，使用之前也无须严格定义。但在中西翻译理论中，直译与意译却并非完全相对的概念，区分和明晰直译与意译概念的边界和内涵是翻译理论的重要组成部分。自翻译理论产生以来，无论翻译研究的重心如何转移，自始至终，直译意译问题作为一个持续不断的基本问题贯穿了翻译理论的

---

　　① 歌德：《歌德的格言和感想集》，程代熙、张惠民译，北京：中国社会科学出版社，1982年，第3页。

整个发生发展过程，是理解翻译学学科发展的切入点。

探查直译与意译两个概念的使用情况就不难发现，翻译学内部并未就直译与意译的基本概念达成共识，围绕上述两个术语的讨论不仅因语境和讨论层面的不同，不断发酵，以这样或那样的方式进行着，甚至还在不断的讨论中，逐渐形成了一系列新的表述，提出了一系列新的问题，持续推动了翻译理论的进一步发展。显然，抽象和空洞早已不能简单地概括和评价中西译学或公共讨论中的直译意译相关议题。从这一点而言，将直译意译问题化有助于读者理解和反思他们在讨论翻译时的标准、原则、目的和方式，进而推动公共领域内的翻译讨论始终以理性的方式开展。

继而，若将直译意译问题加以考量，读者就不难发现，学界围绕这两个术语展开的讨论绝非经验主义层面的简单探讨，因而无论直译还是意译，都不是关于"如何译"的问题，或关于哪一种方法更好的无效论争。从罗马时代的"字对字""意对意"之争到盘桓在西方思想史两千余年的"形""神""言""义"之辨，任何直译意译的讨论都不是价值无涉的。因而，一旦将直译意译问题化，读者将会发现，这是各种观念发生碰撞和演绎的场域。如果观念是用固定的关键词表达的思想，具有明确的价值方向[①]，那么在直译意译问题中隐含着论者对"为何译？""可否译？""为谁译？"，以及"如何译？"等翻译研究中的普遍问题的关切和思考是对"何为翻译？"与"翻译理论为何？"等有关翻译和翻译学本体的考量。可以说，作为问题的直译意译之争在中西翻译理论中被提出甚早，在大众的翻译讨论中也多有涉及，但有关直译和意译问题的理性认识却迟迟未出场。

审视过去两千多年的直译意译讨论，以下两个层面的问题至少应该引起足够的重视。

其一，迄今为止，中西译论中直译和意译这两个术语并无准确一致的界定。以直译为例，从《宋高僧传》中记载的"译经六例"[②]可知，中国传统译论中的

---

① 金观涛、刘青峰：《观念史研究：中国现代重要政治术语的形成》，北京：法律出版社，2010年，第4页。

② 赞宁在《宋高僧传》中总结了前人所提出的翻译的语言策略，成六例，即"译字译经为一例，胡语梵言为一例，重译直译为一例，粗言细语为一例，华言雅俗为一例，直语密语为一例"。参见赞宁：《宋高僧传》（卷三），载高楠顺次郎：《大正新修大藏经》第50册，台北：佛陀教育基金会出版部，1990年，第723页中。

直译概念最早是与重译相对的概念，指的是从梵文版本直接译经的翻译方式。中国现当代译论中常常使用的直译概念的内涵，又至少关涉"字对字"的翻译、直接翻译、词译和隔行对照翻译，可对应 word-for-word translation、literal translation、metaphrase、interlineal translation 等多个不同的西方译论术语。虽然直译和意译频繁见诸各种译学文献中，但其指称（reference）与意义（sense）却各有不同，由此在实际的讨论中，直译与意译各自引发的概念框架也大异其趣。

继而，将上述概念框架放置到中西思想史中的翻译讨论，中西方译论中频繁使用的概念或术语似乎都涉及直译意译的讨论范畴。如马尔库斯·图利乌斯·西塞罗（Marcus Tullius Cicero）所提出的"作为解释员和作为演讲家"的翻译方式，又如弗里德里希·丹尼尔·恩斯特·施莱尔马赫（Friedrich Daniel Ernst Schleiermacher）阐发的"移动作者"和"移动读者"的两种翻译方法，再如彼得·纽马克（Peter Newmark）所区分的"语义翻译"和"交际翻译"以及劳伦斯·韦努蒂（Lawrence Venuti）所使用的归化和异化的翻译策略。换言之，就直译意译问题而言，"尽管使用的术语不同，但我们现在说的东西很多都被前人讨论过"[①]。在理论旨趣上，直译、意译概念虽然与归化、异化等概念存在差别，但这些术语关注的翻译现象或许并无实质区别，并且在运用这些术语展开实际讨论的过程中，所涉及的翻译学基本问题也大致相当。因而，直译与意译两个术语与上述术语应该被划为同一语义范畴[②]之中。

如此一来，重审中西译学中的直译意译讨论，首先需要重新确立与该问题相关的概念框架。鉴于概念是指称与意义的统一，学科内部重要概念的演变史能够在很大程度上反映出理论的发展过程。在当代翻译研究的理论框架中，将概念的

---

① André Lefevere. *Translation/History/Culture: A Sourcebook*. Shanghai: Shanghai Foreign Language Education Press, 2004, p. xii.

② 根据《辞海》1999 年版第 1644 页，范畴可以定义为"反映事物本质和普遍联系的概念"。但本书中所使用的"范畴"概念是基于维特根斯坦在《哲学研究》中对语词的语义范畴的解释，即：第一，决定语义范畴内的成员的不是一组共同的语义特征，而是家族相似性；第二，语义范畴的边界是开放的、模糊的。当然，直译意译及其相关术语之间的关系亦可用"场域"（Wortfild, semantic field locus）这个现代语言学概念来加以阐释，可参见约斯特·特雷尔（Jost Trier）、瓦尔特·波尔奇格（Walter Porzig）、利奥·韦斯格伯（Leo Weisgerber）等语言学家的相关著作。另外也可以使用"问题域"（problematic）这个哲学术语，可参见：Tejaswini Niranjana. *Siting Translation: History, Post-structuralism, and the Colonial Context*. Berkeley: University of California Press, 1992.

演变史与翻译理论的嬗变相结合,清理、审视、阐释和批判中西翻译理论中的直译意译所建构起来的概念框架,无疑是一项亟待开展的工作。将直译和意译两个概念放置到中国译论的发展过程中考量时,所涉问题更为复杂。这是因为,现当代中国译论中的直译与意译概念究其实质是一对植入概念。因此,须继续考虑如下问题,即,如何在当代翻译学的理论框架中理解这对术语的概念演变过程?从这一问题切入,该如何在现当代社会文化语境中考辨中国传统译论的转型过程?如何描述和理解中西译学间的交互?上述问题的求解过程呈现了本书的基本问题意识。本书主张,只有在求解上述问题过程中才能进一步反思直译的缘起、发展、实质、历史意义和合理性基础。

其二,围绕直译意译的讨论并非都是在同一层面上、围绕同一问题展开的。事实上,无论是大众层面的翻译赏析,还是翻译学内部的学术探讨,使用直译和意译两个概念皆是为了分析和说明翻译的目的、方法、策略、效果和功用等问题。实质和实效问题是翻译实践关注的首要问题,但这些问题完全受制于源语、目的语语言结构的不同,讨论的层面自然存在差别。比如,将直译和意译作为翻译方法时,"何为直译?""何为意译?"这两个关键问题就有可能在如下几个完全不同的层面展开。

在汉语语境中,绝大部分与直译意译相关的讨论都是为了回答英汉互译中的具体翻译问题。由于英语和汉语隶属不同的语系,要完全实现"字对字"的翻译十分困难,对等显然成了一个虚妄的概念,因此在汉语语境中,有关直译和意译为何讨论大多集中在"直译与意译的界限是什么?"这一问题上;但在西方语境中,由于大部分语言转换都发生在同一语系中,语言结构相似,语言层次之间的转换相对明晰,因而西方译论中很少涉及"究竟何种程度的翻译应该被称为直译"这样的问题,大部分讨论集中在对等概念上,并主要围绕"最大限度的对等是什么?"这一问题展开。

这样一来,梳理和阐释中西译论中有关直译意译的讨论,就不能置源语和目的语的语言表达或语言结构差异于不顾,简单武断地判定直译实现了对等,意译展现了译者的自由。有关讨论必须被放置到其本原的历史语境中,从论者尝试解析的翻译问题出发,辨明其合理性基础、论证方法和根本性立场。由此,一个重要的问题是:某一种直译或意译论在它产生的时代里是为了解决或描述什么样的翻译问题?这样的讨论在今天又有何种意义?由翻译问题所引发的只言片语是如何发展成为系统性的翻译理论的?应该如何认识翻译理论?如何描述翻译理论与实践的关系？又该如何认识理论与知识生产的关系？求解上述问题的逻辑思路和基本框架充分呈现了本书的主旨和相关议题。

理论的发生和发展无法脱离现实问题。爱德华·萨义德（Edward Said）在一篇访谈中谈道："一个理论的产生也是根植于历史和社会的环境，有时候是伟大的危机，因此，要了解理论时，重要的是把它看成是来自一种存在的需求（an existential need）的东西，而不是一种抽象的东西。"①须知，"甚至最精妙深奥的理论也有历史现实的根源"②。换言之，只有将理论放置到其自身的历史社会语境中，才能从根本上了解它的理论基础、论证方法和根本目的。这里所谓的历史语境，并不仅仅指向事件、人物、文献和各种社会关系，还包括语言观和主体观在内的各种思想观念。

从本质上讲，翻译是一种语言转换，各种不同的语言观影响了翻译观念的构建。从言义关系上来讲，翻译包含了两次意义的生成过程，首先是原作者赋义、原文文本传义、译者释义，然后是译者赋义、译文传义、译文读者释义，因而各种不同的主体观也同样影响了文本意义和翻译观念的构建。由此而来的问题是，应该如何认识翻译问题产生的特定历史语境？如何梳理交织其间的事件、人物、社会关系、语言观和主体观？特定的历史语境如何影响了人们对于直译意译问题的看法？在此基础上，又该如何认识翻译实践、翻译理论和历史语境的关系？上述问题反映了本书的题旨，也再一次清楚说明，直译意译是边界不甚清晰的问题域。

需要说明的是，在中西译学中，围绕直译和意译两个概念展开的讨论虽重要，但也绝不是翻译理论的全部。以直译意译问题为焦点的讨论，不过是尝试将中西译学中围绕直译和意译的讨论问题化，通过清理与直译、意译两个术语相关的概念框架，去把握中西译学中概念的转变，继而梳理和理解翻译观念和翻译理论的嬗变，又通过辨识隐藏在直译意译讨论背后的翻译学基本问题，深入了解产生问题的中西方不同历史语境，从而认识和理解翻译理论、实践及其历史语境的复杂关系。换言之，考量直译意译论背后的一系列问题赋予了经典问题一定的现实意义、应用价值，展现了人文社会科学研究对意义的追问，由此体现了翻译学独特的学科、学术和理论价值。

---

① 薇思瓦纳珊：《权力、政治与文化：萨义德访谈录》，单德兴译，北京：生活·读书·新知三联书店，2006年，第356页。

② 特里·伊格尔顿：《理论之后》，商正译，北京：商务印书馆，2009年，第23页。

第二节　直译意译问题的翻译学反思

直译与意译在中西译学中提出甚早，迄今为止，在重要的翻译理论书籍中都能找到对直译与意译两个概念的分析和说明。围绕这两个术语的书籍、学术论文、书评、教材可谓恒河沙数。为方便读者更好理解该问题的讨论史，本书在梳理国内外研究现状时，将关注的重点放置在相关讨论的研究视角上，即上述资料是在何种层面上展开直译意译讨论的。笔者整理和思考了散见于各类翻译研究论文、书籍、书评等出版物中有关直译和意译的讨论，发现围绕直译和意译的讨论大致可从以下五个方面加以评析。

一、何为直译，何为意译？

重要的中西翻译学词典均收录了直译和意译这两个词条，如《翻译学词典》（*Dictionary of Translaiton Studies*）、《翻译研究百科全书》（*Routledge Encyclopedia of Translation Studies*）、《中国翻译词典》、《译学词典》。在讨论直译和意译时，这些词典列举了代表性的直译意译论，但并未对直译和意译作出一个高度一致的界定。例如，在 1997 年出版的《翻译学词典》中，liberal translation 和 literal translation 两个词条下有数种不同的阐释。编者列举了如里奥尼德·巴尔胡达洛夫（Leonid Barkhudarov）、约翰·坎尼森·卡特福德（John Cuunison Catford）、弗拉基米尔·纳博科夫（Vladimir Nabokov）、瓦尔特·本雅明（Walter Benjamin）、尤金·奈达（Eugene Nida）、恩斯特-奥古斯特·格特（Ernst-August Gutt）、雅克·德里达（Jacques Derrida）、沃尔夫兰·威尔斯（Wolfram Wilss）等数个西方理论家对这两个术语的讨论，不一而足。虽然这本词典的初衷只是对术语进行简单介绍，并未为直译、意译两个术语做出准确的界定，但如果一定要从中抽离出直译和意译的定义，那么该词典将其性质同时界定为一种翻译方法（method）和一种翻译策略（strategy）。

在 1998 年出版的《翻译研究百科全书》中，美国理论家道格拉斯·罗宾逊（Douglas Robinson）撰写了 liberal translation 和 free translation 两个词条。罗宾逊简单梳理了西方翻译理论中的直译概念，并将直译定义为"直译，即西塞罗、昆图斯·贺拉斯·弗拉库斯（Quintus Horatius Flaccus）及此后翻译理论家的'字对字翻译'，亦即约翰·德莱顿（John Dryden）的'词译'（metaphrase），是将源语文本理想地按单个的词分节，并在目的语文本中将其逐字译出。"[①]罗宾逊提出，直译只是一种理想状态，大部分的直译只是一种"向理想状态的妥协"。然而，罗宾逊也并未明确界定意译这一术语。他只是提出，"西方翻译史中的意译有着不同的形式，无法脱离其对立面，是一种谱系上的转换。"[②]他将忠实的翻译作为意译的对立面。不过，正因为忠实概念在西方翻译史中有着不同的界定，所以西方译学中的意译概念由此不甚明确。罗宾逊的讨论颇具代表性，直译与意译两个概念关涉的层面甚广，如不事先爬梳直译意译概念的历史，就无法明晰直译意译概念的内涵和外延，并给出一个高度一致的定义。

　　在中国语境中，直译意译亦无明确的界定。大部分针对何为直译意译的讨论都是空泛的、抽象的。方梦之在分析译学术语演变与创新时指出，"'直译'所代表的概念，一头专讲形式的死译，另一头是不讲形式的意译，差距之大，使直、意之争找不到汇合点，流于空泛。"[③]值得注意的是，在探讨"直译意译为何？"时，部分学者如王宏印[④]、赵巍[⑤]、曹明伦[⑥]、潘文国[⑦]等学者注意到了直译、意译两个概念的中西之别，中国传统译论中的直译意译概念与当代西方翻译理论中的直译意译概念差异显著。故而，上述学者提倡通过返回传统译论来认识直译和意译。

① Douglas Robinson. Literal Translation. In Mona Baker (Ed.), *Routledge Encyclopedia of Translation Studies*. Shanghai: Shanghai Foreign Language Education Press, 2004, p. 125.

② Douglas Robinson. Literal Translation. In Mona Baker (Ed.), *Routledge Encyclopedia of Translation Studies*. Shanghai: Shanghai Foreign Language Education Press, 2004, p. 87.

③ 方梦之：《从译学术语的演变与创新谈翻译研究的走向》，载任东升：《翻译学理论的系统构建——2009 年青岛"翻译学学科理论系统构建高级论坛"论文集》，上海：上海外语教育出版社，2010 年，第 248-263 页。

④ 王宏印：《中国传统译论经典诠释——从道安到傅雷》，武汉：湖北教育出版社，2003 年。

⑤ 赵巍：《传统译论中的翻译策略术语研究——重九译、重译、九译、直译和音译》，载《西安外国语大学学报》，2010 年第 3 期，第 93-95 页。

⑥ 曹明伦：《翻译之道：理论与实践》，保定：河北大学出版社，2007 年。

⑦ 潘文国：《译学研究的哲学思考》，载《中国外语》，2009 年第 5 期，第 98-105 页。

二、直译意译有无优劣之分?

西方译论对直译意译的讨论很少比较和评判作为翻译方法或翻译策略的直译和意译，而是尝试说明"如何求得最大限度的对等？"因此，大部分的讨论都围绕"在何种层次①上翻译"这一问题开展，如巴尔胡达洛夫、卡特福德、威尔斯、纽马克等学者对直译意译的探讨都是从语言的层次切入的。但在中国译论中，考虑到翻译效果，完全的直译和完全的意译在实际翻译中很难实现。又由于对何为直译、何为意译等问题无法达成一致，因此"如何区分直译意译？"和"两者是否有优劣之分？"也就成为讨论普遍关注的焦点。大部分的理论家都认为直译意译实为一体，无法区分。例如，梁启超在评论玄奘译经时用"圆满调和"对作为翻译方法的直译和意译作了简单的总结，"若玄奘者，则意译直译，圆满调和，斯道之极轨也。"②就文学翻译而言，周作人在《陀螺》序言中用英文句子"lying on his back"为例充分说明直译与意译并无明显的差别，而是要在汉语表现力的范围内，保存原文的风格，表现原语的意义。③在哲学翻译中，贺麟也曾提出"直译以达意，意译以求直"的主张，强调译文的"理明词达"。另外，艾伟、林语堂、艾思奇、朱光潜等也都曾在不同程度上阐发过上述观点。④

三、作为翻译策略的直译意译与归化异化及文化政治

1987 年，刘英凯在《归化——翻译的歧路》中批评了翻译的归化策略，提倡异化策略，这在中国翻译界引起了较大的反响。之后，美国理论家韦努蒂在《译者的隐形——一部翻译史》（*The Translator's Invisibility: A History of Translation*，简称《译者的隐形》）中从翻译伦理的角度提出了异化和归化两种

① "层次"是指作为翻译单位的语言等级体系中词、词组、句子之类的层次。参见：方梦之：《译学词典》，上海：上海外语教育出版社，2004 年，第 93 页。

② 梁启超：《翻译文学与佛典》，载《佛学研究十八篇》，上海：上海古籍出版社，1993 年，第 188 页。

③ 周作人：《知堂序跋》，钟叔河编订，北京：中国人民大学出版社，2004 年，第 33 页。

④ 朱志瑜、张旭、黄立波：《中国传统译论文献汇编 卷三（1924—1929）》，北京：商务印书馆，2020 年。

翻译策略，同样在学界引发了激烈的讨论。在探讨归化与异化两种翻译策略时，归化异化与直译意译的区别也成为翻译理论家重点关注的对象。孙致礼、王东风、孟建钢、张南峰、葛校琴、刘艳丽、杨自俭等学者都撰文参与了讨论。多数学者肯定了归化异化与直译意译的联系，但认为归化异化并不等同于直译意译，即作为翻译策略，归化异化着眼于文化层面的差异，而直译意译注重语言层面的差异。如王东风提出，"归化和异化包含了深刻的文化，文学乃至政治的内涵。如果说直译和意译只是语言层次的讨论，那么归化和异化则是将语言层次的讨论延续升格至文化，诗学和政治层面"①。朱安博从归化异化的角度梳理了中国文学翻译的发展历程，并从三个层面区分了归化异化与直译意译，将直译意译的讨论限定在翻译方法上，仍然将其视作语言层次的讨论。

但仍然有不少学者将直译与文化政治相互关联。较有代表性的有，美国理论家罗宾逊在其专著《什么是翻译？离心式理论，批判式介入》（*What is Translation? Centrifugal Theories, Critical Interventions*）一书中分析了此前西方译界提出的"新直译论"（neo-literalism），认为直译论是对文化精英主义的推崇，可以被视作"作为乌托邦式的社会运动"②。另有不少学者从传统文化断裂的层面来探讨直译意译问题。如陈平原在《二十世纪中国小说史·第一卷（1897—1916 年）》中将直译意译的讨论与中国传统小说叙事结构的改变相联系。③罗志田认为，不理解民初新旧之争就无法真正认识林纾的语言问题。④王宏志主张从鲁迅、梁实秋、瞿秋白的社会活动反思直译意译讨论。⑤邓伟指出了直译意译是促进清末民初文学语言新变的重要因素。⑥另有学者借用佳亚特里·斯皮瓦克（Gayatri Spivak）的翻译理论，从翻译的政治这一角度切入尝试重新解读

---

① 王东风：《归化与异化：矛与盾的交锋？》，载《中国翻译》，2002 年第 5 期，第 25 页。

② Douglas Robinson. *What is Translation? Centrifugal Theories, Critical Interventions.* Beijing: Foreign Language Teaching and Research Press, 2007, p. 82.

③ 陈平原：《二十世纪中国小说史·第一卷（1897—1916 年）》，北京：北京大学出版社，1989 年。

④ 罗志田：《林纾的认同危机与民初的新旧之争》，载《历史研究》，1995 年第 5 期，第 117-132 页。

⑤ 王宏志：《重释"信达雅"》，上海：东方出版中心，1999 年。

⑥ 邓伟：《分裂与建构：清末民初文学语言新变研究》，北京：中国社会科学出版社，2009 年。

鲁迅的翻译思想。关熔珍在其博士学位论文《斯皮瓦克研究》中对这一类视角进行了整理和反思。①

四、直译意译与翻译批评

在翻译史及译者研究中，从直译意译的角度切入分析译者的翻译目的、翻译风格、翻译效果，解读译者独特的翻译思想是目前较为常见的研究路径。例如在《构建与反思：庞德翻译理论研究》（2005）、《视界的融合：朱湘译诗新探》（2008）、《翻译家周作人论》（2007）、《梁启超"豪杰译"研究》（2009）、《译者风格形成的多元立体辩证观：赛珍珠翻译风格探源》（2009）、《梁遇春翻译研究》（2012）、《济慈与中国诗人——基于诗人译者身份的济慈诗歌中译研究》（2020）等一系列专著或博士学位论文中，直译和意译都被视作两种截然对立的翻译策略，通过分析翻译策略和翻译效果之间的关系解读译者的翻译思想，评析译作的翻译效果，理解特定社会结构中的翻译政策或权利关系、意识形态对翻译行为的制约等问题。例如，在《梁遇春翻译研究》中，作者提出，正是梁遇春在翻译中刻意采用直译的翻译策略，保留源语文本的代词、量词加上名词的结构，才使得梁遇春的译文形成了自身特有的语体风格。②

另外，在对一部译作进行分析、批评、评价，或通过比较一部作品的不同译本对翻译中的某种现象做出评论时，直译和意译也是述者常常使用的两个概念。从 20 世纪末开始，中国译界围绕《红楼梦》《诗经》《道德经》《红与黑》《苔丝》《尤利西斯》等作品的不同译本展开了数次翻译批评大讨论。在这些讨论中，虽然译本评析的方式不再局限于简单的原文译作对照，但因为直译和意译能较为清晰地区分出译本的翻译效果，因而被频繁提及。值得注意的是，刘云虹在《从林纾、鲁迅的翻译看翻译批评的多重视野》一文中，对翻译批评中频繁使用的直译和意译概念提出了质疑，认为应该从特定的历史环境出发，关注不同的文化、政治因素，充分理解译者所使用的翻译策略。③

① 关熔珍：《斯皮瓦克研究》，四川大学博士学位论文，2007 年。
② 荆素蓉：《梁遇春翻译研究》，北京：外语教学与研究出版社，2012 年。
③ 刘云虹：《从林纾、鲁迅的翻译看翻译批评的多重视野》，载《外语教学》，2010 年第 6 期，第 101-104 页。

五、直译意译与翻译教学

目前国内使用范围较广的英汉、汉英翻译教程都反复使用了直译和意译两个概念，并或多或少地探讨了翻译实践中的直译意译问题。代表性著作有：张培基等编写的《英汉翻译教程》（1980）、柯平的《英汉与汉英翻译教程》（1993）、陈宏薇编写的《新实用汉译英教程》（1995）、范仲英的《实用翻译教程》（1994）、郭著章的《英汉互译实用教程》（1996）以及冯庆华的《实用翻译教程（英汉互译）》（1997）。穆诗雄在《以直译为主，还是以意译为主？——兼评几种翻译教科书的直译意译论》（2003）一文中，分析了四种不同教材的直译和意译概念，指出了直译和意译的定义和概念在各个教材中存在严重波动这一现状。①直译和意译在上述翻译教材中均被视为两种最基本的翻译方法，并给出了简单明晰的定义。编者通过具体的译例，比较采用直译和意译策略后译文的差别，帮助学生认识到原文在形式和内容两方面的特点。同时设置大量练习，让学生能掌握这两种方法。值得注意的是，上述教材都有意识地引导学生在实际翻译过程中将直译和意译加以结合，灵活使用，并且用于分析和讲解直译意译差异的译例几乎都是独立的段落或句子，避免了将翻译问题抽离具体语境导致的一系列问题。

当然，上述五个方面并非泾渭分明，在实际的讨论过程中，大部分讨论其实也并未局限在某一个特定的层面上。但在一定程度上，上述的分类讨论说明了这样一个事实，即，迄今为止，未见对中西译学中的直译意译讨论有系统深入的认识。大部分的讨论虽然推进了学界对于直译意译的研究，澄清了部分错误认识。然而，这些分析、阐释和说明却几乎都是从研究者自身的立场出发，将直译和意译两个概念搁置起来，进行静态的、单一的解读。似乎可以说，在绝大部分的讨论中，直译和意译只是两个简单抽象的概念，并不是真正的研究对象。翻译与历史语境的血肉联系和互动关系在很大程度上被研究者忽略。

从研究视野上而言，相关讨论都存在着一定的认识误区，包括，其一，割裂了翻译与其社会语境的互动关系；其二，忽视了研究者的自我参照（self-

① 穆诗雄：《以直译为主，还是以意译为主？——兼评几种翻译教科书的直译意译论》，载《外语与外语教学》，2003 年第 7 期，第 50-52 页。

refentiality）^①。这两种认识误区遮蔽了翻译实践与翻译理论之间的互补互彰的关系，使得研究者并没有真正认识到直译意译问题中所包含的不同层面的问题，从而无法正确理解"翻译理论的核心是翻译问题"^②。由于任何研究都存在研究者的"自我参照"现象，研究者总是从自己的母体文化、社会和历史语境去认识和解读研究对象，在分析和理解研究对象时并不能抛开自己的意识形态偏见，要完全中立、客观地评价和描述研究对象变得十分困难。因而，为避免上述两个认识误区，语言分析与史料考定的工作应该同时开展，并从元理论的层面上重新认识这些讨论的学术价值，帮助研究者从真正意义上理解和使用直译和意译这两个术语。

在本书中，关键词元理论（meta-theory）是指"以某个其他理论为研究对象的理论"（"a meta-theory is a theory whose subject is some other theory"），属于哲学认识论和数理哲学的范畴。元理论这一概念最初起源于 20 世纪的哲学领域。德国数学家大卫·希尔伯特（David Hilbert）在 1905 年发表了一篇著名的研究报告，提出了有关数学一致性原则的猜想，由此创立了数理哲学（meta-mathematics）这一新的研究领域。随后 meta 这一前缀逐渐被添加到各个不同的学科名称之前，形成了各种不同的元理论研究领域。然而，需要注意的是，英文中的 meta 一词的含义与中文中的"元"并不对等，中文中的"元"意为"万物之本"，但 meta 意为"在……之后""在……之外""超""玄"等等。关于这一点辜正坤曾撰写专文作了深入的分析。^③目前学界使用的元理论概念与西方学界中的 meta-theory 一致，都是从更高的层面对某一理论本身进行研究。

在翻译研究领域，詹姆斯·霍姆斯（James Holmes）曾在 1972 年发表的《翻译研究的名与实》（"The Name and Nature of Translation Studies"）中提出描述翻译研究、纯理论研究和应用翻译研究三个分支内部都存在着以下两个研究维度，即历史性的维度以及方法论的或元理论的维度。这两个研究维度并不关注

① "自我参照"这一概念是美国思想家本杰明·史华兹（Benjamin Schwartz）在讨论中国思想史研究方法时提出的，意在强调学术、信仰和政治实践之间的互动关系，提倡文本解读和史料考定相结合的研究方法。参见：Benjamin Schwartz. *China and Other Matters*. Cambridge: Harvard University Press, 1996, p. 1.

② Peter Newmark. *A Textbook of Translation*. Shanghai: Shanghai Foreign Language Education Press, 2001, p. 22.

③ 辜正坤：《中西诗比较鉴赏与翻译理论》，北京：清华大学出版社，2010 年，第 290 页。

翻译行为和翻译结果（translating and translations），而是关注翻译研究本身。他同时在文中对"元理论维度"作了解读："它关注的问题是，在不同分支的研究中，哪些方法、哪些模式是最佳的（如怎样才能形成最有效的翻译理论，使用什么样的分析方法以获得最客观最有意义的描述结果），同时它也关注诸如学科的构成这类基本的问题。"[①]从霍姆斯的描述可见，此处的元理论研究无疑是将翻译研究这一学科作为研究对象，将学科发展作为研究目标，这也清楚地说明了翻译研究的元理论研究是通过反思学科的基本问题，确立学科存在之意义，进一步推进学科的发展。对于上述观点，张柏然、辛红娟也曾有相应的解读："元理论研究具有如下两个特点：一是以最一般的公共概念作为研究对象；二是经常咀嚼学术传统中的老问题。翻译理论的'元理论'研究也因而是翻译理论对于自身的审度与省思。"[②]从上述讨论回观翻译研究中绵延了两千余年的直译意译讨论，可以发现直译意译论的元理论研究是将中西译论中的直译论和意译论作为研究的对象，对其进行语言分析、逻辑分析和概念分析，辨析直译意译论的合理性基础、论证方法和根本性立场。通过直译意译的元理论研究，不仅进一步澄清了翻译研究中的某些基本问题，更关怀了学科的发展，探讨了翻译理论存在的根本意义。

第三节　本书主要任务与讨论方法

　　区分繁复的术语，分析概念差异并不是本书讨论的重点。本书也并非试图事无巨细地陈述两千余年以来的直译意译之争，从而有效地终结直译意译之争。如前文所述，由于任何研究都有其自身的切入点和理论立场，在翻译理论发展过程中出现的直译意译论争并非都是在同一层面，针对同一翻译问题或翻译现象产生的。对于持续不断的直译意译之争，重要的不是如何终止论争，而是尽可能认识讨论本身。本书之所以选择在元理论向度上展开讨论，正是希望能够

---

① James Holmes. *Translated! Papers on Literary and Translation Studies*. Beijing: Foreign Language Teaching and Research Press, 2007, p.79.

② 张柏然、辛红娟：《当下翻译理论研究的两个向度》，载《中国外语》，2009 年第 5 期，第 93-97 页。

通过反思对象理论的根本性前提和合理性基础，从更高的层面上来解读中西译论中有关直译和意译的论述。换言之，本书力求在文本细读和史料考定的基础上，针对中西译学中的直译意译讨论进行系统的理论建构，并尝试回答以下两个问题。

（1）中西译论中围绕直译意译展开的讨论持续不断，其背后的翻译学元理论问题是什么？

（2）若将直译意译问题放回到其本原的历史语境中，其所反映出来的语言、翻译现象与历史语境的关系是什么？

解答第一个问题需要对中西译学文献爬梳剔抉，参互考寻，重新清理和阐释与直译意译有关的讨论；解答第二个问题需要辨明各种讨论背后的翻译问题，找寻其历史现实的根源，厘清交织其中的事件、人物、关系和各种思想观念，探其初心，得其本意，求得"同情之了解"。

具体讲来，本书将在共时和历时两个维度上展开题旨论述。

在共时的维度上，本书采用描述性研究方法对中西翻译研究作并置考察，将讨论主要集中在翻译、语言与传递，翻译、语言与思维，以及翻译、文化与政治等三个不同层面上。在此过程中，本书关注的重点是：在中西不同的语境中，翻译理论、翻译实践与历史语境之间的互动关系。毫无疑问，中西译学的发展历程虽差别甚大，但在不同的历史语境中，翻译理论、翻译实践却可能与历史语境之间存在同样的张力，由此，对中西翻译理论各自的发展理路或许不能作"异大于同"这样的简单推断。在这样的基本假定下，本书将尝试对中国译学中常见的中西对立的二元现象提出疑问，对中西不同时期的历史语境及产生于其中的翻译观念和直译意译论作并置考察，尝试挖掘直译意译讨论所试图解答和解释的翻译问题和翻译现象。在史料分析的基础上，重塑历史语境中的事件、人物、关系，以及包括语言观和主体观在内的各种思想观念，理解翻译理论产生的历史语境，探讨理论、实践与历史语境之间的关系。从这个意义上而言，本书是在现代的语境中反思过去，过去中的过去与现在的过去必然存在着一定的断裂。因而在展开具体分析之前，本书有必要事先对历史、语言、翻译、归化和异化等关键概念进行界定和说明。

在历时的维度上，本书将从思想史的角度，从中西译论中的直译意译讨论切入梳理翻译观念的发展演变过程。社会思想观念，尤其是语言观的演变过程是本书在历时维度上展开时始终把握的主要线索。与此同时，辨识直译、意译两个术语的概念范畴是本书在分析论述时的一个重要目标。但是通常情况下，理论并不是按照线性的方式前后交替的，各种理论都有其一定的解释力度。后一种理论并非就完全地取代了前一种理论。在当下的翻译研究中，翻译理论的走向也同样不是按照直线的方式发展的。本书显然不可能涉及翻译研究的所有研究途径。且中西译论中关于直译意译的论述甚多，本书也无法面面俱到地罗列排比所有的讨论。如此一来，本书只能尝试以思想观念的演变为线索，以问题为纲来选择和组织材料。换言之，本书将从中西直译和意译两个概念涉及的各个概念框架入手，通过对比和阐释与直译和意译两个术语有关的概念，包括西方译论中出现的"字对字"的翻译、"意对意"的翻译、归化、异化以及中国译论中的"文"、"质"、硬译等概念，辨识出直译和意译两个术语的概念范畴，并通过理解上述范畴，思考和解析中西译学关注的翻译学基本问题，从而厘清直译意译讨论反映出的某一时期翻译理论的焦点及中西翻译理论的发展脉络。

在本书中，描述和重构是讨论展开的主要方式。文学理论、历史哲学、思想史和观念史等相关领域的研究方法将是本书的主要参考和借用的研究方法，并主要借用了新历史主义（new historicism）和解构主义（deconstructism）的研究方法。

新历史主义是 20 世纪末一种重要的文学理论批评思潮，发轫于英美两国学界针对文艺复兴的重新研究，表达了文学理论对历史、社会、政治情形以及文学生产和再生产的关注。新历史主义之所以冠以"新"之名，是因为与旧历史主义相比，新历史主义拒斥对文学和历史，文本与语境进行简单的区分。不仅如此，新历史主义抵制一直以来对一元的、独立存在的主体的假定，抵制主体一直以来的主导性，反对将主体从其社会和文学语境中剥离。正如其创始人，美国文学批评家斯蒂芬·格林布拉特（Stephen Greenblatt）所言，新历史主义不是一种宗旨（doctrine），而是一种实践（practice）。正是这种实践"为学者提供了一个契机，借以跨越历史学、人类学、艺术、政治学、文学和经济学等学科的界限"[1]。作为对旧历史主义的反拨，新历史主义首次明确了"历史的文本性"

---

[1] H. Aram Veeser. Introduction. In H. Aram Veeser (Ed.), *The New Historicism*. New York: Routledge, 1989, p. ix.

（textuality of history）和"文本的历史性"（historicity of texts）①两个不同的概念，强调文本的双重政治性，即政治性的阅读和阅读的政治性，通过将文本和语境并置研究，探索社会权力结构，呈现文本的政治动因以及文学作品与社会意识形态之间的关系。在这样一种认识方式下，文本被视作历史现实与社会意识形态的交汇之处，文化被纳入历史认知中，文化与身份认同存在一种相互协商的关系，历史人物的形象与时代的精神可以在文本中重塑。

基于此，新历史主义不能被简单地理解为一种社会－历史批评，而是要从社会实践的角度去深入分析具有不同文化特性和各种散漫的实践之间的相互作用。从社会存在中的文本和文本中的社会存在两方面来看，文学生产与社会历史之间存在着相互转化和彼此作用的关系。在这种关系中，社会历史也就不再是与当下无涉的事实陈述，而成为一种连续的、不曾停止的断裂。这也从根本上改变了"历史是在过去某一段时间所发生的事件"这样一种传统意义上的认识，打破了将历史视作一种静态存在的认识，从而突出了写作语境、接受语境和批评语境三种不同的语境对于文本解读的重要性。本书将借用新历史主义理论，探讨历史书写的文化特征和社会参与，关注语境在文本解读中所起到的不可或缺的作用，并借由文本解读反映出文本意义在当下的作用。正是从文化、历史、认同相互协商的角度而言，直译意译论不能被视作孤立的、抽象的概念，对直译意译问题开展静态的考察无助于对翻译思想史的挖掘和整理。换言之，采用新方法考察经典问题的意义在于，否定了翻译理论和翻译思想单一的线性发展学说，凸显了翻译理论、翻译实践与历史语境之间的血肉联系和相互关系。在宏大语境中重塑翻译与文化、社会、政治之间的关系，对理解翻译学本体问题不无裨益。

解构主义是由德里达于 20 世纪 60 年代提出的一种批评方法（a method of critique）。在此之前，结构主义思潮在欧洲大陆大行其道，是解构主义的理论基础和批判对象。结构主义思潮关注二元对立的基本关系，具有否定主体、否定历

---

① "文本的历史性"是指根植在一切文本（包括批评家研究的文本和社会大文本）中的文化特性和社会性。"历史的文本性"包含两层含义：第一，我们无法接触到完整而真实的过去。我们体验历史，有赖于残存的历史文献，而这些文献是经过保存和消解的复杂微妙的社会化过程的结果；第二，这些文本在转变为"文献"，即成为历史学家撰写历史的材料时，它们本身会成为对其他文本进行阐释的中介。参见：Louis Adrian Montrose. Historicisms. In Rivkin Julie & Michael Ryan (Eds.), *Literary Theory: An Anthology*. Oxford: Blackwell Publishing Ltd, 2004, p.588.

史、否定人文主义三项基本特征。对结构主义者而言，二元对立的关系是语言符号系统的基本规律以及各个符号系统的基本规律。也正是基于二元对立，结构主义者试图通过读者的"阅读行为"找寻到用以理解和阐释文本的一整套约定俗成的程式。如张隆溪所言，结构主义最大的缺陷在于"把握住宏观的框架，却不能深察微观的细节，避免了琐碎，却又失之粗疏"①。结构主义罔顾文学研究对作品意义的探索，将所有阐释都视作合法有效。但对于一部作品而言，意义恰恰是其中最不可或缺的部分。于是如何理解意义，而又不把意义简单地等同于确定的所指成为德里达、米歇尔·福柯（Michel Foucault）等部分学者重点关注的问题。德里达通过反思瑞士语言学家弗迪南·德·索绪尔（Ferdinand de Saussure）的语言哲学观，提出"延异"这一关键概念。延异说明意义有赖于语言符号与其周围符号之间的差异，"差别造成特征，正如造成价值和单位一样"。②没有差异就没有意义，意义总是经由差异来显现的。解构主义作为一种研究方法，所要反拨的是西方哲学传统的形而上学。因此，解构主义者主要关注哲学层面上的"不在场"，提倡将关注的焦点尽量放到文本能指符号的置换过程中，而不要轻易地认定某个最终的意义所指。

诚然，解构主义理论有其自身的不足，其最大的问题在于，解构主义者是在形而上学的框架中运用形而上学的整个概念体系去批判和反对形而上学，如此一来，不仅并未真正地实现对西方形而上学传统的解构，也存在滑向知识或真理相对主义深渊的危险。不过，虽然学界对于解构或解构主义这个两个概念本身的定义有多种不同的看法，但在本书中，解构或解构主义不再被视为一种批评的批评，不是一种否定，而是一种肯定，是一种寻求意义和厘清关系的方法。故而，本书在进行概念的范畴界定时，将使用解构主义的研究方法，把各种细节组合起来，同时厘清不同概念之间的各种关系和相互联系，用以整理和廓清中西译学中有关直译意译的各种讨论。

中西思想史中围绕直译意译问题的讨论绵延了两千余年，重新梳理这一问题也关涉到了理性认识翻译史书写以及如何看待相同概念在历史过程中的理解、阐释和转变等若干问题。在本书的展开过程中，笔者着力思考的理论问题无不与历

---

① 张隆溪：《二十世纪西方文论述评》，北京：生活·读书·新知三联书店，1986年，第123页。

② 索绪尔：《普通语言学教程》，高名凯译，北京：商务印书馆，2009年，第168页。

史认知有关。在翻译史中以这样或那样的方式讨论直译意译问题是否发生了根本性变化；同一个概念在不同的历史时期是否存在着差异，其中是否存在相同乃至共同的层面等问题，上述问题也是笔者尝试解决的关键问题。

事实上，当涉及历史中是否存在相同问题这一命题时，历史研究领域显然也存在着大量的分歧。英国历史学家罗宾·乔治·柯林武德（Robin George Collingwood）通过深入研究政治史，提出了关于历史上不存在终极问题（perennial problems）的论断。在讨论政治学说历史的时候，柯林武德指出，"政治学说史记载的并不是对同一个问题的不同回答而是一个不断变化着的问题，随着问题的变化，对问题的解答也发生了相应的变化"①。施特劳斯学派的代表列奥·施特劳斯（Leo Strauss）在《自然权利与历史》中同样阐发了关于历史研究中根本性问题的历史认知，坚信一切哲学家关切的都是相同的根本整体或者相同的根本问题。②剑桥学派的代表人物昆汀·斯金纳（Quentin Skinner）部分承继柯林武德关于"终极问题"的认识，在路德维希·约瑟夫·约翰·维特根斯坦（Ludwig Josef Johann Wittgenstein）和约翰·郎肖·奥斯汀（John Langshaw Austin）语言理论的启发下，提出了历史研究需关注语言、修辞，建构历史行动者在意识形态历史脉络之间不同层次的意图。在斯金纳的上述理论体系中，思想家成为历史研究的核心内容，作者想要透过其作品表现出一种什么样的语言行动以及如何通过修辞来完成其语言行动是斯金纳尝试解答的问题。有鉴于此，本书在研究方法上受剑桥学派历史学家，尤其是斯金纳对托马斯·霍布斯（Thomas Hobbes）研究的启发，关注翻译理论家如何在一个具体的历史语境中获得或推出一种特定的翻译理论，尤其关注在讨论直译意译这样一个具体问题时不同翻译理论家持有的理论立场和历史视野，尝试思考独立于具体翻译问题之外的翻译史的理论建构，即直译意译背后的元理论问题。

除此之外，需要特别强调的是，在本书的讨论中，直译和意译作为翻译方法或翻译策略时是两个独立的概念，但在大多数时候，本书使用的直译意译是一个特定概念，或可称为一个问题域（a problematic regime），用以表述翻译研究学术史上可以纳入这一问题的若干相关讨论。其中的主要原因在于理论家在阐述直

---

① 柯林武德：《柯林武德自传》，陈静译，北京：北京大学出版社，2005 年，第 63 页。

② 关于施特劳斯对这一问题的阐述，可参见：施特劳斯：《自然权利与历史》，彭刚译，北京：生活·读书·新知三联书店，2003 年，第 25-26 页。

译意译问题时，并非总是使用直译或意译，而有可能新造概念，用以描述、批评和阐发特定翻译事实和翻译现象。基于此，本书在展开过程中主要采用了描述研究法，以便更好地描写与直译意译问题域相关的理论及其研究对象，辨析其中的研究方法、目的和前景。

除以上提及的主要研究方法和理论框架外，文献研究法也将是本书在展开过程中使用的主要研究方法。鉴于文献研究法旨在搜集、整理和鉴别相关文献，并通过对文献的分析形成对事实的客观认识。本书尝试调查收集中西思想史上有关直译意译论述的全部文献资料。其中既包括对直译意译的直接讨论，也包括描述和分析讨论产生时期历史语境的文献资料，尽可能地为本书的展开奠定坚实的基础，尽可能地消除认识上的偏差。与此同时，本书将在大量的文献阅读和分析中遴选典型个案，并通过对典型个案的分析与描述，为理论论述提供有力的佐证。

本书是在吸收和借鉴已有研究成果的基础上，尝试对中西译学中的直译意译讨论进行系统性的理论建构，主要创新点体现在以下方面。

理论上，本书着力在元理论向度上对中西译学中的直译意译论述进行系统的理论建构，跳出了对直译意译的经验主义讨论。这有利于将讨论真正建立在理性的基础上，避免由讨论的层次不同而导致的无谓的个人偏见和纠纷。

研究方法论上，本书从直译意译的问题切入探讨中西翻译理论的发展，将中与西、古与今的问题并置，为学界更好地认识中国译学的发展，并从根本上理解理论、实践、历史语境的相互关系提供了一定的理论参照。就研究方法而言，本书提出从概念的语义范畴来理解与直译意译有关的概念框架，不再纠结于对直译意译做出高度精确的界定。这或许有助于大众读者获得关于直译意译的理性认识，从而在日常的阅读和讨论中能够正确使用翻译学核心概念。除此之外，本书强调将对直译意译论述的考察放置到其本原的历史语境中，注重翻译与历史语境的相互联系。这或许有利于从根本上理解中西译学中持续不断的直译意译讨论，避免空洞的个人阐发和分析。总而言之，本书作为翻译学专门研究的著作，致力于发现翻译问题，解决翻译问题，因而，在翻译学的学科意义上，本书主要从直译意译问题内在的历史视野出发，理解直译意译问题的提出、发生和发展过程，这种解决问题的方式或能为后续直译意译问题研究提供一定的理论参考。

在实际操作过程中，由于直译意译的讨论涉及了翻译理论的多个层面，且本书又是从共时和历时两个层面同时展开的，故在论述时不免存在疏漏之处。尤其是在筛选和评估庞杂的文献方面，由于中西译学中有关直译意译的讨论十分庞

杂，如何在有限的篇幅里展示和运用文献资料是本书的一大难题。又由于笔者
自身能力和所掌握的语种有限等因素的影响，本书选取的案例在数量和范围
上都受到了一定的限制，对笔者而言，如何选出具有代表性的典型个案是研
究的一大难点。

　　另就理论论述的相对客观性和充分性而言，本书或也存在不完善之处。由于
本书涉及中西翻译理论的整个发展过程，笔者带着直译意译中的问题同时进入中
西语境求解。如何在现代的语境下充分理解西方问题，是笔者面临的一大挑战。
虽然从本质而言，任何研究都不能脱离研究者本人的母体文化和历史进行，没有
研究者自身的母体文化和历史的参与，研究者也不可能从另一个层面认识和了解
研究对象，但由于本书是通过文本和史料分析重返翻译问题发生的语境，因而在
此之前，有必要首先解决如何通过材料重构中西历史语境研究这一首要问题。与
此同时，作为学术著作，本书既不能停留于简单的史料堆砌，亦要避免陷入空洞
的议论。如何深入分析研究对象的同时保持理论论述的相对客观性，是笔者在论
述时需要思考的主要问题。

第四节　主要概念解析

一、翻译

　　翻译作为人类的一项跨文化交际活动由来已久，但人们对翻译概念本身却一
直存在着不同的理解。英文中的 translation 既指翻译的过程，也指翻译的结果。
许钧教授在《翻译论》中罗列的有关翻译的新旧定义达 26 种之多[1]。玛丽亚·提
莫志克（Maria Tymoczko）也曾归纳了现当代译学中较有代表性的定义，如"一
种转换、一个文学文本、一种语言建构、一个文化介入的实例、一宗商业投机、
一种权力符号、一段女性主义的声明或是一种革命策略"[2]。在数次修订的翻译
学工具书《翻译学导论：理论与实践》（*Introducing Translation Studies: Theories*

---

　　[1] 许钧：《翻译论》，武汉：湖北教育出版社，2003 年，第 59-67 页。

　　[2] Maria Tymoczko. *Enlarging Translation, Empowering Translators*. Manchester: St. Jerome Publishing, 2007, p.107.

and Applications）（2022）中，杰里米·芒迪（Jeremy Munday）追溯了翻译概念的词源，沿用了翻译概念的拉丁语内涵——传递，提出当下翻译概念的内涵主要包含学科、翻译结果和翻译过程等三方面。[①]翻译的定义如此之多，一方面由于，随着认识的不断深化，对翻译的理解也随之深入；另一方面由于，每一种定义都受到某种理论的限制（theory-bound）。由于每一种理论都有其不同的研究目的、前提假设、认知框架，因而有关翻译的多个不同定义体现了不同理论的认知前提和理论框架。

例如，当把翻译定义为一种转换（transfer）时，因为转换意味着某物（something）确确实实地存在（be there），不管某物具体指称的是原文的美学价值、原文中的某些信息还是译者想要表达的个人体验，这种理论秉持的是一种本质论的理念。又如，将翻译视为一种抵抗（resistance），反对通顺自然的译文，提倡的是陌生的不流畅的表达方式，以便让读者感知到译者的在场。这一定义其实充分反映了概念使用者以高素质读者为目标的基本前提，因为如要能切实地体会到这种抵抗，读者就必须具备较高的文字素养和双语能力。但事实上，并非所有的读者都能成为韦努蒂理论所挑选的理想读者。如此一来，将翻译视作抵抗的观念实则呈现的是概念使用者自身的文化精英主义立场。再如，在《修辞、阐释学与中世纪的翻译：学术传统与民族语文本》（*Rhetoric, Hermeneutics, and Translation in the Middle Ages: Academic Traditions and Vernacular Texts*）一书中，作者瑞塔·科普兰（Rita Copeland）提出，"翻译是中世纪修辞学与语法学在学科对峙中衍生的副产品"[②]。作者提出这一定义，是为了通过翻译的实践和理论发展情况考察中世纪欧洲本土文化与拉丁学术文化之间的纷争，基于这一目的，作者将翻译放置在中世纪阐释实践与修辞理论相交的历史语境之中，试图呈现翻译如何加速了中世纪修辞学和阐释学之间的学科融合。但在泰亚斯维尼·尼南贾纳（Tejaswini Niranjana）所著的《为翻译定位：历史、后结构主义和殖民语境》（*Siting Translation: History, Post-structualism and the Colonial Context*）中，翻译的定义却变成了"并非仅指一种跨语际的过程，而是对一个

[①] Jeremy Munday, Sara Ramos Pinto & Jacob Blakesley. *Introducing Translation Studies: Theories and Applications*. 5th edn. London: Routledge, 2022, p.8.

[②] Rita Copeland. *Rhetoric, Hermeneutics, and Translation in the Middle Ages: Academic Traditions and Vernacular Texts*. Cambridge: Cambridge University Press, 1991, p.1.

完整问题域的称谓"①。尼南贾纳提出"完整问题域"这个全新的概念是要重新思考翻译实践引发的有关"再现、权力和历史性"等一系列重大问题,彻底思考不同文化之间的隔阂和差异,"探讨如何把对翻译的迷恋和欲望加以定位,以此来描述翻译符号流通其间的组织体系"②。

在一定程度上,上述粗略的考察已经能够说明,翻译学界内部的翻译概念多有不同。在翻译理论史中,对翻译行为和翻译现象的描述因论者的问题意识而存在差别。因此,一旦要为翻译下定义,就需首先界定什么不是翻译,也需要回答如何描述翻译现象、如何评判翻译结果等重大问题。倘若翻译的定义不同,译文的评判标准也会随之发生改变。质言之,理论前提、假设、概念框架和研究视角不同,翻译的定义自然不同。即,要正确理解现当代译论中的不同主张,有赖于对该译论背后的理论框架和概念体系作重新审视。

然而,这也绝不是说不追求或不存在完全客观的翻译研究,各种不同的理论呈现的恰好是翻译这一复杂行为的多面性,而这也正好能够说明翻译研究的学科价值:作为一门人文学科,翻译研究是要尝试解释复杂的翻译现象、翻译过程和翻译结果。不管研究者如何从自身的立场给翻译定位,翻译的本质属性从未因阐释者的立场而改变。

唐代贾公彦在《周礼义疏》中用"译即易,谓换易言语使相解也"一语道破了翻译的玄机。所谓"南橘北枳,名虽不同,树体是一",五方之民,虽"言语不通,嗜欲不同",然"情可求而呼相乱,字虽殊而意且同"③,翻译的根本任务是要达其志、通其欲,即"传令知会通耳"。"译之言易也"说明无论是达"志"还是通"欲",依靠的仍然是语言的转换。本书在展开的过程中虽不可避免地转述或解释现当代译论中出现的相关翻译定义,但本书中对翻译概念秉持的基本立场仍然是:翻译是一种语言转换行为。再现或等值等词仅仅是用以描述理想翻译状态的核心概念。同样地,抵抗、策略或问题域等词都是翻译与社会政治文化关系的一种反映。社会、历史、文化和政治等因素都不能消解"翻译是一种

---

① Tejaswini Niranjana. *Siting Translation: History, Post-structualism and the Colonial Context*. Berkeley: University of California Press, 1992, p.8.

② Tejaswini Niranjana. *Siting Translation: History, Post-structualism and the Colonial Context*. Berkeley: University of California Press, 1992, p.9.

③ 赞宁:《宋高僧传》(卷三),载高楠顺次郎:《大正新修大藏经》第 50 册,台北:佛陀教育基金会出版部,1990 年,第 723 页上。

语言转换”这一翻译的基本内涵。总而言之，如上文所述，各种不同的直译意译理论不可避免地受制于相应的翻译观念，但本书在展开过程中将采用逐本溯源的方式，尽可能清晰地呈现直译意译论背后的各种翻译观念，探索语言与社会之间的复杂关系。

二、语言

语言现象是人类现象中最普遍的现象，语言活动也是构成人类生活的最重要的部分。考察和认识语言是人类认识自我的必然过程。语言的重要性毋庸置疑，但关于语言性质的理解却一直未有定论。在亚里士多德（Aristotle）对逻辑学展开研究时，关于语言的讨论也拉开了帷幕。在亚里士多德看来，语言是思想表达的工具。语言的真实性取决于用语言表述事实的“真”与“假”。因此，语言使用不当将会直接导致错误观念的产生。亚里士多德由此强调语言作为表达工具，必须“言之成理、合乎逻辑”，突出语言表达中内容的重要性，这也将内容和形式区分开来。亚里士多德这种工具论语言观念影响了包括约翰·洛克（John Locke）、大卫·休谟（David Hume）在内的众多哲学家，也影响了包括西塞罗、马库斯·法比尤斯·昆体良（Marcus Fabius Quintilianus）在内的众多的修辞学家和翻译理论家。

到了近代，分析哲学的发展影响了哲学家对语言性质的认识。语言不再被视作传达思想的工具，而是一种知识的表达形式。弗里德里希·路德维希·戈特洛布·弗雷格（Friedrich Ludwig Gottlob Frege）和维特根斯坦等哲学家将语言研究作为哲学研究的全部内容，尝试通过分析语言形式中的逻辑问题，解决传统哲学关于“是”与“真”的论争。哲学家对语言的分析扩大了语言概念，明确了语言形式之于语言意义的重要作用。关于语言的讨论集中在“通过何种方式认识语言的意义”这一问题上。另外，哲学家关于这个问题的讨论明确了如下事实，即在语言活动背后存在着一系列人类的理智行为以及人类对于自我的认识。德国浪漫主义哲学家约翰·戈特弗里德·赫尔德（Johann Gottfried Herder）和威廉·冯·洪堡特（Wilhelm von Humboldt）等人直接将语言等同于人类思想，提出语言是思想同一物的观念，尝试通过考察不同语言的起源和差异寻求到人类普遍语言的内核，由此推动民族语言的快速发展。洪堡特等人的语言讨论虽然带有理性主义的色彩，但将语言活动和人类的精神活动联系起来，围绕语言的讨论由此演变成人类产生、思想发展、世界观构建的宏大叙事。

进入现代后，"如何言说？"成为语言研究的主要问题。在后现代语境中，人作为历史主体的地位被质疑和批判。语言是否能揭示外在客观世界和内在主观世界成为哲学家和语言学家思考的主要问题。索绪尔革新了语言研究的方法，提出将语言的"形式、空间、共时性和任意性"作为语言研究的主要对象。索绪尔提出，"语言是形式而不是实质。我们的术语中的一切错误，我们表示语言事实的一切不正确的方式，都是由认为语言现象中有实质这个不自觉的假设引起的。"①根据这样的认识，语言不再是意义表达的工具，而是显示差异的场所，是带有心理痕迹的声音。20 世纪 60 年代的后结构主义理论家借用了上述索绪尔的思想，提出语言的意义永远处于延宕的过程之中。后结构主义将语言视作任意的差别系统或知识和权力的场域，这样的语言观念无疑忽视了意义可能存在的相对稳定性，可能导致亚里士多德所谓真理与谬误的混淆。然而，这种认识也再次凸显了语言之于思想的重要性，明确了静态和动态、共时性与历时性两种不同语言分析方法的重要性。

事实上，以上对语言观念演变的粗略分析旨在说明，语言研究一方面是有关真理、知识、理性和意义的研究，另一方面也是有关人类行为的研究。随着人类认识的扩大或认识角度的转变，人类对语言性质的理解也就不同。联系上文所述，翻译的本质是一种语言转换行为。倘若对语言本身的理解改变了，对翻译的理解也将随之改变。本书提出，应用开放的态度审视语言概念。在本书中，不同历史语境中的语言观念是构成其时代翻译观念的重要因素，因而理解和界定不同时期的语言观念是本书的基本任务之一。只有把握不同历史语境中不同的语言观念和翻译观念，才有可能重新认识翻译理论史中的直译意译问题。

三、历史

历史即汉语中的史。《说文解字》对"史"的定义为"史，记事者也。从又

① 索绪尔：《普通语言学教程》，高名凯译，北京：商务印书馆，2009 年，第 169 页。

持中。中，正也"①。可见，古汉语中的历史与"史官"是互通的，由此，史也可以引申为史官记录的事件。这些事件构成了人类所有的往事。然而，也正是因为史是由史官或历史学家记录的，历史学家本身的史学话语也可以成为社会实践，是历史事实。历史的概念也就取决于不同历史学家对于该概念的解读。正如法国历史学家安托万·普罗斯特（Antoine Prost）在《历史学十二讲》（*Douze Lecons sur L'histoire*）中所言，阅读某个时代或某个学派的历史学家关于历史学的著作，首先要考察的两个层面是"（历史学家）文本所界定的历史这一概念"以及"历史概念所处的背景"②。普罗斯特的分析表明，历史是和历史学家对历史这一概念的解读密切相关的。例如，后现代历史学家否定历史实在及其背后的永恒真理，历史在后现代历史学家那里便不再被视作历史事实或史籍史料，而成为一种语言的虚构或叙事散文体式的描述。无论是托尼·贝奈特（Tony Bennett）、F. R. 安克斯密特（F. R. Ankersmit），还是海登·怀特（Hayden White）都强调要将历史与过去（past）截然分开。历史不等于过去发生的时间、过去的活动或人类整个的过去。"'过去'这一特性不足以表示一个事实，或者一个认识对象。所有过去的事实开始时都曾是现在的事实：二者之间，没有任何本质上的区别。"③历史与过去之间还有"历史文本"。

　　基于此，根据怀特的界定，"历史作品是以叙事性话语为形式的一种言辞结构，他声称是过去的结构和过程的一种模型和具象，意图通过描绘来说明他们。"④显然，后现代史学家对历史概念的理解突出了历史中间的种种虚构、叙述和遮蔽。不过这种对历史叙述性的强调却不可避免地放大了历史学家个人的价值观念、想象和情绪，模糊了历史与文学的边界，也否定了历史实在的真实性或真理性。本书考察的对象是中西翻译理论史中的直译意译问题讨论，亦是翻译理论家对直译意译问题的思考。或可以说，本书要尝试重构的直译意译问题主要关涉翻译理论家的翻译思想。

　　据后现代史学观念描述，历史只是一种叙述。如果直译意译问题作为一种叙

---

　　① 许慎：《说文解字·史部》（卷四）。参见中国电子书哲学计划：https://ctext.org/shuo-wen-jie-zi/zhs?searchu=史&page=2.

　　② 普罗斯特：《历史学十二讲》，王春华译，北京：北京大学出版社，2012 年，第 125 页。

　　③ 普罗斯特：《历史学十二讲》，王春华译，北京：北京大学出版社，2012 年，第 57 页。

　　④ Hayden White. *Metahistory: The Historical Imagination in Nineteenth-century Europe.* Baltimore: Johns Hopkins University Press, 1975, p. 2.

述不具有任何真理性，那么直译意译问题毫无研究价值。故而，本书并不赞同后现代史学中将历史等同于叙述的观念。本书主要借用了英国历史学家柯林武德的历史观念。柯林武德反对"历史实在论"[①]，但却强调历史尤其是历史思想的真实存在。他认为历史学家可以在现在重新思索和理解过去的思想或行为。在新的情形下思考过去的思想完全可以超越历史文本的想象性。在《历史的观念》（*The Idea of History*）一书中，柯林武德提出："历史的过程不是单纯事件的过程，它有一个由思想的过程所构成的内在方面；而历史学家所要寻求的正是这些思想过程。一切历史都是思想史。"[②]即，一切的历史都是历史学家在心里重演的过去的思想。历史学既是一种人文主义的科学，也是历史学家尝试从现在去理解过去，重新认识现在，并思索将来的一种思想路径。不过，本书仍会选择性采用后现代史学对"历史文本"所采用的抽丝剥茧式的研究方法，总之，本书以翻译理论史上的直译意译问题为主要考察对象，尝试理解的正是翻译理论家的翻译思想。基于此，本书强调历史与思想之间的关联，关注直译意译问题中的观念史和思想史演变。

四、翻译方法与翻译策略

从词源学的角度来看，中文中的"方"指的是关于治道的办法，"法"即"灋"，原意为刑法、法规，后来用来指代人们认识和改造客观世界的途径、方式和程序的总和，即"法者，妙事之迹也"。与中文中的方法相似，英文中的 method 源自希腊文 μέθοδος，由"沿着"和"道路"两个词构成，意思是沿着正确的道路前进。因此，无论是中文中的方法，还是英文中的 method，最早都指的是通过正确的途径来认识和理解客观对象，侧重于行动。施莱尔马赫（Friedrich Schleiermacher）在其影响深远的《论翻译的不同方法》（"Ueber die verschiedenen Methoden des Uebersezens"）一文中提出"移动作者"和"移动读者"正是将原文、译者和译文读者放置在同一个层面上，讨论译者要完成的真正

---

① 根据柯林武德的理解，"实在论"是将心灵与对象完全分开，是两个独立的实际存在物。心灵是要去认识实存的对象。

② 柯林武德：《历史的观念》，何兆武、张文杰译，北京：商务印书馆，1997 年，第302-303 页。

的任务是缩短原文作者和译文读者之间的距离，凸显语言、理解与思维之间的关系。[①]因而施莱尔马赫所说的不同的翻译方法其实是路径的选择（a choice of a path），是译者在语言转换中必须做出的决策和采取的行动。如果将翻译定义为一种语言符号的转换，那么翻译方法可以被视作译者认识源语文本，以及进行语言符号转换的具体途径（approach）。

英国翻译理论家纽马克在《翻译教程》（A Textbook of Translation）第五章中总结了 13 种不同的翻译方法（translation method），其中字对字的翻译（word-for-word translation）、直译（literal translation）、忠实翻译（faithful translation）、语义翻译（semantic translation）等都被定义为翻译方法。考察他对上述各个不同翻译方法所给出的定义，我们可以将上述翻译方法的共同点归纳为，在确定一个固定翻译单位（如词素、语法结构、语境意义等）的基础上，复制（reproduce）出原文的意义。换言之，虽然纽马克采用规定性的研究方法将翻译方法与对等相联系，且并未明确界定何为翻译方法，但他总结的 13 种翻译方法在一定程度上说明了，使用各种翻译方法都是为了解决翻译过程中的实际问题。从这个意义上而言，"翻译方法是与整个文本相关联的"[②]。于是译者在其翻译过程中不会局限于某一种翻译方法，而是根据翻译过程中的实际问题采用不同的翻译方法，直译和意译都是其中的一种。

美国翻译理论家韦努蒂在为译学术语"翻译策略"下定义时，间接区分了翻译方法和翻译策略——"翻译策略包含挑选源语文本和采用某种方法翻译这两项基本任务"[③]，他所说的归化（domesticating）和异化（foreignizing）都属于翻译策略。苏珊·巴斯内特（Susan Bassnett）在谈论诗歌翻译时也刻意区分了策略和方法——"在分析众多英译者在翻译卡图卢斯（Catullus）64 首诗歌过程中使用的不同翻译方法（translation method）时，安德鲁·勒菲弗尔（André Lefevere）

① Friedrich Schleiermacher. On the Different Methods of Translating(1813). In André Lefevere. *Translation/History/Culture: A Sourcebook*. Shanghai: Shanghai Foreign Language Education Press, 2004, pp.141-166.

② Peter Newmark. *A Textbook of Translation*. Shanghai: Shanghai Foreign Language Education Press, 2001, p.81.

③ Lawrence Venuti. Translation Strategy. In Mona Baker. *Routledge Encyclopedia of Translation Studies*. Shanghai: Shanghai Foreign Language Education Press, 2004, p.240.

总结了 7 种不同的翻译策略（translation strategies）"①。仅从以上学者使用的概念以及他们各自对概念的界定来看，翻译方法并不完全等同于翻译策略。从词源学的角度来讲，策略即中文中的"计策和谋略"，与英文中的 strategy 一样源于军事学，是指为了达到某一目的所采用的具体方法、手段方式的总和。翻译策略可以理解为译者为达到特定的翻译目的所采用的具体方法和手段方式的总和。

TAPs 翻译过程研究者瑞塔·亚斯克莱宁（Riitta Jääskeläinen）将翻译策略定义为与"目标取向性"（goal-oriented）和"主观最优性"（subjective optimality）相关联的过程，而非解决问题的过程。②丹麦翻译理论家凯·道勒拉普（Cay Dollerup）却认为，策略的选择不仅仅有赖于译者仔细审慎，还取决于其他各种因素如客户的意见、目的语国家普遍的教育水平以及之前的译本数量（译本数量越多，作出的注释就越少）。③上述观点可以说明，翻译方法旨在解决翻译实践中的问题，达到理想的翻译效果，但翻译策略反映了译者在各种外部因素的制约下努力实现其翻译目的。从这一视角观照直译和意译，可尝试得出如下结论：直译意译既是解决实际翻译问题时有效的翻译方法，也是译者实现其翻译目的时常用的翻译策略。

五、归化与异化

归化（domesticating）与异化（foreignizing）是现当代译论中频繁出现的术语，指的是译者在翻译过程中使用的翻译策略和道德态度。归化与异化的提出源于美国翻译理论家韦努蒂在后现代语境中对翻译与英美主流文化价值观之关系的反思。根据韦努蒂本人对归化与异化两个术语的界定，"归化的方法是按照目的语文化价值观对原文进行我族中心主义式的简约，把作者带回家；而异化的方法则是对目的语文化价值观施加去我族中心主义的压力，以体现原文的语言和文化

---

① Susan Bassnett. *Translation Studies*. 3rd edn. Shanghai: Shanghai Foreign Language Education Press, 2004, p.84.

② 李德超：《TAPs 翻译过程研究二十年：回顾与展望》，载《中国翻译》，2005 年第 1 期，第 29-34 页。

③ Cay Dollerup. *Basics of Translation Studies*. Shanghai: Shanghai Foreign Language Education Press, 2007, p. 102.

差异，把读者送到外国。"①即，"我族中心主义"与"文化的他者性"是译者在翻译中必须考量的因素。采用归化与异化这两种翻译策略取决于源语文本及其代表的语言文化在英美主流文化中的地位，并由此反映出译者的文化态度——顺应或抵抗英美主流价值观念（如语言观和文化观）对弱势文化所实施的霸权（hegemony）。韦努蒂理论中的其他两个关键概念"抵御式翻译"（resistance strategy）与"剩余话语"进一步补充了其理论体系中的归化与异化概念。对韦努蒂而言，异化翻译强调的是道德层面的内容，可以通过特定翻译策略实现。唯有异化翻译，"剩余话语"——体现文化他者性的非主流语言变体——才能得以释放，继而"有助于保留源语文本的语言和文化差异，产生陌生的和陌生化的译本，从而标示出目的语文化主流价值观的边界，并阻止这些价值观对文化他者进行帝国主义的规划"②，显现出翻译对强势语言和文化的抵御。

　　从上述分析可以看出，归化异化是韦努蒂借以考量英美国家"我族中心主义"思想的切入点，是翻译理论家在新的政治、文化和诗学语境中对翻译目的和译者任务的一种新的思考。通过这种思考，英美国家中英美强势文化与非英语主流语言文化之间的关系被纳入翻译研究的范畴中。然而，研究范畴的扩展并不代表所研究问题发生了根本性变化。翻译中的基本矛盾，尤其是翻译中存在的差异仍然是翻译研究所关注的重点。许钧曾归纳出翻译中的三对基本矛盾，即可译与不可译、异与同、形与神。韦努蒂对归化与异化的思考显然也是从关注翻译中的差异切入的。这是因为韦努蒂虽然倡导译者采取行动（call for action），但在讨论归化和异化时仍然是从主题和形式入手的，"译者不但可以选择在目的语文化中处于边缘的原文，而且还可以用正统话语（如透明的话语）来翻译它。或者，译者也可以选择在目的语文化中属于正统的原文，但却用边缘话语（如古语）来翻译。"③主题针对源语文本的选择，是指在目的语文本中处于主流或边缘地位的源语文本，而形式涉及语言是指译者对目的语文本的语言形式的选择。应该说，韦努蒂关于主题和形式的思考皆因源语文本与目的语文本之间存在的差异，

---

① Lawrence Venuti. *The Translator's Invisibility*. Shanghai: Shanghai Foreign Language Education Press, 2004, p. 20.

② Lawrence Venuti. *Rethinking Translation:Discourse, Subjectivity, Ideology*. London: Routledge, 1992, p. 13.

③ Lawrence Venuti. *The Translator's Invisibility*. Shanghai: Shanghai Foreign Language Education Press, 2004, p. 310.

归化异化的提出正体现了翻译理论家如何在新的语境和形式下思考翻译独有的矛盾性特点。

对于归化异化与直译意译的区别，学界曾有热烈的讨论。王东风认为异化翻译与直译关涉的范围不同，"韦努蒂不仅谈到了异化翻译在语言'形式'上的取向，而且还指出了'主题'的因素。这一点至关重要，关系到异化翻译与直译的区别。后者往往只涉及'形式'的选择，而不是'主题'"①。朱安博在其专著中尝试对归化与异化进行区分，认为归化异化与直译意译的差异在于两者强调的重点不同：归化和异化更强调文化因素，强调跨文化交际问题，直译和意译则侧重于语言层面的问题。②在此基础上，该书进一步指出，归化异化与直译意译存在着本质上的区别。但若从翻译的主要矛盾切入去思考归化异化与直译意译之间的关系，不难看出通过这两对概念反映出来的翻译问题存在着共同的层面。归化与异化只是在新的语境中（西方中心主义的语境）对翻译基本问题的思考。有鉴于此，本书提出直译意译与归化异化并不存在质的区别，归化与异化的讨论只是直译意译问题在后现代语境中的衍化。本书的第三章，即"语言·翻译·场域：直译意译问题在后结构主义思潮中的演绎"，会更为详尽地分析韦努蒂理论体系中归化异化概念的内涵，探索后结构主义理论对翻译研究，尤其是直译意译问题研究的影响。

历史学家陈寅恪曾对治学中的"新材料""新问题"有所表述：一时代之学术，必有其新材料与新问题。取用此材料，以研求问题，则为此时代学术之新潮流。③虽然陈寅恪并未详细说明何为新材料，何为新问题。但新旧实在很难一划而分。一些在译学中盘旋已久的问题，如果在新的语境中用新的材料去分析和反思，并非就直接转型呈现全新的问题，那么就有可能会在新的语境中对某些基本问题进行新的思索。直译意译问题从翻译理论产生之初就一直存在。在当代翻译学视野中，从新的角度思考直译意译这一翻译学基本问题，既是对中西翻译思想史的重新观照，也是对翻译及翻译研究实质的反思，或许也只有反思和质疑才能进一步推进翻译研究的当代发展。

---

① 王东风：《韦努蒂与鲁迅异化翻译观比较》，载《中国翻译》，2008 年第 2 期，第 5-10 页。

② 朱安博：《归化与异化：中国文学翻译研究的百年流变》，北京：科学出版社，2009年，第 9 页。

③ 陈寅恪：《陈垣敦煌劫馀录序》，载《金明馆丛稿二编》，3 版. 北京：生活·读书·新知三联书店，2015 年，第 266 页。

第一章

直译·意译·传递: 直译意译问题之发轫

早在古罗马时期, 当西塞罗、昆体良、哲罗姆、圣·奥勒留·奥古斯丁 (Sanctus Aurelius Augustinus) 等早期西方翻译家和翻译理论家开始系统思考翻译本质、翻译现象和翻译活动等问题时, 有关"字对字" (verbum pro verbo)、"意对意" (sensum pro sensi) 的讨论便随之发端于他们的零星表述之中。早期翻译理论中虽未直接出现直译或意译等字样, 但将"字对字"和"意对意"两个概念放入现代翻译学的理论范畴中加以观照, 以二元对立的方式讨论"字" (letter) 与"义" (spirit) 无疑揭开了后世直译意译问题论争的序幕。直译意译论与西方翻译理论的发生发展相伴相随。"字对字"或"意对意"的翻译讨论既是早期翻译理论的重要组成部分, 也是直译意译问题讨论的核心内容。

无独有偶, 中国最早的翻译理论——佛经翻译理论中, 也出现了围绕"文"与"质"两个概念的一系列论争。三国东吴时期的译经大师支谦撰写的《法句经序》完整地记载了译经僧如何就"文"与"质"两个概念展开争论, 又最终如何达成共识。在现当代的分析和阐释中, "文质之争"通常被视作中国最早的直译意译论争, 是中国传统翻译理论, 尤其是佛经翻译理论中的重要内容。

且不论西方理论中的"字对字""意对意"与佛经翻译理论中的"文""质"等概念是否完全等同, 也暂且不论上述概念是否与现代译学范畴中的直译与意译相符, "字对字"与"意对意"和"文"与"质"讨论展现的首先是一种二元对立的思维方式, 即, 将"言""义"或"形""神"置于相互对立的两端。因此, 也就有必要思考, 为何中西两种不同形态、不同发展路径的翻译理论在其最早阶段都表现出了同样的思维方式。这是否意味着，对翻译本质、翻译现象和翻译活动进行阐释就必然落入孰是孰非，非此即彼的二元对立的窠臼之中呢？认识直译意译问题是否有必要将译者的个人经验、特殊的历史语境、文化传统以及语言观念纳入考量范畴？求解上述问题将成为本章展开的主要线索。与此同时，本书也将尝试思考并回答下列相关问题："字对字"与"意对意"和"文"与"质"两对概念自身存在的根据是什么？通过早期直译意译论所反映出来的翻译观念是什么？二元对立的思维方式是如何形成的？翻译理论是否为独立于历史情境之外的理性建构？等等。继而借助这些问题的答案，本章将着力呈现直译意译问题在翻译理论早期发展阶段的基本面貌。

第一节 从"字对字"到"意对意"：
早期西方直译意译论考察

西方有文字记载的翻译活动迄今已有两千余年，有文字可考的最早译作更可追溯到古埃及时期。公元前 1269 年前后，赫梯国王哈图西利斯三世（Hattusili III）与埃及国王拉美西斯二世（Ramesses II）签订赫梯合约。在该合约中，两种语言互为译文，充分体现了"换易语言使相解"这一翻译的根本目的。显而易见，最早的翻译活动是伴随着不同民族间的交往而产生的。先有翻译活动，随后才是理论家对翻译活动的总结和思考，翻译理论滞后于翻译活动。记载在册的最早的翻译理论比相关翻译活动的记载至少晚了七百余年。考察学界目前具有较大影响的相关翻译史研究著作[1]，绝大部分在列的翻译史书籍均视西塞罗为西方翻

---

① 如 Louis Kelly. *The True Interpreter: A Theory and Practice in the West*. Oxford: Basil Blackwell, 1979; Andrew Chesterman. *Reading in Translation Theory*. Helsinki: Finn Lectura, 1989; Schulte Rainer & John Biguenet. *Theories of Translation*. Chicago: University of Chicago Press, 1992; 谭载喜：《西方翻译简史》，北京：商务印书馆，2004 年；Daniel Weissbort & Astradur Eysteinsson. *Translation Theory and Practice: A Historical Reader*. Oxford: Oxford University Press, 2006; Douglas Robinson. *What is Translation? Centrifugal Theories, Critical Interventions*. Beijing: Foreign Language Teaching and Research Press, 2007; Peter Burke. *Language and Communities in Early Modern Europe*. Cambridge: Cambridge University Press, 2004; Kirsten Malmkjær. *The Routledge Handbook of Translation Studies*. New York: Routledge, 2018.

译理论的创始人。但道格拉斯・罗宾逊却提出，应将古希腊哲学家希罗多德（Herodotus）讨论跨文化交际的文章视作西方翻译理论的开端。[①]关于这一认识，罗宾逊有专门的讨论：

> 西塞罗并不是历史上第一位翻译理论家；他只是第一次以大多数人认为"正确"的方式系统地阐述了翻译（formulate something），即翻译是将一种语言中的意义完全转换成另一种语言的语言过程，翻译理论即为上述过程制定一系列规则和指导原则。[②]

罗宾逊的观点充满了洞见。理论是对实践的观察，但却并不一定是对实践的系统性阐释。经验、事实、观察与理论之间的界限实难分清。也正因如此，学界才会就西方翻译理论发端问题争论不休。即便如此，学界在界定西方翻译理论中最早的直译和意译问题时却表现出惊人的一致，毫无例外地将西塞罗关于"字对字"概念的讨论界定为最早的直译理论，并将哲罗姆视为最早的意译概念提出者。[③]翻译研究中关于直译意译问题发端的讨论有悖逻辑，因为从本质上而言，无论是"字对字"还是"意对意"的讨论，都只是翻译理论中的一个部分。最早的翻译理论未能确立，却率先确立了最早的直译意译讨论。借用朱光潜先生在《诗论》中的看法，搜罗古佚的办法可能存有假定的错误，即假定在历史记载上最古的诗就是诗的起源以及假定在最古的诗之外寻不出诗的起源。[④]如此，确立最早的直译意译论仅仅是用假定的方法开展研究。

---

① 在《西方翻译理论：从希罗多德到尼采》一书中，罗宾逊提出需要重新认识希罗多德对翻译研究领域的贡献。虽然一直以来希罗多德都被视作历史学与比较人类学之父，但其本身在多个文化中生活的经历、对文化差异的包容态度以及对真知的不懈追求都对翻译研究有重要的启示。罗宾逊认为，"跨文化交流——使用不同语言的人是如何表述各自的思想的——也是希罗多德所重点关注的问题之一。不仅如此，他更是将跨文化交流放置到了地缘政治学（geo-political）的语境之中"。（参见：Douglas Robinson. *Western Translation Theory: From Herodotus to Nietzsche*.　Beijing: Foreign Language Teaching and Research Press, 2006, p.1.）

② Douglas Robinson. *Translation and Empire: Postcolonial Theories Explained*. Beijing: Foreign Language Teaching and Research Press, 2007, p.51.

③ 参见本书导论所引《翻译学词典》等翻译学工具书对"直译""意译"词条的描述和界定。

④ 朱光潜：《诗论》，上海：上海古籍出版社，2005 年，第 3 页。

从这一点上而言，本书将讨论推至古罗马时期的西塞罗，不是主张西塞罗的"字对字"讨论一定是直译意译论的起源，而是认为西塞罗的翻译思想为后世的直译意译讨论提供了可参考的典范，既是直译意译讨论不可或缺的重要内容，又对后世翻译理论产生了极其重要的影响。换言之，缺少对西塞罗"字对字"翻译讨论的观照就无法获得关于直译意译问题的全面认识。

概言之，无论西塞罗对"字对字"的阐述是否开启了直译意译讨论的先河，学界已就以下两点达成共识：其一，西塞罗曾系统地探讨过翻译；其二，翻译理论在古罗马时期曾有显著的发展。这种系统的阐释在翻译理论史上第一次确立了"解释员"和"演说家"两种对立的翻译方式，否定了"字对字"翻译方法，对包括昆体良、奥古斯丁、哲罗姆在内的翻译理论家有着十分重大的影响，并由此开创了"西塞罗式"的翻译理论。由此，最早的直译意译的考察应该被放置到古罗马特殊的历史语境中，从厘清西塞罗的翻译思想出发重新理解"字对字"和"意对意"两个概念的内涵。

作为希腊文化和哲学的传承者和引介者，西塞罗无疑是罗马社会中最为重要的译者之一，他不仅直接翻译了大量希腊古典名著，还通过翻译创立了许多沿用至今的术语和拉丁语词汇。应该说，西塞罗的翻译理论直接来自其自身的翻译经验。这一突出的特征表明，早期直译意译论的产生与西塞罗等个体译者的翻译观念和翻译实践有着或多或少的关系。乔治·斯坦纳（George Steiner）在《通天塔之后：语言与翻译面面观》（*After Babel: Aspects of Language and Translation*）一书中曾总结过罗马时期翻译理论的基本特征。他将西方翻译理论分为前后四个时期。其中第一个时期从西塞罗撰写《论最优秀的演说家》（"De Optimo Genere Oratorum"）开始到 1804 年约翰·荷尔德林（Johann Hölderlin）翻译索福克勒斯（Sophocles）的戏剧结束。斯坦纳认为"在这漫长的时期里，从事翻译的人直接根据自己的实践对翻译作了初步的分析和论述"，"集中反映了直接来自实践的经验"[①]。巴斯内特虽然并不赞同斯坦纳的历史分期，但也同意斯坦纳在讨论翻译理论史时对个体译者的强调，并在此基础上作了进一步的引申和发展，呼吁研究者关注翻译理论与语境之间的关系："西塞罗和贺拉斯的翻译观念对后世译者有着十分重大的影响，上述两者的翻译观念均产生于探讨诗人两个重

---

① George Steiner. *After Babel: Aspects of Language and Translation*. Shanghai: Shanghai Foreign Language Education Press, 2001, p.248.

要职责的广阔语境之中：其一是获得和传递智慧的普遍人文职责；其二是创作和塑造诗歌这一特殊的艺术。"[①]斯坦纳的分析突出了个体译者的翻译经验，但巴斯内特却强调了语境之于翻译理论的重要性。以此视角去理解早期西方翻译理论中的直译与意译讨论，从个体译者零碎的翻译经验抽离出来的"字对字"和"意对意"概念能较为充分地反映出特定历史时期错综复杂的社会文化观念，呈现翻译理论在最初阶段的问题意识。所以，无论是具有丰富翻译经验的个体译者，还是产生翻译讨论的广阔语境，都值得作进一步的考察。

在西塞罗、贺拉斯、哲罗姆等早期翻译理论家生活的罗马时期，希腊文化观念仍然占据着主导地位[②]，大量希腊时期的文学、戏剧作品被引介到了罗马[③]，对罗马社会文化观念的产生和塑造产生了极其重大的影响。模仿希腊名著的风格，重述希腊作品中曾经出现的重大话题是罗马知识界的首要工作。尤其值得注意的是，在哲学方面，从赫拉克利特（Heraclitus）开始，希腊哲学家对存在、思维和语言之关系的讨论进一步延续到了罗马时期，影响了西塞罗等个体译者的语言和翻译观念。

修辞学在罗马时期逐渐发展成一门极其重要的学问，自由民热衷于学习和使用修辞讨论各种社会问题。包括西塞罗、奥古斯丁在内的智者更是高度重视修辞，对修辞学展开了深入的研究。如何使用修辞这种"说服的艺术"以获取智慧、德性和知识不仅是罗马演说者和修辞学家关注的重点，还是整个罗马社会教育的重点。修辞学家与演讲者对话题、雄辩、公信度与情感的思考和阐释凸显了语言之中的现实与语言、思想与表述、知识与意见、德性与正义、理性与情感等多方面的矛盾，使修辞学衍生出来的语言问题进一步上升为哲学问题，回应了希腊哲学家关于真理与语言的探讨。

西塞罗反对"字对字"的翻译方法，区分"解释员"与"演说家"两种不同的翻译方式，哲罗姆直接提出"意对意"的翻译方法，关于翻译的讨论都是在上

[①] Susan Bassnett. *Translation Studies*. Shanghai: Shanghai Foreign Language Education Press, 2004, p. 48.

[②] 朱光潜在《西方美学史》中曾从三个方面详细分析了罗马社会承继希腊文化的原因。（参见朱光潜：《西方美学史》，北京：人民文学出版社，1979年，第97页。）

[③] 如罗马戏剧家普劳图斯（Plautus）翻译引介古希腊新戏剧作家米南德（Menander）的作品，泰伦斯（Terentius）翻译引介古希腊作家阿波罗多洛斯（Apollodorus of Carystus）的神话作品。

述语境中展开的。正因为如此，正确认识西塞罗等个体译者的修辞理念和展开讨论的语境是深入探讨早期直译意译理论的首要工作。

一、思想传递与语言表达：西塞罗修辞学视域下的"意对意"翻译

在谈论早期西方翻译理论时或许首先需要明确，在古罗马特殊的语境中，以西塞罗为代表的个体译者或翻译理论家虽谈论翻译，但并非专论翻译。相反他们只是将翻译作为一种修辞教育和文学创作的练习方式。翻译为演讲、文学创作和文法学习服务，并无独立存在的价值。必须指出的是，在当时的罗马社会，绝大多数阅读或使用翻译作品的读者都能自如地阅读源语文本，因而在很大程度上，古罗马时期的翻译不能被视作"换易语言使相解"的转换行为。目的语读者并不依靠翻译来理解原文，他们通常是将源语文本与目的语文本相互对照，用以提升自身的语言能力和思辨能力，借此获得出众的演说能力，并通过在公共场合发表雄辩的演讲来提高自己的社会地位。在这样的情形之下，修辞学与翻译之间产生了一种特殊的内在关联。

修辞一词源于希腊文 rhetorike，是指"运用语言来说服或影响别人的艺术"（"the art of using language so as to persuade or influence others"）[1]。这一定义隐含着两点重要信息：其一，修辞的运用依赖于语言；其二，说服别人是使用修辞的主要目的。仅凭这两点信息，修辞似乎意味着演说家的根本目的在于说服别人，因而华丽的辞藻是其唯一关注的问题，事实本身却可以完全抛弃。这样一种过分简单的理解很容易让修辞与诡辩相互混淆，修辞学也因此沦落为一种"诡辩术"，受到包括柏拉图（Plato）在内的众多哲人的强烈反对。为将修辞和诡辩加以区分，亚里士多德在《修辞学》（Rhetoric，也译作《修辞术》）一书中重新定义了修辞，即"一种能在任何一个问题上找出可能的说服方式的功能"[2]。亚里士多德的定义并没有否定修辞所内含的或然性，但却强调以一种"言之成理，合乎逻辑"的方式使真理和正义获得胜利，并逐渐扭转了修辞学在社会教育中的劣势。

---

[1] Simon Blackburn. *Oxford Dictionary of Philosophy*. 3rd edn. Oxford: Oxford University Press, 2016, p.1386.

[2] 亚理斯多德：《修辞学》，罗念生译，上海：上海人民出版社，2006 年，第 23 页。

受亚里士多德的极大影响，西塞罗重视话题（topoi）、道德（ethos）与情感（pathos），反对将修辞学等同于演讲技巧，进一步发展了修辞学这门学科。正因如此，西塞罗在修辞学历史上具有极其重要的地位，其修辞学著作《论演说家》（*De Oratore*）与亚里士多德的《修辞学》以及昆体良的《雄辩术原理》（*Institutio Oratoria*）一起被称为西方修辞思想的扛鼎之作。[①]

对西塞罗而言，修辞的核心在于雄辩（eloquence）。在智慧（sapientia）指引下的雄辩不仅是人的基本能力和最高美德，更"有益于整个人类社会，使人类脱离蒙昧，成为文明的公民"[②]。雄辩的演说家能在"对各种事实了如指掌的基础上，用语言将思想和动机以一种听众不能不为之动容的强有力的方式表达出来"[③]。也就是说，说服并不是修辞的最终目的，采用最"强有力"的表达方式用语言表达演说家的思想和动机才是使用修辞的关键，听众也必将因此而动容，演说家也将在法庭等公共场合赢得同情。进一步而言，西塞罗不仅重视演说家崇高的思想与动机，也同样强调语言内在的感召力，尤其重视"强有力的表达方式"。思想与动机受制于演说家的"演说素养"，即"既具有娴熟的语言技巧又富有学识"[④]，"强有力的表达方式"强调语言的感召力，这取决于演说家的语言能力。无论是演说素养还是语言能力，都是修辞教育的重要组成部分，可以通过修辞训练获得。在此过程中，由于翻译不仅能用拉丁语传递出"富有学识之人的知识"，更能通过提高演说家的语言能力帮助演说家自如地运用语言，翻译也因此成为修辞训练中一种重要方法，受到了几乎所有修辞学家的重视。西塞罗在阐述其修辞理念时逐渐形成了较为系统的翻译思想。

总的来讲，西塞罗对翻译的思考集中于修辞学的杰出作品《论演说家》、《论最优秀的演说家》，以及伦理学著作《论至善与至恶》（*De Finibus Bonorum et Malorum*），他着重论述了翻译目的、译作风格以及译者素养等三个重要问

① George Kennedy. *The Art of Rhetoric in the Roman World*. Princeton: Princeton University Press, 1972, p.205.

② Wendy Olmsted. *Rhetoric: An Historical Introduction*. Malden: Blackwell Publishing, 2006, p.25.

③ 刘亚猛：《追求象征的力量：关于西方修辞思想的思考》，北京：生活·读书·新知三联书店，2004年，第58页。

④ Cicero. *De Oratore* (Books I, Ⅱ). E. W. Sutton trans. Cambridge: Harvard University Press, 1942, p.7.

题。《论演说家》是西塞罗在经历流放重返罗马政治舞台后对自身修辞理念的深入总结，突出了修辞训练的重要性和成功的演说家所应具备的"演说素养"。对西塞罗而言，合格的演讲家不能单纯依靠论辩技巧，而必须通过翻译与写作这两种"最富成效"的修辞练习手段来积累实践经验。一方面通过写作练习，演讲者能更好地整合自己的思想和语言，"所有最适合情景本身，最富有表现力的思想和语词必然会出现于笔端，顺笔尖涌出。"①另一方面，用拉丁语转述希腊最著名演说家的演说词能帮助练习者区分出恰当与不恰当的语词，逐渐提高语言掌控能力。正如西塞罗所言，"当我把用希腊文阅读的作品转换为拉丁文时，我发现自己不仅仅是使用最优美和最常见的拉丁语词，还通过类比创造出一些对我们来说是新的词汇，只要那些词汇是恰当的。"②此处恰当的词汇是指最高雅的（most elegant）语词③，用以充分传达出演说家的情感，打动听众。即，由于转译成拉丁语的译作仍然必须是一篇合格的演讲词，译者需要采用"强有力的表达方式"，让译作充满感召力，充分表达出希腊演说家的思想和动机。对西塞罗而言，翻译与写作一样，只是修辞练习者用以提高语言能力的手段（means），其最终目的不在于能否用拉丁语完全传递出源语文本的意义，而在于能否通过译作再现希腊演说词的语言感召力，帮助练习者（译者）成为优秀的演说家。只有当译者具有充分的语言掌控能力时，他才能通过选择最适合情景、最恰当的词汇达到上述目的。从另外的方面来讲，只有译作具有充分的语言感召力，译者才能更好地把握希腊演说家崇高的思想，提升拉丁语的地位。翻译存在的意义也正在于此。

事实上，译作的语言感召力不仅取决于合适的词汇，还有赖于译作所传递的情感。这种情感传递在很大程度上与译作所展现的演说家的个人风格息息相关。于是在《论最优秀的演说家》中，西塞罗详细论述了语言、风格和思想之间的关系。该文是西塞罗为希腊著名政治家、演说家狄摩西尼（Demosthenes）的《金

---

① Cicero. *De Oratore* (Books I, Ⅱ). E. W. Sutton trans. Cambridge: Harvard University Press, 1942, p.105. 本书所引用的《论演说家》第一卷和第二卷中译文部分参考了王焕生先生译作。（参见西塞罗：《论演说家》，王焕生译，北京：中国政法大学出版社，2003年。）

② Cicero. *De Oratore* (Books I, Ⅱ). E. W. Sutton trans. Cambridge: Harvard University Press, 1942, p.107.

③ Cicero. The Best Kind of Orato. In Douglas Robinson (Ed.), *Western Translation Theory: From Herodotus to Nietzsche*. Beijing: Foreign Language Teaching and Research Press, 2006, p.8.

冠辩》（*On the Crown*）之拉丁译本所撰写的导言。狄摩西尼曾用这篇辩词成功地驳斥了其政敌埃斯基涅斯（Aeschines），为自己赢得了尊贵的金冠，因而《金冠辩》一直以来都被视作历史上最为雄辩的演讲艺术杰作。因而可以说，西塞罗对译作风格的思考是完全建立在其自身翻译实践基础上的。

从个人身份认同角度来看，西塞罗提倡用纯正的拉丁语来传达狄摩西尼等希腊演说家的思想，坚信拉丁语同样可以再现狄摩西尼的风姿。这也再一次表明了他对拉丁语的重视。必须指出的是，西塞罗所谓的"风姿再现"是对当时罗马社会盛行的修辞观念的极大挑战。在西塞罗的时代，罗马社会中占主导地位的是反对明显个人风格的"阿提卡风格"（Atticism）。不论文学体裁是否存在差异，所有希腊古典作家的风格都只能是朴实的（simple）、崇高的（lofty）、精练的（refined），不应表现出明显的个人风格[1]，在演讲时须完全遵循以下规范。

> 最杰出的希腊演说家都居住在雅典，其中最著名的非狄摩西尼莫属，那么模仿狄摩西尼就应该完全采用阿提卡风格，用最好的方式。既然阿提卡的演说家已被视作模仿的楷模，采用阿提卡风格来演讲就意味着发表了好的演讲。[2]

然而，在西塞罗看来，上述规范并不正确，因为用统一的标准去简单地界定阿提卡风格恰恰是对这种风格"完全错误的理解"。狄摩西尼和埃斯基涅斯一同被视为阿提卡风格的杰出典范，但在《金冠辩》这篇批判埃斯基涅斯的演讲词中，狄摩西尼与埃斯基涅斯两位相互对立的辩手所表现出来的风格是截然不同的。这说明，阿提卡风格固然是好的风格，但"最好的风格"却不一定就是阿提卡风格。阿提卡风格并不是简单划一的风格。修辞练习者应当追求的是"最好的风格"，而不应该被阿提卡风格这一名称局限。西塞罗意在提醒修辞练习者突破僵化的思维，重新认识阿提卡风格的本质，不要再使用朴实的、崇高的和精练的等简单标签去衡量和界定阿提卡风格。演讲者须将重心放到提高自己的语言掌控能

---

① Cicero. The Best Kind of Orato. In Douglas Robinson (Ed.), *Western Translation Theory: From Herodotus to Nietzsche*. Beijing: Foreign Language Teaching and Research Press, 2006, p.9.

② Cicero. The Best Kind of Orato. In Douglas Robinson (Ed.), *Western Translation Theory: From Herodotus to Nietzsche*. Beijing: Foreign Language Teaching and Research Press, 2006, p.9.

力上，使用"强有力的表达方式"彰显出演说家崇高的思想和明显的个人风格，让演说词具有内在的语言感召力。基于此，西塞罗明确区分了"解释员"与"演说家"两种不同的翻译方式，反对"字对字"的翻译方法。

> 我不是作为一名解释员，而是作为演说家来翻译的，保留同样的思想和形式，但却使用符合我们表达习惯的语言。在这个过程中，我认为没有必要字对字地翻译，而是保留了语言的总的风格和力量。因为，我认为不应当像数钱币一样把原文语词一个个"数"给读者，而是应当把原文"重量""称"给读者。①

很明显，"解释员"与"演说家"式的翻译方式有着根本的不同。前者并不具备语言掌控能力，只能采用"字对字"的翻译方法，侧重于语词的转换，所传达的只是原作字面的意义，而非演说家的思想；后者注重保留语言总的风格和力量，有效地再现了演说家的思想、风格和动机。进一步而言，当译者知道如何使用"强有力的表达方式"传达演说家崇高的思想时，译者也必然可以成为一名优秀的演说家，能够在公共场合用语言来表达自己的思想和动机。在西塞罗看来，演说家并不存在类别上的区分，而只有程度的好坏。如果说"最优秀的演说家是那些能用演讲去教育（instruct）、打动（move）和取悦（delight）听众的演说家"②，那么最优秀的译者不仅应该善于使用言辞，具备杰出的语言掌控能力，而且更应该自觉地使用纯正的拉丁语去表现希腊演说家的崇高思想。同理，最优秀的译作也应该具有强大的语言感召力，达到教育、打动和取悦听众的目的。成功的译者也是优秀的演说家。正是通过区分"解释员"与"演说家"两种不同的翻译方式，西塞罗确立了理想译者应当承担的责任。正如西塞罗所言：

> 我坚信如果我能够保存该演说家所有的优点，包括他的思想、思想的魅力、例证的顺序，不改变原作的语言（如果这些语言符合拉丁语的使用习惯），借此将这些演说词成功地转换成拉丁语，那么就会产生一

---

① Cicero. The Best Kind of Orato. In Douglas Robinson (Ed.), *Western Translation Theory: From Herodotus to Nietzsche*. Beijing: Foreign Language Teaching and Research Press, 2006, p.9.

② Cicero. The Best Kind of Orato. In Douglas Robinson (Ed.), *Western Translation Theory: From Herodotus to Nietzsche*. Beijing: Foreign Language Teaching and Research Press, 2006, p.7.

条新的标准用以规范那些希望能模仿希腊风格发表演讲的人。[①]

　　由此可见，从根本上而言，西塞罗关于"字对字"翻译的讨论不属于关于技能的知识（know-how），而应归属于一种"关于原理的知识"（know-why）。如果"字对字"的翻译能够成功地将演说词转换为拉丁语，那么西塞罗也并不会竭力反对。他反对"字对字"的翻译方法不是因为"翻译创造论"——将翻译等同于一种创作，倡导译者在翻译中的自主性，而是因为通过"字对字"的翻译得到的译作在通常情况下并不能被评判为合格的拉丁语演说词。然而"合格的演说词"恰恰是作为演说家的西塞罗极为看重的："在其他科学中，最令人称赞的是那种令不通晓科学的人最难以理解和想象的东西，而在演说术中则相反，最大的失误却在于偏离大众的语言类型和人们普遍接受的习惯。"[②]这也说明"字对字"的翻译方法并不是最好的修辞练习手段，不仅不能帮助修辞练习者自如地运用拉丁语，而且演讲家的个人风格得不到最好的彰显，其思想也不能完全传递到罗马社会中。

　　事实上，分析西塞罗对翻译目的、译者责任、翻译效果之阐述也说明，西塞罗更多的是从修辞教育的角度去思考翻译的。在西塞罗的翻译思想中，他真正重视的不是翻译技巧，而是如何使用翻译训练修辞练习者的语言掌控和演说能力。在此过程中，他对思想、风格、演说目的的强调再一次表露出他对雄辩的重视。修辞教育不应该等同于过去希腊演说术教材中的论辩技巧训练，而是培养雄辩的演说家，即对任何需用语言说明的问题都能采用最适合情景的语词，充满智慧地表达自己的思想。从这一点来看，西塞罗从未将原作与译作刻意对立。相反，他自始至终秉持本质主义思想，因为他坚信拉丁语与希腊语一样，可以转述任何希腊先哲讨论过的话题。因此，用拉丁语表达思想，并让自己的表达具有强大的感召力也就成为西塞罗一直努力的方向。正如他所言：

　　　　曾经有许多人熟悉希腊文化，但却无法与他们的同胞交流心得，因为他们无法用拉丁语表达他们在希腊语境中习得的知识。现在，我们在

　　[①] Cicero. The Best Kind of Orato. In Douglas Robinson (Ed.), *Western Translation Theory: From Herodotus to Nietzsche*. Beijing: Foreign Language Teaching and Research Press, 2006, p.10.

　　[②] Cicero. *De Oratore*(Books I, Ⅱ). E. W. Sutton trans. Cambridge: Harvard University Press, 1942, p.11

这个领域好像已经取得了很大进步，至少在词汇方面我们有了与希腊语同样多的词汇。①

质言之，无论是提倡"演说家"式的翻译方式，还是反对"字对字"的翻译方法，西塞罗对翻译的理解都局限在翻译中的语言表达和原作的思想传递上，尤其突出了拉丁语在翻译中的重要性。他对语言表达与思想传递的持续思考，为后世的译者和翻译理论家思考与理解翻译奠定了基础。

受西塞罗影响，在修辞学框架中去认识翻译现象、翻译结果也逐渐成为罗马社会中一种主导性的翻译观念。这虽然改变了罗马社会只接受"字对字"翻译希腊古典戏剧作品的现状，将翻译扩展到了美学和哲学领域，但无论如何，翻译仍然只是提高演说能力的一种练习手段，与演讲和文学创作不可同日而语。西塞罗之后的著名修辞学家小普林尼[本名盖尤斯·普林尼·采西利尤斯·塞孔都栯（Gaius Plinius Caecilius Secundus）]、昆体良，诗人贺拉斯也完全是用上述理念去审视和理解翻译的。与西塞罗不同，后西塞罗时期的翻译理论家更为重视译作的准确性以及译作与原作之间的相互比较。

小普林尼首先发展了西塞罗的翻译思想。他扭转了西塞罗对翻译的单向度思考，呼吁译作与原作竞争。在他看来，在修辞教育中，翻译练习不应该只局限于将希腊作品翻译成拉丁语，还应该练习如何将拉丁语翻译成希腊语。这种双向的翻译练习，如小普林尼所言，"不仅能够提高用词的准确性，扩大词汇量，增加比喻和表达的明晰度，更能通过模仿最优秀的作品创造出与之媲美的作品"②。然而需要明确的是，上述所谓的竞争并不意味着翻译一定是一种创造，而是强调译作应该力争超过原作。同样的思想完全可以用不同的语言加以表达。这也再一次说明，翻译练习是提高语言准确性和鉴赏能力的有效途径。与小普林尼一样，昆体良在《雄辩术原理》一书中也同样提出了"竞争"这一概念。

变换拉丁语作品的措辞，尤其是译述拉丁语诗歌，也同样有助于语言练习……但我不会把变换措辞（paraphrase）仅仅限于译述

---

① 西塞罗：《论神性》，石敏敏译，北京：商务印书馆，2012 年，第 4-5 页。

② Pliny the Younger. Letter to Fuscus Salinator. In Douglas Robinson (Ed.), *Western Translation Theory: From Herodotus to Nietzsche*. Beijing: Foreign Language Teaching and Research Press, 2006, p. 18.

（interpretation）原诗，因为译述的任务还包括在表达同样的思想时跟原作竞争。因此我不同意有些人禁止学生译述罗马演说家的演说。①

昆体良通过竞争概念强调了在使用不同的语言（或措辞）表达同一思想时，译作在辞章风格上存在着差异，借以突出翻译练习对丰富拉丁语语料起到的重要作用。就此而言，"竞争论"并不侧重译作与原作的比较，而只是对西塞罗翻译思想的一种发展。

无独有偶，贺拉斯在《诗艺》（*Art of Poetry*）中提出的"忠实的译者"（fidus interpres）同样体现了西塞罗式的翻译观念。作为"古典主义"奠基者的贺拉斯崇尚古希腊作品和古希腊智者的典范作用，他认为罗马诗人在创作中所使用的"广泛的、日常生活的普通题材"也同时应该是伟大的希腊戏剧家、诗人已经使用过的古典的题材，并在此过程中体现出"私人的权益"（private rights），即罗马诗人以自己的方式来借用古希腊的灿烂文化。贺拉斯因而提出"忠实的译者"这一概念，并借用此概念讨论如何使用恰当的、与生活相符合的拉丁语去重新表述古典题材。

反观现代译学，虽然忠实概念歧义丛生，但在普遍意义上，忠实仍可被视作一种追求译作与原作"相似度"的价值取向。正如《翻译学词典》对忠实概念进行解读时做出的判断："评判译作是否对原作进行了较为准确的表述（fair representation），最常用的术语是 faithfulness 或 fidelity。"②故此，"忠实的译者"中的"忠实"与现代译学中的"忠实"需区分对待，前者强调的是罗马文学创作中的题材问题；后者关注的是原作与译作的"相似度"。正因为如此，罗宾逊才会认为"现代对贺拉斯的不同解读存在着惊人的误读，这主要是由引用贺拉斯而不考虑其语境造成的"③。

综上所述，在修辞理念所主导的罗马社会中，无论是西塞罗、昆体良，还是贺拉斯，他们都未曾将翻译与创作画上等号。在他们的翻译思想中，原作与译作

---

① Quintilian. Institutes of Oratory. In Douglas Robinson (Ed.), *Western Translation Theory: From Herodotus to Nietzsche*. Beijing: Foreign Language Teaching and Research Press, 2006, p.18.

② Mark Shuttleworth & Moira Cowie. *Dictionary of Translation Studies*. Shanghai: Shanghai Foreign Language Education Press, 2004, p.57.

③ Douglas Robinson. *Translation and Empire: Postcolonial Theories Explained*. Beijing: Foreign Language Teaching and Research Press, 2007, p.51.

也并非相互对立、相互竞争的，而是同一思想的不同表述方式。因而，"字对字"概念，"解释员"与"演说家"翻译方式的区分，甚至是被长期误解的"竞争论""忠实论"都不能被简单地判定为"原作中心主义"或"译作（译者）中心主义"。"字对字""演说家式的翻译"等关键概念植根于产生概念的特定历史语境，因而，在理解这些概念时，我们不应回避它们所存在的历史时期，不应忽视影响翻译观念的相关思想和观念等因素。无论如何，如果将西塞罗的"字对字"视作最早的直译意译理论，那么这一理论实际上传达出了一个十分重要的观念，即翻译首先是一种传递。在希腊罗马时期，这种传递的重心被放置在思想上，与原作者的崇高地位相比，译者不过是普通的修辞学习者，其主体性并未得到应有的重视。在翻译理论家（翻译家）对翻译行为和翻译结果进行思考时，占据他们理论中心位置的仍然是如何用合适的词汇、强有力的表达方式传递希腊演说家（作家）的思想。盘桓在"字对字"等概念之中的，一直都是如何解决思想传递与语言表达、语言表达与情感传递之间的矛盾。

二、信仰与理性的交织：中世纪翻译理论中的"字对字"与"意对意"讨论

作为罗马文化的宝贵遗产，西塞罗的翻译思想对中世纪的人文艺术（arts）领域产生了巨大影响。正如《翻译理论与实践：历史读本》的编者所言，"虽然众多的译者在译者序中强烈反对'西塞罗式'的自由，但'意对意'的翻译方式仍然大行其道，至少在翻译《圣经》以外的文本时情况如此。"[①]这段话一方面再次肯定了西塞罗翻译思想对翻译实践的指导作用，但在另一方面也清晰地表明，进入中世纪，文本类型上的差异已经成为译者在翻译时不得不考虑的因素。这当然与《圣经》本身的神秘性及其神圣地位密不可分，但不可否认的是，圣经翻译也随之成为一项特殊的事业，需要在翻译时予以特别的重视。《圣经》的翻译与阐释大大提升了翻译的地位，同时，《圣经》的翻译与阐释也为翻译理论的发展提供了新的平台，衍生出与之前修辞学视野下的翻译理论截然不同的翻译观念。译者和翻译理论家在思考翻译时显然已不囿于西塞罗式的翻译思想，开始从

---

① Daniel Weissbort & Astradur Eysteinsson. *Translation Theory and Practice: A Historical Reader*. Oxford: Oxford University Press, 2006, p.17.

新的视角审视翻译行为、过程和结果。这种思考不可避免地受到了中世纪主导的社会和文化观念的影响。

赵敦华在《基督教哲学 1500 年》一书中指出，"哲学中的中世纪不完全是一个时间概念，它主要是一个文化概念，指基督教文化"[①]。进入中世纪以后，在希腊和罗马社会享有崇高地位的逻辑与理性遭遇了信仰的挑战。基督教文化的普及展现了人类本身的精神向往和心智需求。希腊和罗马哲学中早已存在的关于外在世界的探讨逐渐转移到了对人类自身问题的探讨上，神学的发展进一步确认了人与上帝之间的关系，人们对于自身理性能力的认识也由如何获得理性转移到如何倾听上帝的启示。公元 2～5 世纪正是古代哲学与基督教哲学交替之时，"哲学成为神学的婢女"，理性不再是寻求真理的唯一方法。人的理性残缺不全，只有在上帝的感召下才能接近真理。信仰随之取代了希腊罗马时期的理性主义，成为谈论任何问题的基本前提。然而，对安尼修斯·曼利乌斯·波伊修斯（Anicius Manlius Boethius）为代表的哲学家而言，虽然万物的根源是神，但如果没有理性的辅助，信仰仍然是盲从的。信仰与理性都是认识真理的源泉。这说明，虽然信仰是贯穿整个中世纪的中心问题，但"对于生活在信仰时代的虔诚之士，存在即信仰，上帝即理性，本来没有矛盾"[②]。传承于希腊哲学的理性与信仰相互交织，形成了奇妙的平衡。

在上述背景下，伴随着《圣经》的翻译和基督教教义的传播，认识和理解翻译的语境也随之发生了改变。信仰与理性的交织为翻译观念的转变提供了新的契机。《圣经》的翻译与阐释使得翻译首先与信仰问题紧密地结合在一起，最为突出的表征莫过于翻译中理解与信仰之间的奇妙循环。修辞学研究者温迪·奥姆斯特德（Wendy Olmsted）提出的"解释学与修辞的循环"这一观念可用来描绘通过翻译建构起来的信仰与理解之间的关系，"人性越善，对《圣经》的理解就越深刻，对上帝和邻居的爱就越多；对《圣经》的理解越深刻，对上帝和邻居的爱越多，人性也就越善。"[③]这也正如奥古斯丁所言，"我信仰，故我理解"（Nisi credidereits, non intelligetis），信仰深化了理解，而理解反过来加强了信

---

① 赵敦华：《基督教哲学 1500 年》，北京：北京大学出版社，1994 年，第 11 页。

② 唐逸：《理性与信仰：西方中世纪哲学思想》，桂林：广西师范大学出版社，2005 年，第 5 页。

③ Wendy Olmsted. *Rhetoric: An Historical Introduction*. Oxford: Blackwell Publishing, 2006, p. 37.

仰。翻译也因此被纳入了神学的思考范畴之中。除罗马时期备受关注的译者的
"语言掌控能力"之外，译者的宗教信仰被放置在理解原作、传释神意、译本接
受等翻译过程之前。对上帝的绝对信仰成为译者的最基本素养和翻译的根本性前
提。没有信仰，即便译者具有超群的语言能力仍然无法求得理想的翻译。由此，
西塞罗时期关于译者职责的探讨便逐渐脱离了过去修辞学视域下将翻译视作思想
传递的简单认识，与神意的理解和传释结合在一起。翻译背后是关于信仰与理解
的神学讨论，涉及如何摆脱人性的罪恶，积累更多的善以获得上帝的感召，向信
众呈现上帝的启示等神学问题。在公元 2～5 世纪产生的关于"字对字"和"意
对意"的论争也由纯粹的语言探讨上升到了神学层面，关涉了对不变与永恒、光
照与启示等神学问题的理解。

在无数关于"字对字"和"意对意"的讨论中，最为重要的当数奥古斯丁和
哲罗姆对此问题的阐发和思考。可以说，他们的阐发和思考极大地拓展了翻译讨
论的层面。然而，有趣的是，两者的翻译理论虽然都上升到了神学层面，但奥古
斯丁和哲罗姆看待翻译的角度却并不一致。虽然奥古斯丁是翻译理论史上极为重
要的翻译理论家，但他却从未亲自翻译过《圣经》，他对翻译的思考是从一位神
学家、思想家和阐释者的角度出发的。哲罗姆不仅是基督教拉丁教父，而且更在
希伯来文的基础上译出了《圣经》拉丁通行本（*Vulgate*）。该译本对中世纪的
神学有着不可忽略的影响，并在 1546 年特利滕大公会议（Concilium
Tridentinum）被定为罗马天主教的法定版本。哲罗姆的翻译理论完全来源于自己
的实践。奥古斯丁与哲罗姆关于"字对字"和"意对意"问题的分歧，有效地反
映出两种不同的翻译观念以及翻译背后的理性与信仰问题。

在奥古斯丁和哲罗姆之前，最有影响力的《圣经》译本当属公元前 3 世纪由
希伯来文转译为希腊文的《七十士译本》（Septuagint）。据传，在翻译《圣
经》时，尽管七十二位译者被相互隔离，分散工作，但由于受到上帝的感召，奉
献出的七十二部译作，这些译作无论是用词还是句式结构都是完全一样的。亚历
山大的斐洛·尤迪厄斯（Philo Judaeus）据此提出《圣经》的翻译不过是"根据看
不见的提示听写下来的"（As though dicted to each by an invisible prompter）[①]，
译者必须遵循原作的形式（form and shape），字对字地翻译。

---

① Douglas Robinson. *Western Translation Theory: From Herodotus to Nietzsche*. Beijing:
Foreign Language Teaching and Research Press, 2006, p.14.

斐洛之后,《圣经》翻译中的"字对字"翻译方法被赋予了某种神秘力量,象征着上帝对译者的感召,译者的主体性因而被完全隐去。在斐洛及其支持者看来,《圣经》的翻译仍然是一种传递,是上帝的启示惠泽众生的外在表现。然而,从现代哲学的观念来看,即便是被奉为圭臬的《七十士译本》也不是完全的"字对字"的翻译,仍然体现了学者对圣经的理解和解释。这是因为《旧约》是以当时希伯来的日常语言写成,在转换成为希腊语时,某些日常用语无法在希腊语中找到对应的词语。由此可见,希腊语明显影响了《七十士译本》译者。如重要概念 on 的翻译,根据哲学家赵敦华的理解,《七十士译本》中用 on 来指示上帝的存在时,不可避免地受到了希腊形而上学思想的影响,因为亚里士多德所开创的形而上学就是以 on 为研究对象的。[1]这也说明了与其他文本一样,《圣经》的翻译也同样存在着译者的理解问题。

奥古斯丁在谈论翻译时,其实已经认识到了翻译并不总是一种传递,《圣经》翻译中存在着理解与阐释问题。在《论基督教教义》(*On Christian Doctrine*)这本释经神学概论中,奥古斯丁写道:

> 因而,就拿《圣经》来说,它作为人的意志这种可怕疾病的治疗药方,最初是用同一种语言写的,使它能在适当的时候撒播到整个世界,但后来被译成各种各样的语言,传播到四面八方,万民都知道的救人药方。人研读它,就是要找出那些写作之人的思想意志,并通过它们找到神的旨意。[2]

在信众的眼中,《圣经》作者的意愿与上帝的意愿是完全一致的。诵读《圣经》不是要了解其作者的意愿,而是通过文本理解神的智慧。虽然译本的语言各不相同,但神的旨意却是永恒不变的,仔细研读、正确理解《圣经》的不同译本就一定能聆听到上帝的感召。由此可见,奥古斯丁完全肯定了翻译的价值,将《圣经》的不同译本视作理解和解释神意的有效途径。

事实上,也只有翻译的价值确立了,才能进一步解释和说明解经的问题。在

---

① 赵敦华:《中世纪哲学研究的几个关键问题——读〈理性与信仰:西方中世纪哲学思想〉有感》,载《北京大学学报(哲学社会科学版)》,2007 年第 1 期,第 49-54 页。

② 奥古斯丁:《论基督教教义》(第二卷第五章),载奥古斯丁:《论灵魂及其起源》,石敏敏译,北京:中国社会科学出版社,2017 年,第 46 页。

奥古斯丁看来，"约定俗成的符号就是那些生命存在为了尽其所能表现自己心里的情感、感知或思想而相互交换的符号。给出一个符号没有别的原因，只是想要把符号给予者自己心里的东西表达出来并传递到另外的人的心里"①。大体上而言，符号分为"自然符号"和"约定俗成"两种不同的符号。《圣经》的理解在很大程度上取决于后者，即"那些生命存在为了尽其所能表现自己心里的情感、感知或思想而相互交换的符号"②。符号与所指称的实物是一一对应的关系。如果我们不了解这个实物，就无法理解表示这个实物的符号。可以说，传递符号也是为了唤起读者脑海里的记忆，并通过记忆将当下与永恒联系起来。因此，言词应该被视作一种持续不断的自我呈现行为。"由于人与永恒的三一不同，人处于时间之中，故而人的'思'亦有时间性，其'词'形成有时间性，其认识万有总体有时间性，只能逐个逐个地来"③。与圣言和思想纯粹合一不同，人的言词不能完全地展现事。不仅如此，在"在某些语言中某些语词是无法翻译的，这不是指那些理性的概念而是那些指向灵魂的感叹词"④。因而单个《圣经》的译本的意义一定是残缺的，理解上帝的旨意只能是将不同的译本与源语文本放置在一起，相互考寻。"我疑故我是"（Si fallor, sum），译者和译本读者通过理解、唤起记忆、逐渐思考体察到自我的存在（我是之所以为是），继而在此基础上体察圣意。这样一来，无论是《圣经》的翻译过程还是译本的接受，都体现出了普通的信众如何试图理解圣言圣意的过程。总而言之，每一种语言都是由符号构成的，符号指向记忆，为理解提供资源，但人的世界与神的世界不可比拟。只有通过比较不同译本，对照原作，分析上下文语境才可以消除符号，尤其是陌生符号（unknown sign）带来理解困难，更好地理解上帝的感召。

虽然在上帝之光的启示下，通过不同的《圣经》译本可以获得永福的真理，但必须承认的是，由于信仰、理解、语言等问题，译本与译本之间仍然存在差

---

① 奥古斯丁：《论基督教教义》（第二卷第二章），载奥古斯丁：《论灵魂及其起源》，石敏敏译，北京：中国社会科学出版社，2017年，第44页。

② 奥古斯丁：《论基督教教义》（第二卷第二章），载奥古斯丁：《论灵魂及其起源》，石敏敏译，北京：中国社会科学出版社，2017年，第44页。

③ 周伟驰：《记忆与光照：奥古斯丁神哲学研究》，北京：社会科学文献出版社，2001年，第249页。

④ Douglas Robinson. *Western Translation Theory: From Herodotus to Nietzsche*. Beijing: Foreign Language Teaching and Research Press, 2006, p.32.

别。因而，在各种不同的译本中，奥古斯丁最为推崇依靠"字对字"的翻译方法来传释神意，这是因为，作为"内在之言"，意义其实就是思想的外在反映。上帝的智慧远远凌驾于人的思想之上，即使译本复制出原作意义，也无法传递出上帝的智慧。正如上文所言，上帝的圣言圣意是完全合一的。既然普通人的思想与言词不能纯粹合一，各个译本中的意义与语词是完全分离的，那么只有让每一个译本都尽可能保持《圣经》的意义和词序，并将不同译本相互参照，才有可能通过人的言辞理解上帝的智慧。

如此，"字对字"的方法也就成为唯一可靠的翻译方法。从另一方面而言，《圣经》利用比喻使意义变得模棱两可，造成了读者的理解困难，译者也很难通过自己的记忆将原文与当下事物联系起来。由此而来的结果是，译者在面对《圣经》中象征性的解释时，如果采用"意对意"的翻译方法，就难免会犯下两类常见的错误：对字面意义的表达做象征性的解释或对象征性的表达做字面意义的解释。但是，如果每一种译本都采用"字对字"的翻译方法，那么译者不仅能够有效避免这两类错误，而且还得以在不同的语言中保留原作的意义和语词。这样一来，将所有的译本放置在一起考寻，由人的思想和言词分离所带来的遗憾将有可能得以弥补。与"意对意"的翻译方法相比，"字对字"翻译过来的译本更符合信众的需求。正如奥古斯丁所言：

> 因为每个译者都是根据自己的能力和判断来理解的，我们若不根据译本的母语来检查，就无法搞清楚不同译者所要努力表达的真实思想是什么。而且如果译者不是一个知识相当渊博的人，常常偏离作者的本意，那么我们就必须掌握《圣经》拉丁译本所译自的那些语言的知识，或者必须掌握那些比较忠实于原文的译本，不是因为掌握这些译本就足够了，而是因为我们可以利用它们来纠正其他译本的随意性或错误，因为这些译本常常望文生义。[①]

由此可见，奥古斯丁强调"字对字"的翻译意在语言之外的永福的真理。与上帝的圣言圣意相比，《圣经》的原文及其各种不同的译本在奥古斯丁眼里并无

---

① 奥古斯丁：《论基督教教义》（第二卷第十三章），载《论灵魂及其起源》，石敏敏译，北京：中国社会科学出版社，2017年，第56页。

实质性的差别，它们都是寻求上帝旨意的途径，因而在奥古斯丁的翻译思想中，原作并非神圣不可侵犯。事实上，在奥古斯丁看来，占有至高无上的地位永远只能是上帝的智慧。圣言和圣意都是上帝的智慧，因此唯有"字对字"的《圣经》译本才是最可靠最接近圣言与圣意的途径。唐逸在《理性与信仰：西方中世纪思想史》一书中着重分析了奥古斯丁的"话语的转换"，即"有的时候，尤其是起始之处，为哲学话语，逻辑清晰，并不诉诸权威。然而在论述永恒真理的时候，则突然转入神学话语，语义变得模糊，意象取代逻辑，依靠叙述、讲故事、情绪感染、《圣经》权威来说服读者"①。上述区分从另一个层面也暗示了奥古斯丁翻译思想中交织的神学和哲学两个层面。

在谈论符号、语词等问题时，奥古斯丁的论述十分清晰，注重符号与普通事物的一一对应，明确符号与记忆的关系；但在讨论意义、上帝的旨意等问题时却竭力利用信仰来主导翻译。尤其是关于翻译中的理解问题，他首先将理解与信仰联系在一起，相信翻译与其他认识一样，皆因内在的主如阳光般照亮译者和读者的心智。然而，他一方面说明翻译是可信赖的理解圣意之方式，但另一方面他又坚信由于人自身语言和智慧上的缺陷，每一个译本都存在谬误，上帝的旨意只能接近却不能完全被信众寻求。由此可见，奥古斯丁的翻译思想是哲学话语与神学话语的一种结合。他为何推崇"字对字"的翻译方法，也应该从神学层面加以解释。这也再次反映出奥古斯丁的翻译观念：翻译是一种理解和阐释上帝智慧的方式，译者首先必须是虔诚的信众，传递出"上帝的感召"，其次翻译才能被理解为"使相解"的中介，将一种语言中的意义用另一种语言表达出来。奥古斯丁将"上帝的感召"从意义中深化出来的方式对后世有相当大的影响，包括洪堡特、荷尔德林、本雅明在内的翻译理论家都用不同的表述强调了翻译中存在着的"神秘的关系"②。

然而，在实际的翻译过程中，如何将奥古斯丁对翻译的神学化描述用具体的翻译策略付诸实施，或在翻译结果中完全地表现出来却遇到极大的挑战。不管"上帝的感召"如何神圣不可企及，最终传递这种感召的仍然是具体的语言行为。因此，当译者在翻译过程中面临各种选择时，相较于信仰，译者的理性或许

---

① 唐逸：《理性与信仰：西方中世纪哲学思想史》，桂林：广西师范大学出版社，2005年，第19页。

② 曹明伦：《翻译之道：理论与实践》，保定：河北大学出版社，2007年，第62页。

发挥着更为重要的主导作用。根据《大辞海·哲学卷》，理性是指"概念、判断、推理等思维活动或能力"[①]。无论译者如何虔诚地信仰上帝，最终依赖的还是自身的理性，在奥古斯丁那里被忽略的主体性在哲罗姆处得到了彰显。哲罗姆试图用译者的亲身体验去掉笼罩在翻译问题上的神秘光环。通过对包括《圣经》在内的各种不同类型的翻译活动的重新思考，哲罗姆重审了译者的责任、翻译的过程和翻译批评等问题。他的思考也帮助读者更好地认识了翻译中的信仰与理性、理解与表达之间的问题。换言之，虽然哲罗姆也是著名的教父，虔诚地信仰着上帝，但哲罗姆在谈论翻译时首先是从实际翻译过程出发的。哲罗姆的翻译思想，尤其是对"字对字"和"意对意"翻译方法的阐述与奥古斯丁的翻译思想有着极大的分歧。

　　在《致帕马丘书》（"Letter to Pammachius"）中，哲罗姆明确了宗教文本与非宗教文本在翻译上的差异，"我乐意坦率地承认，我从来不会字对字地翻译希腊作品，而是意对意的翻译，只有翻译《圣经》时除外，因为《圣经》中连词序都显得神圣而玄妙。"[②]《圣经》神圣的起源使得《圣经》与其各种不同的译本之间的关系变得与众不同。《圣经》中的每一个词甚至每一个字母都包含着上帝的智慧。词序的"神秘而玄妙"说明，作为基督教教父的哲罗姆仍然笃信《圣经》中"上帝的智慧"。《圣经》中的语词与意义在翻译时都必须完整地保留。然而，作为译者的哲罗姆却很快意识到自己很难完全字对字地翻译，译者在翻译中无法脱离两难的局面。

　　　　在翻译中，译者很难保留外国语言中特殊而绝妙的措辞风格。每一个词都有它自己的独特意思；我也许找不到合适的词来翻译它。如果字对字地翻译，译文就会佶屈聱牙、荒谬至极；如果不得不做一些改动或重新安排，则会显得有负于译者的职责。如果有人还是不清楚翻译如何亵渎了原作的魅力，就让他字对字地把《荷马史诗》翻译成拉丁文，再让他把译文变成拉丁散文的形式，结果会变成不光词序可笑之至，最雄

---

　　① 夏征农等：《大辞海·哲学卷》，上海：上海辞书出版社，2003 年，第 106 页。

　　② Jerome. Letter to Pammachius. In Douglas Robinson (Ed.), *Western Translation Theory: From Herodotus to Nietzsche*. Beijing: Foreign Language Teaching and Research Press, 2006, p.25.

辩的诗人也会让人不忍卒读。①

哲罗姆承认，自己在《圣经》翻译中并未真的因为《圣经》神圣而玄妙从而完全采用"字对字"的翻译。在翻译中他有时采用"字对字"，有时采用"意对意"的方法。②换言之，哲罗姆在翻译时，更多的是从翻译的实际问题出发，译者的行为仍然是被理性掌控，信仰并未真正主导理性。这为重新审视翻译的过程和译者的责任提供了新的视角。

众所周知，当哲罗姆根据希伯来原文重新翻译了《圣经》以后，因为其译作挑战了当时被视为权威的《七十士译本》，无论是他个人还是其译作都备受质疑。在当时的传统观念中，译者的责任，尤其是《圣经》译者的责任，是要将原作完全地保留下来——"如果不得不做一些改动或重新安排，则会显得有负于译者的职责"③。然而，正如上文提及的，译者在翻译中会权衡风格、意义、词序等各个方面的内容，即，翻译依靠的是译者的知识而不是信仰。他将《七十士译本》与希伯来《圣经》原文仔细比对，发现《七十士译本》里面有诸多省略，更与原文有许多不相符之处。哲罗姆在此基础上否认了《七十士译本》的翻译受到所谓"上帝感召"的传言，提出翻译依靠的是译者的语言知识和正确的理解。译者的责任在于正确理解原作并完全传达出原作的"真义"（substance）。他特别引用了《马可福音》中的耶稣唤醒死去小女孩的故事，认为马可的希腊语译文"小女孩，听我说，起来"比《七十士译本》中的"小女孩，起来吧！"更能表达出耶稣的语气。马可并没有迷失在字词的桎梏中，而是根据自己的理解重新阐释了圣意。基于正确的理解，译者选用合适的措辞来表达原作的真义，意义与语词可以完全结合在一起。这也说明，真义不仅包括原作的意义，还包括原作的语言风格和语用效果。译者可以使用不同的表述来表达相同的真义，传达原作者的意图。正确理解原作，比单纯的信仰更加重要。

正是基于以上考量，哲罗姆明确提出了"意对意"的翻译方法。他的这一思

---

① Jerome. Letter to Pammachius. In Douglas Robinson (Ed.), *Western Translation Theory: From Herodotus to Nietzsche*. Beijing: Foreign Language Teaching and Research Press, 2006, p.26.

② Jerome. Letter to Pammachius. In Douglas Robinson (Ed.), *Western Translation Theory: From Herodotus to Nietzsche*. Beijing: Foreign Language Teaching and Research Press, 2006, p.26.

③ Jerome. Letter to Pammachius. In Douglas Robinson (Ed.), *Western Translation Theory: From Herodotus to Nietzsche*. Beijing: Foreign Language Teaching and Research Press, 2006, p.26.

想明显受到了西塞罗的影响，但相较于西塞罗的思想更为系统和复杂。后者虽然反对"字对字"的翻译方法，但从未直接提出并使用"意对意"这一概念。西塞罗注重的只是希腊演说家崇高的思想，翻译目的与策略服从演说家的演说目的。翻译不过是修辞学的附属品（by-product）。但在哲罗姆这里，翻译承担起了极其神圣的责任，具有独立的价值。推崇"意对意"的翻译直接指向的是如何保存原文的真义。《圣经》的真义意味着上帝的智慧。哲罗姆试图说明，通过正确的方式，人类的语言也能传达出这种智慧。译者对原作的改变与信仰无关，而是出于译者的责任和翻译实际的需要。奥古斯丁与哲罗姆关于"字对字"和"意对意"翻译最大的分歧正在于如何理解译者的责任和原文中的真义。奥古斯丁坚持信仰先于理解，圣言和圣意合一以及人类的思想和语言具有天生的缺陷。但是，哲罗姆却从译者的角度提倡理解的重要性、翻译的两难以及意义与语词的合一。"字对字"和"意对意"的论争反映出了信仰与理性之间的矛盾。

无论如何，在奥古斯丁和哲罗姆这里，翻译的本质仍然是用言语将一种语言用另一种语言传递出来。只不过，无论是奥古斯丁还是哲罗姆的传递都比西塞罗时期单纯的"思想的传递"更进一步，包含了译者对原作的个人理解和阐释。当代译学热议的"译者的显身"（translator's visibility）在早期翻译理论中通过传递概念得以呈现。

于是，无论是奥古斯丁对"字对字"的推崇，还是哲罗姆对"意对意"的强调，都体现出了语言中的一个突出问题，即如何在语言行为中把握住信仰和理性，尤其是在《圣经》翻译中，译者如何通过语言来再现（represent）和表现（present）真理。从这一点上来看，从西塞罗时期到哲罗姆所在的中世纪，语言集中体现的思想传递与表述的矛盾已经转变成为信仰与理性之间的矛盾。这种转变直接导致了翻译的基本前提从西塞罗时期的"思想的同一性"过渡到神学视域下的"理解始于信仰"。如何在翻译中正确处理上述矛盾，不仅为译者带来了巨大的挑战，也为翻译理论家进一步反思翻译的过程和译者的任务带来了困难。

上文主要探讨了早期西方翻译理论中"字对字"与"意对意"概念如何确立，以及围绕两者的争论又如何逐渐产生的问题。历时性的讨论旨在说明，从西塞罗强调"强有力的表达方式"、反对"字对字"的翻译方法开始，几乎所有翻译理论家和译者阐释和分析翻译问题时都不可避免地涉及"字对字"或"意对意"两个概念，从而在翻译思想史中确立了"字对字"和"意对意"的重要位

置。显而易见，有关"字对字"或"意对意"的讨论在早期翻译理论中就已然是
一个重要的内容，是翻译理论家对翻译本质的认识和反思。然而，因为创立和使
用这些概念的翻译家或翻译理论家在翻译观念上存在着不小的分歧，所以从古罗
马到中世纪，上述两个概念无论是在内涵还是在使用层面都有着诸多的不同，并
不能从字面意义上去简单理解。"字对字"或"意对意"讨论也自然不应该被视
作简单的翻译方法探讨，而是与论者及其历史社会主导性的观念交织在一起的。
在上述的讨论中，思想、理性、信仰、真理等从古希腊时期就已经确立的核心概
念不断显现，使得相关的翻译讨论也展现出了论者对于不同时期某些主导观念的
不同意见。也正因为如此，"字对字"和"意对意"的讨论应完全区别于当代译
学中的翻译方法讨论。

　　巴斯内特在反思西方翻译理论史时曾提出，"发端于罗马体系中的字对字、
意对意讨论以这样或那样的争辩方式一直绵延到了今天"①。在现代的理论框架
中，巴斯内特的"这样或那样的方式"其实意蕴丰富，亟待整理。如果将语言
问题单独作为研究对象，不难发现，上文提及的真理与意见、理性与信仰等各
种矛盾不仅是与社会主导性观念息息相关的，更与语言观念有诸多联系。语言
中所包含的表达与思想传递、信仰、情感之间的问题被同时转移到了翻译这种
语言转换中。

　　在当代大众的翻译讨论中，"字对字"与"意对意"两个术语作为直译意译
讨论的重要相关概念，相互对立，泾渭分明。通过梳理早期西方翻译理论，理解
"字对字"和"意对意"的提出过程和理论家（译者）背后的初衷，我们不难
发现，这两个简单的概念十分复杂，概念背后是完全不同的语言观、文化观
甚至神学观念。西塞罗仅从修辞学的角度反对"字对字"的翻译方式，奥古斯
丁和哲罗姆分别从信仰和理性两个范畴回应西塞罗的翻译观念。哲罗姆更是直
接创造了"意对意"这一术语，从而使得"字对字"与"意对意"最终形成
了一种看似"二元对立"表述。不难看出，从直译意译问题产生开始，关于
翻译问题的讨论在本质上是西方翻译理论家对语言、社会、政治和宗教等翻
译之外问题的思考。这种思辨性的、形而上学的思考也充分说明了早期直译
意译问题并不限于"如何译？"等有关翻译方法的论争。翻译理论家或译者

----

① Susan Bassnett. *Translation Studies*. 3rd edn. Shanghai: Shanghai Foreign Language
Education Press, 2004, p. 45.

将自身对某些重要观念尤其是语言观念的认识转化到了其翻译观念中。因而，早期西方译论中"字对字"与"意对意"的讨论从一开始就是一种观念与认识论的结合。

第二节 "文"与"质"：中国传统译论中最早的直译意译论？

在早期西方翻译理论中，"字对字"和"意对意"开启了直译意译问题讨论的先河。在中国传统佛经翻译理论中，频繁出现的"文"与"质"这组二元对立的概念，也同样涉及对翻译方法和翻译策略的讨论，因此，在现当代译学讨论中，"文"与"质"两概念与直译意译之间的关系备受学界关注。但问题是，是否因为同为二元对立的概念，中国传统译论中的"文""质"问题就理应是中国传统翻译理论中最早出现的直译意译讨论呢？

事实上，关于这一问题，学界论争不断且迄今未能达成共识。部分学者直接将"文"与意译，以及"质"与直译之间画上等号，"文质之争"也相应地被视作中国传统译论中最早的"直译意译之争"[①]。梁启超在《翻译文学与佛典》一文中就持上述观点，提出"文"即意译，"质"即直译，而佛经翻译是从早期的"尚文"、"尚质"到"文质兼"的过程，即从"未熟的意译和直译"到"直译意译圆满调和"的过程。[②]然而，也有学者对此提出明确的反对。他们认为："即便认为文与质的关系与直译、意译的关系有些相似，也不能在二者之间画等号，以至于把它们混为一谈。"[③]具体而言，"文、质与意译、直译侧重点不一样，内涵界定截然不同，我们不能简单地将'文'和意译、'质'和直译之间画上一个等号，文质之争不能比附于西方的意译和直译之争"[④]。很明显，上述两

① 林煌天：《中国翻译词典》，武汉：湖北教育出版社，1997年，第851-852页。

② 梁启超：《翻译文学与佛典》，载《佛学研究十八篇》，上海：上海古籍出版社，1993年，第179-180页。

③ 王宏印：《中国传统译论经典诠释——从道安到傅雷》，武汉：湖北教育出版社，2003年，第253页。

④ 汪东萍、傅勇林：《从头说起：佛经翻译"文质"概念的出处、演变和厘定》，载《外语与外语教学》，2010年第4期，第69-73页。

方虽然相互对立，但都或多或少肯定了古代译论中的"文""质"与直译意译概念存在着共通之处。双方的分歧主要集中在如何界定和描述这种关系上。困难的是，在现代译学中，直译意译并无准确一致的界定，很难采用"概念比附概念"的方法，"文""质"与现代译学中直译意译无法确立概念之间的对等范畴。从这一点而言，不妨使用对比概念范畴的分析方法，从深入理解两对概念的内涵入手，去对比两者之间的相同与不同之处，从而对两组概念之间的关系作出理性的判断。

梳理文论研究可知，大量中国文学的研究成果业已清晰地揭示了"文"和"质"两个概念在整个中国文学史中的提出和演变过程。简单地讲，"文"与"质"两字最早出现在《论语•雍也》中。孔子用"质胜文则野，文胜质则史，文质彬彬，然后君子"一言确立了君子应该具有的基本素质和行事的准则。"文"与"质"都是界定"君子"的标准之一。孔子之后，"文""质"多用以品人论事——"文"即做人要有较高的文化素养，"质"意味着做人不可浮华虚空或言辞木讷。

至刘勰始，在魏晋南北朝以至唐代的文论中，"文"和"质"两个概念却被直接纳入文章学的范畴中，"用来评论文学，指文学作品的文华与质朴，指以语言为基础的文与质两种不同文学风貌以及作家的总体风貌特征。'文'与'质'，均指文学的艺术风貌特征，至于以质指作品的思想内容的，那只是个别场合"①。上述观点从刘勰的《文心雕龙》与钟嵘的《诗品序》中可见一斑。无论是"斯斟酌乎质文之间，而隐括乎雅俗之际，可与言通变矣"，还是"质木无文""文秀而质赢"都与文章的语体风格有关，倡导的是风骨与文采兼备，雅正雅丽的文风。到了清代，清人崇尚考据，多用"文""质"概念对应《书》《诗》中的言语之体。"文"是文辞典雅，文采斐然；"质"是直言易达，缺乏文采。比兴、反复、音韵、暗示等方法虽皆能增加文采，但文章讲究质文兼具，作文需对"华辞"保持警惕。

中国传统典籍中"文""质"概念的衍变似乎并未在佛经翻译理论中重演。经、律、藏中少见佛弟子用"文"或"质"来品人论事的现象。相反译经僧常把"文"或"质"用作翻译批评标准，用来评析过往译本。如，僧祐论安世高：

---

① 王运熙：《文质论与中国中古文学批评》，载《文学遗产》，2002年第5期，第4-10页。

"义理明晰，文字允正，辩而不华，质而不野。"[①]支敏度论支谶："贵尚实中，不存文饰"[②]。"文"与"质"仅针对译经方法或质量而言，不涉及译经僧。这或许与佛经传入汉地的时间以及翻译始终是一种语言的转换这两大因素有很大关系。佛经从汉代明帝起传入中国，陆续被翻译成汉语，到东晋趋于繁荣，并随后在南北朝时期形成了佛经翻译的第一个高潮。也恰恰在此时，中国传统典籍中的"文""质"概念发生很大转变，转变的结果自然也影响到了经文的翻译。佛经翻译的"文"与"质"概念逐渐脱离了文章学的范畴，不再仅仅用于描述译经语言，即，"质"不仅仅指译经语言是质朴刚健或是典雅逸群。"文"或"质"在佛经翻译内部主要用于讨论翻译策略或翻译实质等译经僧遇到的翻译问题。

进一步而言，文章学中的"文"主要指文章宗法经书，语言雅丽。如要达到"文"的要求，使译经趋"文"，译经者应该完全采用先秦时期的中原雅言，但由于佛法特殊的传播和宣讲方式，主译通常需用唱呗的形式进行宣讲，译经僧因而无法完全采用中原雅言来翻译，而不得不采用了一种特殊的"佛经翻译语言"。除此之外，汉代以后，因为佛经东渐汉译佛典对汉地生活产生了相当大的影响，所以佛经汉译的过程中既出现了语言接触而引发的思想和文化互动，又存在着汉语自身的发展和演变。虽然佛经翻译的本质仍然是"换易语言使相解"，但佛经翻译却涉及了信仰问题，因而不能用简单意义上的语言转换来定义。汉译佛典完全体现了佛教文化和佛教语言与汉文化及汉语的相互交融和演变历程。因此，从一定程度上而言，佛经经序中反映出来的"文"和"质"概念虽然明显受到了南北朝时期文章学的影响，用以评述经文的质朴与繁复，但考虑到源语语言文化与目的语语言文化之间的相互影响、转化过程，"文"和"质"的内涵早已超出了文章学的讨论范畴，是汉译佛经史上的特殊概念。

梁启超就将"文""质"视为两种不同的翻译方法，而非译经的语言风格。但是，他在评价"文质之争"时候，却又将此两个概念作为译经风格加以判断，

---

① 释僧祐：《出三藏记集》（卷十三），苏晋仁、萧錬子点校，北京：中华书局，1995年，第508页。

② 支敏度：《合首楞严经记第十》，载释僧祐：《出三藏记集》（卷七），苏晋仁、萧錬子点校，北京：中华书局，1995年，第270页。

"好文好质，隐表南北气分之殊，虽谓直译意译两派，自汉代已对峙焉可耳"①。香港学者朱志瑜提出"文""质"是对翻译策略或方法的说明，涉及如何处理经文中重复与偈颂这类"烦简"问题。他继而对"文""质"做了重新界定，"完整保留原文的译法（烦）称为'质'，删裁重复的译法（简）称为'文'"②。同为语言学研究者的俞理明与孟昭连都关注佛经文献中的语言。前者在分析汉魏六朝著名译师时，将"尚文""尚质"等同为"多用音译"和"多用意译"。后者却认为"文质"是"语言上的文与白"，"以文言翻译则显文，以白话翻译则为质"③。无论"文"与"质"被理解为"言语之体"、"删繁就简"还是"文白之争"，学界的诸多讨论都已说明，对这两个概念的解读须考虑特定的译经策略和方法、佛经文献语言发展历史、梵语胡言与汉地雅言和方言对比、佛经中的重复和偈体等多个层面。考虑到佛经翻译从本质上而言，仍然是"以所有易其所无。故以此方之经，而显彼土之法"④，在佛经翻译中，不仅有语言层面的问题，更有佛文化与中国本土文化相互融合的问题。"文"与"质"概念丰富的内涵似宜从语言和文化两个层面来重新解读。

一、解读"质"：朴拙的"质"与"存真的质"

赞宁在《宋高僧传》中将整个佛典东渐过程大致区分为初期、中期和成熟期三个阶段。

> 初则梵客华僧，听言揣意，方圆共凿，金石难和，碗配世间，摆名三昧，咫尺千里，觌面难通。次则彼晓汉谈。我知梵说。十得八九。时有差违。至若怒目看世尊。彼岸度无极矣。后则猛、显亲往，奘、空两

---

① 梁启超：《翻译文学与佛典》，载《佛学研究十八篇》，上海：上海古籍出版社，1993 年，第 173 页。

② 参见朱志瑜：《释道安翻译思想辨析》，载王宏志：《翻译史研究 第一辑（2011）》，上海：复旦大学出版社，2011 年，第 3-4 页。

③ 孟昭连：《文白之辨——译经史上文质之争的实质》，载《南开大学学报》，2009 年第 3 期，第 130-140 页。

④ 法云：《翻译名义集》（卷一），载高楠顺次郎：《大正新修大藏经》第 54 册，台北：佛陀教育基金会出版部，1990 年，第 1056 页上。

通，器请师子之膏，鹅得水中之乳。[①]

梁启超参考赞宁的区分方法，进一步将以上三个阶段的特征总结为"外国人主译期、中外人共译期、本国人主译期"[②]。无论是赞宁，还是梁启超，他们对佛经翻译历程的划分都突出了译经僧在佛学东渐中所提到的重要作用。吕澂先生在《中国佛学源流略讲》中提出，在佛经初传阶段，《四十二章经》和《牟子》等佛经资料真伪莫辨，故而"佛学初传只能从翻译家和他们的译籍中去寻找线索"[③]。尤其是在佛经初传阶段，即从东汉始译佛经到西晋这一时期，围绕译经僧的考察颇能说明"文""质"两个概念呈现的是译经僧的语言转换能力。任继愈、吕澂等学者认为初期的译经整体偏向"质"，经序中也多用"贵本不饰""贵尚实中、不存文饰"来形容早期佛经翻译家安世高和支谶的译经。早期佛经翻译表现出来的"质"的倾向与佛经翻译的方式及译经僧的汉语能力有很大的关系。

在佛经翻译的初期阶段，包括安世高和支谶在内的译经僧多为西域来华僧人。这类译主在挑选原经时带有很大的偶然性，多就自己所尊所懂的经文来传译，译经也基本采用"口口相传"的方式，即由西域僧人作为译主口授原经，在度语将译主的原经转换为汉语后，由笔受记录下来。在从译主到度语再到笔受的整个过程中，由于大多数外来僧人对中国典籍知之甚少，缺乏汉语语文修养，所以不能兼顾佛学和梵（胡）汉两种语言，同时由于度语和笔受又常常不通梵语，佛学知识浅薄，转译经文时，"仓促寻之，时有不达"的情况时有发生，故经文的完备性和流畅程度都不尽如人意。以安世高的译经为例，荷兰学者许理和（Erik Zürcher）认为，"大多数古代译本不过是译者对源语文本的个人阐释和自由删减，术语模糊混乱。与印度原典或后世较为忠实的汉译本比较而言，语言佶屈聱牙，不知所云。"[④]这样看来，道安评价安世高译经"音近雅质，敦兮若

---

① 赞宁：《宋高僧传》（卷三），载高楠顺次郎：《大正新修大藏经》第 50 册，台北：佛陀教育基金会出版部，1990 年，第 723 页上-723 页中。

② 梁启超：《翻译文学与佛典》，载《佛学研究十八篇》，上海：上海古籍出版社，1993 年，第 173 页。

③ 吕澂：《中国佛学源流略讲》，北京：中华书局，1979 年，第 27 页。

④ Zürcher Erik. *The Buddhist Conquest of China: The Spread and Adaptation of Buddhism in Early Medieval China*. Leiden: Brill, 2007, p. 34.

朴"，或许指的就是早期译经师受语言能力所限，仓促转译导致了经文整体所表现出的"朴拙"的风格。

另外，这种"朴拙"的"质"也与梵汉两种语言之间存在的巨大差异息息相关。"汉译所据佛经原典均为印欧语所作，主要是梵语（Sanskrit），早期可能还有俗语（Prakrit）、巴利语（Pali）和当时中亚的一些小语言，像吐火罗语（包括龟兹语和焉耆语）、于阗语等等。"①上述语言都属于印欧语系。作为典型孤立语的汉语很难通过词序和虚词表达出印欧语等屈折语的句法结构和词缀的语法意义。早期西域僧人不通或略通汉语，只能采用单调的句式，不避重复颠倒地将经文勉强转译为汉语。这样一来，译经在词汇和语法上都出现了不合汉语习惯的语言成分。佛经以"如是我闻"、"闻如是"或"我闻如是"作为起始。"我闻"意味着佛法乃佛弟子亲闻，佛弟子亲闻的佛祖圣言即"正法"。但是，由于佛学机要在一开始就是佛与佛弟子之间的口耳相传，声闻所听闻之法是佛应机说法，即根据众弟子的领悟来决定内容，因而"如是我闻"的"正法"其实依赖佛弟子本身的悟性，贤者始能悟或最上智者始悟。如此一来，作为"正法"的佛祖圣言在本质上是听经者悟道的佛法。佛经的传授依靠"口耳相传"，"不书于文字"，汉代初传的佛经原本也几乎都是西域僧人口述的，从这一点而言，译经时作为原本的"原经"本身就有一定的口语成分。另外，在佛经翻译的初始阶段佛教最初从民间传入、流布，然后引起上层人士和官方注意的说法要可信些。②佛教初传时期主要的宣传对象集中在民间的普通信众上，若要让信众理解经文，译经者不能使用过多的先秦文言，而应该更多地倾向于"街巷之说"。这些因素直接导致了佛经文献语言中出现了当时汉地社会生活中经常使用的口语成分。根据语言学研究者对汉译佛典的语言研究，佛经翻译的语言不同于文言，也不同于社会交际中使用的口语，而应该是一种新的专用书面语，一种专供佛教徒使用的新文言③，即"佛教混合汉语"（Buddhist hybrid Chinese）。在这种"特殊的书面语体"中大致存在着三种主要的成分："一是形成于先秦的中原雅言的书面语即文言；二是汉魏以来初露端倪的体现当时口语的早期白话；三是从印度摩揭陀

---

① 朱庆之：《汉译佛典中"所 V"式被动句及其来源》，载《古汉语研究》，1995 年，第 1 期，第 29-31 页。

② 俞理明：《佛经文献语言》，成都：巴蜀书社，1993 年，第 41 页。

③ 俞理明：《佛经文献语言》，成都：巴蜀书社，1993 年，第 23 页

语、梵语直至古代中亚、西域诸语言中渗入的外来语言。"①可以想象，缺乏汉语语文基础的西域僧人不曾"博览六典"，佛经语言中又夹杂着书面语与口语等不同风格的成分，翻译经文很难求得"辞旨文雅"，也不会有奇丽文华之文采。当译经僧使用上述特殊的"专用书面语"将佛经传译给没有任何佛学基础的汉地信众时，译经向"质"也就极为常见了。或可以说，初期经文中的"质"是一种不加文饰，贵尚实中的"朴拙"的"质"。

　　不过，若进一步考察佛经翻译初期所译经文，佛经翻译在初期的语言使用上都呈现出"质"的倾向，但因为佛经原典特有的文体特征，所以译经僧对佛经翻译持有不同理念，不同译经僧在译经时会采用某些特殊翻译方法。初期译经除了在经文文体上表现出了明显的差异外，也会因译经内容表征出"质"的倾向。这也由此揭示了"质"的另一个层面，即"存真的质"。就佛典内容而言，佛经原典主要由重颂（geya）、偈颂（gatha）和长行（sutra）三个部分构成。其中，重颂和偈颂为诗歌体式，长行为散文体式。在佛典中，先以散文传说佛法，再辅以韵文重复阐释要旨，诗歌体与散文体交替进行，循环往复。由于原典文体特殊，所以在转译时，译经僧并非完全采用字对字的翻译方法。部分译经僧选择删削重复的经文，"令大智焕而阐幽"。另有部分译经僧选择保留所有的重颂和偈颂，委本从圣，事不加饰。两种方法各有优劣。删削重复的方式有利于汉地读者快速理解原典内容。保留佛典重颂和偈颂的方式有利于汉地读者完整理解佛典的原貌。

　　就佛典汉译而言，在译经中删削佛经原典并不利于佛典在汉地的传播，因为佛典中的重复并非全无意义。如汤用彤所言，"佛经行文，譬如剥蕉，章句层叠，而意义前后殊异。但骤观之，似全重复。但含义随文确有进展，读者乃不能不合前后，以求其全旨。"②删除重复的经文固然能让经文旨意焕然，帮助信众更好地理解经文，有助于经文在汉地的流传。但是，删削之后，原文中的旨意必定有所遗漏，翻译过来的经文能在多大程度上传达旨意无疑值得深思。因此，道安在《道行经序》中特别批评了删削经文的译经方式："抄经删削，所害比多，

---

① 董琨：《"同经异译"与佛经翻译特点管窥》，载《中国语文》，2002 年，第 6 期，第 559-566 页。

② 汤用彤：《汉魏两晋南北朝佛教史》，北京：北京大学出版社，2011 年，第 119 页。

委本从圣，乃佛之至诚也。"①质言之，此两种翻译方法，效果各有优劣，但最明显的不同还是集中在翻译观念上。选择删削者，如安世高、竺叔兰在译经时最为重视的是经文之上的佛经的宏旨②，注重译经的宣讲功能，着眼于如何普及佛法，其翻译观念是形而上学的。因本顺旨者如支谶、竺法护坚持经文与佛法无异，译者擅自改变经文不仅隐藏了佛法的奥义，更是对佛祖的不敬。安世高和支谶正因为持有不同的翻译观念选择了上述两种完全不同的翻译方法。

从翻译方法和策略切入，考察安世高和支谶两者所译经文。前者在译经时删除了经文夸张的铺陈描写，首尾简略；译文质朴，较多地使用了自造的语词来引介佛教术语，注重传达的是佛经原典的要旨。支谶却"不避冗杂"，较多地保存了原文的铺陈描写，尤其是韵文表达的偈颂，因而增强了经文的文学性和感染力，在处理佛学术语时，坚持使用音译的方法，严格地遵循原经。梁启超曾提到，"谶似纯粹直译，高则已略带意译色彩。"③梁启超所认为的"纯粹直译"和"略带意译色彩"指的正是如何处理原典中不断反复的韵文部分。在他看来，佛经翻译初期阶段的"质"可被视作直译意译之结果。梁启超的认识有一定道理，就译者对原典文体处理方法而言，"质"之于直译意译可谓翻译结果之于翻译方法。因此，与支谶译经从语言上所表现出来的"朴拙"的"质"相比，安世高译经中的"质"显然也有自身鲜明的特点。前者聚焦于经文的文体，反映的是译者自主性选择；后者用以表述译经的行文方式，突出了初期译者的不够纯熟的梵（胡）语言能力和译经的艰辛。"贵尚实中"与"辞句朴质"虽然都言明初期译经中"质"的倾向，但前者是"存真的质"，后者却是"朴拙的质"。

佛经翻译理论中所出现的"质"这一概念因而既可能是译经语言风格，也可能是译经内容的删削或保留。这与早期译经的环境、译经僧的语文水平、汉地对佛经的接受都有密切关系。纵观学术史中所涉讨论，论者在使用"质"这一概念

---

① 未详作者：《道行经后记第二》，载释僧祐：《出三藏记集》（卷七），苏晋仁、萧鍊子点校，北京：中华书局，1995 年，第 264 页。

② 竺叔兰在传译《放光品》时基本沿用了安世高的方法，"言少事约，删削复重，事事显炳，焕然易观也"。参见未详作者：《道行经后记第二》，载释僧祐：《出三藏记集》（卷七），苏晋仁、萧鍊子点校，北京：中华书局，1995 年，第 264 页。

③ 梁启超：《翻译文学与佛典》，载《佛学研究十八篇》，上海：上海古籍出版社，1993 年，第 181 页。

时，除了用以讨论经文的语言风格之外，更多聚焦于佛经翻译的最佳方法，即删繁就简，直呈圣意还是案本而传，了不加饰。

二、解读"文"：文意畅然之"文"与音韵优美之"文"

从东晋后期开始，佛教在汉地的影响逐步扩大，汉地的信众也随之不断增加，整个社会对汉译佛经的需求越来越迫切。在佛经翻译获得官方支持后，大量的经文被传译到了汉地。经过早期的不断摸索和尝试，译者在翻译方法、术语的积累和译经的组织方式等方面都积累了一定的经验，佛经翻译逐渐步入了快速发展和成熟时期。

与初期安世高、支谶之后的译经僧朴拙的译经相比，译经在可读可诵性方面都有较为明显的提升，呈现出一种"由质倾文"的发展倾向，这主要得益于译者语言能力的提升、翻译方法的改善和翻译程式系统化等诸多因素。以三国时期的支谦为例，与初期安世高、支谶等人不同，支谦虽是月氏人，但自小生活在汉地，胡汉两通。这使得支谦所译经文如《成具光明定意经》等比之前译经的语言更为流畅典雅，朗朗上口。支敏度曾用"文而不越，约而义显，真可谓深入者也"①来形容支谦所译经文。支谦之后的康僧会对汉地传统典籍多有涉猎，在译经时常常使用斯、厥、焉、乎等中原雅言中的虚词，并屡屡尝试将佛、儒、道三家文化结合在一起，译经已带有典籍中典雅的风格，慧皎称其译经"妙得经体，文意允正"②。东晋的道安虽不懂梵语，但擅长文辞，长于理论，在他的组织下，旧译的谬误得以清理，新出译经皆"文理贯通，经意明晰"。隋朝以后的译经大师彦琮、玄奘、义净、不空等人更是"华梵俱精，义学佳妙"，经文亦皆文言晓畅，言意已融。从初期"善胡义而不了汉旨，或明汉文而不晓胡意"到隋唐时期所出佛经文意晓畅，圆满调和，"文"者不仅是对译经语言的一种赞誉，而且也是对译者的梵（汉）语言水平和佛学知识的一种肯定。

对比佛经翻译中"文"与"质"两概念的使用，从初期"朴拙的质"到后期

① 支敏度：《合首楞严经记第十》，载释僧祐：《出三藏记集》（卷七），苏晋仁、萧鍊子点校，北京：中华书局，1995 年，第 270 页。

② 慧皎：《高僧传》（卷一），汤用彤校注，汤一玄整理，北京：中华书局，1992 年，第 18 页。

"文意晓畅"之文，对"文""质"两概念的使用暗示了译经僧对自身的语言能力尤其是对梵（胡）两通的重视和不懈追求，这也说明了在不断反思和重审新旧译经的同时，译者已经认识到翻译效果与译者能力之间的关系。

需要指出的是，伴随着译者语言能力的提升，佛经的翻译策略也随之发生了一系列转变。在翻译原典中的名相时，初期译经僧常常采用汉语原有词汇或直接音译的方法来翻译佛教专门术语。如安世高用"度世无为"译"涅槃"，用"道弟子"译"比丘"，安玄用"庙"译"僧舍"，用"大道"译"大乘"，又如支谶通过直接音译在其经文中保留了"菩萨摩诃萨摩诃衍僧那僧涅"等难以卒读的表述。采用这样的翻译策略，一方面是由于初期佛学义理传播的范围有限，译经僧多重视佛理的宣讲，所以忽略了经文的接受与汉地信众的文化心理，另一方面也是因为初期译经僧受语言和翻译能力所限，不太容易在转换佛典意义的同时关注语言表述。

是故，支谦责备初期译经"多胡音"，转而在译经时多采用意译的方法，力求语言上的流畅和美巧。流畅与美巧与传统"文"的概念几乎相符。除此之外，与初期译经时自创新词不同，支谦的意译"其常用之名辞与重要之观念，曰佛、曰法身、曰涅槃、曰真如、曰空。此与《老》、《庄》玄学所有之名辞，如道、如虚无（或本无）者，均指本体，因而相互牵引附和。①"支谦的这种翻译策略不仅是为了在语言上迎合汉地的信众，而且更是一种为吸引更多信众的特殊举措，因为在魏晋南北朝时期，信众们不是专诚信佛，而是佛老兼信。译经时这种"格义"的方法正好迎合了当时汉地信众对经文的期待，使得佛学思想与汉地文化不再抵牾，有助于佛学思想的广泛传播。因为这种非直接转译的方式，支谦等人在译经语言上比较流畅通达，避免了由音译、仿译等引起的生硬，从而达到了"文意畅然"。应该说，佛经翻译中的"尚文丽"倾向与上述这种特殊的翻译方法应该也存在着一定的关联。

不对音译名词加以解释，汉地受众无法根据音译理解新词的奥义。但是，若选择从义，则必须在其众多意义中加以抉择，译人所必彰之"义"，一方面凸显其个人诉求，一方面受制于他所理解的"正法"。如《般若经》中"无心"（acittam）一词，译人多用"心无"翻译。陈寅恪在《支愍度学说考》中提出，译人用"心无"不仅出于误解，而且与当时僧徒之间好用"格义"的学术风气有

---

① 汤用彤：《汉魏两晋南北朝佛教史》，北京：北京大学出版社，2011 年，第 83 页。

关。①可见，译人处理"名义"问题或出于语言之外的其他意图。唐道世在《法苑珠林》中提及真谛用"地狱"译梵名 niraya（或 naraka）。niraya 本义为"总摄人处苦尽"，"有情、无悦、无爱、无味、无利、无喜乐"。音译为"泥黎"、"那落迦"或"捺落迦"均不能表达其含义。真谛用"地狱"对译 niraya，皆因"地狱"有"局"之意。依《立世阿毗昙论》中所论，"地者，底也，万物之中地在最底下，故名为底。狱者，局也，谓拘局不得自在"②。用"地狱"译 niraya，虽不能将 niraya 内在的"有情、无悦、无爱"等含义完全传递，"地狱"本意也不一定在"地下"，"地上""虚空"等处所皆有可能。但显而易见，"无有""不自在"之义却能通过"狱"字呈现给汉地信众。又如佛礼 vandana，音译为"和南"。汉地信众只知"南无"（namas），却不知道"和南"亦是"敬之宗致"。如果翻译为"我礼"或"归礼"，那么单字"礼"字即能充分表达 vandana 作为佛礼之本意。僧叡在《大品经》中详细记载鸠摩罗什改定旧译，其基本原则可概括为"以义正之"。

> 其事数之名与旧不同者，皆是法师以义正之者也。如"阴"、"入"、"持"等，名与义乖，故随义改之。"阴"为"众"，"入"为"处"，"持"为"性"，"解脱"为"背舍"，"除入"为"胜处"，"意止"为"念处"，"意断"为"正勤"，"觉意"为"菩提"，"直行"为"圣道"。诸如此比，改之甚众。③

上文除"菩提"保留音译，其余八例皆为意译。鸠摩罗什改旧译"五阴"为"五众"。因为"阴"之第一义为"山之北，水之南"，引申义为"暗"。相比"阴"，"众"字在形和义两方面似乎都更能表现"色、受、想、行、识"等"覆盖一切""积""蕴"之含义。鸠摩罗什之前，"五阴"旧译已属意译。改译为"五众"，主要原因还在于译者对汉字义项的关注点不同。《大品经》个案

---

① 陈寅恪：《陈寅恪集 金明馆丛稿初编》，3 版. 北京：生活·读书·新知三联书店，2015 年，第 166 页。

② 道世：《法苑珠林》（卷七），载高楠顺次郎：《大正新修大藏经》第 53 册，台北：佛陀教育基金会出版部，1990 年，第 322 页中。

③ 僧叡：《大品经序第二》，载僧祐：《出三藏记集》（卷七），苏晋仁、萧鍊子点校，北京：中华书局，1995 年，第 293 页。

或不能完全反映鸠摩罗什译经时的用语习惯，不过僧叡的记录却能说明，"从义"是译者表达个人诉求的途径之一。

除了佛经翻译中的"名义"问题，译经僧也开始意识到佛经翻译中存在着不同的文体。鸠摩罗什在《十住毗婆沙论》卷一中用"有人好文饰，庄严章句者。有好于偈颂，有好杂句者。有好譬喻，因缘而得解。所好各不同，我随而不舍"①来说明讲解佛经义理可以采用不同的文学体裁和修辞技巧，具体的习惯因人而异，译经僧应该注重保留原典中的特殊文体和修辞。在此基础上，鸠摩罗什进一步认识到了原典中的音韵问题，"天竺国俗甚重文藻，其宫商体韵，以入弦为善。凡觐国王，必有赞德；见佛之仪，以歌叹为尊。经中偈颂，皆其式也。"②因此，译者在处理原典中的偈颂时已不仅仅是简单地"删削"或"保留"，转而开始考虑如何创造出一定的音韵效果来美化经文。初期译经僧支谶使用散文体和杂言句来翻译原典中的偈颂的方法逐渐被淘汰，汉献帝时的译经僧康孟详率先在译经中通篇采用了"四字格"形式，经文四字一顿，读来节奏鲜明，朗朗上口③。此后译经僧尽可能固定经文句子的字数，多使用四言或五言句来翻译佛经。比如，支谦在翻译《佛说太子瑞应本起经》（卷下）就尽可能多地采用四言句或六言句，经文朗朗上口，音韵节奏明显。如"一切众生，意为精神，窈窈冥冥，忽忽无形，自起识想，随行受身，身无常主，神无常形"④一句，虽然这句经文并未押韵，但句子结构整齐，并通过句子的字数形成节奏，创造出特别的音韵效果。继而译者为了保证每句经文的字数，也在翻译中采用了增译的方法，创造出了较多的双音节词，相比单音节词，这样更易于诵读。对汉地的受众而言，雅音之韵，四言为正。整齐的句式虽然也能产生音韵效果，但从传统文章学的观念视之，通篇四言句与五言句比杂言句音韵优美，更符合汉地的传统审美标准，自然也更为庄重雅正。支谦、鸠摩罗什等人的译经所显现的"文"之倾向也暗示了经文整齐的音韵效果得到了汉地信众的广泛认同。

---

① 龙树：《十住毗婆沙论》（卷一），鸠摩罗什译，载高楠顺次郎：《大正新修大藏经》第 26 册，台北：佛陀教育基金会出版部，1990 年，第 22 页上。

② 圆照：《贞元新定释教目录》（卷六），载高楠顺次郎：《大正新修大藏经》第 55 册，台北：佛陀教育基金会出版部，1990 年，第 82 页下。

③ 俞理明：《佛经文献语言》，成都：巴蜀书社，1993 年，第 16 页。

④ 黄武中：《佛说太子瑞应本起经》（卷下），支谦译，载高楠顺次郎：《大正新修大藏经》第 3 册，台北：佛陀教育基金会出版部，1990 年，第 479 页下。

　　佛经翻译的程式十分复杂，不是由某一个译经僧对照原典，转译为汉语，而是通过译场这种特殊的分工合作方式来进行。大致来讲，佛经翻译的译场可分为两种类型，其一是一种无形组织，出现在隋以前，颇似今日的演讲讨论会，主译翻译讲解，与听经众人辩论，梳理佛经义理；其二是隋唐以后的一种紧密的有形组织，由主译[①]领导一群专门之才，闭户研讨梵经义理，各有司职，分工协作。无论是哪一种情况，佛经翻译都是集众人之力的结果，不是某一个译经僧的个人行为。是故译经中所出现"文"的倾向或许不能完全归因于安世高、支谶、鸠摩罗什等主译的语言水平，而可能是与翻译程式有关。僧祐《胡汉译经文字音义同异记》中提到，"意之得失由乎译人，辞之质文系于执笔"[②]。此处"译人"是指主译，即主持翻译之人，这与现代概念中"主要译者"毫无关联。汤用彤在《汉魏两晋南北朝佛教史》中曾指出，"今日识外洋文字，未悉西人哲理，即可译哲人名著。而深通西哲人之学者，则不从事译书。然古昔中国译经之巨子，先须为佛学大师。""译出其文，即随讲其意，所谓译场之助手，均实听受义理之弟子。"[③]佛经翻译中的主译不仅需要口宣原典，而且更要讲解佛经，辨明佛经中的名相和微言大义，但是实际动手用笔翻译并记录下来的主译在历史上并不多见。"执笔"是指笔受，即翻译中的记录，用笔来记录主译或度言的口译。主译须一边翻译，一边讲解，"释意若竟"，再由笔受写定经文。

　　支谶译经时，有汉人孟福、张莲参与斟酌、记录，许理和认为，和安世高的译文相比，其语言更自然、更易理解，某些段落甚至相当生动流畅，白话成分丰富。[④]事实上，支谶与安世高同为初期来华僧人，自身汉语语文水平有限，译经语言的自然流畅显然得益于孟福、张莲的协助。竺法护译经时，其助手聂承远父子、竺法首、陈士伦、孙伯虎、虞世亚等"共承护旨，持笔详考"。法护的译经"事事周密"也同样与其助手的审校、增饰密不可分。鸠摩罗什"既尽环中，又善方言"，在逍遥园"手持胡文，口自宣译"，但佛经的最后

　　① 佛经翻译的主译与译主司职不同。前者言为"主持翻译"，后者意为"翻译之主"，其名起于唐朝译经师复礼。

　　② 释僧祐：《胡汉译经文字音义同异记第四》，载释僧祐：《出三藏记集》（卷一），苏晋仁、萧鍊子点校，北京：中华书局，1995年，第14页。

　　③ 汤用彤：《汉魏两晋南北朝佛教史》，北京：北京大学出版社，2011年，第165页。

　　④ 许理和：《关于初期汉译佛经的新思考》，载四川大学汉语史研究所编：《汉语史研究集刊》（第四辑），顾满林译，成都：巴蜀书社，2001年，第286-312页。

译定还有赖于慧空、僧叡、僧肇等五百余"诸宿旧义业沙门""详其义旨,审其文中,然后书之"①。

翻译《法华经》时,鸠摩罗什认为竺法护旧译《正法华经》中"天见人、人见天"一句意义与原旨相符,但所言过质。僧叡遂将此句译作"人天交接,两得相见",得到了鸠摩罗什的赞扬。②因此,就译经用词是否典雅,以及整个语篇是否连贯等问题来看,笔受起着相当大的作用。由此可见,与普通类型的翻译行为一样,佛经翻译也包含了理解与表达两个部分,理解有赖于主译及其众助手对佛经义理的详细考定和相互辩论,表达即经文的最后"写定"还取决于笔受等译场助手。译经之所以能达到"文意晓畅",一部分原因在于译经僧的语言能力的提高,但另一部分原因也在于佛经翻译中存在的译场这种特殊的翻译程式。

佛经翻译中"文"的概念也包含了译经僧对翻译程式的思考。僧祐在将"辞之质文"直接于笔受时,已间接区分了主译和笔受等译场助手的不同职责,暗示了后世应该从理解与表达两个层面去评介。彦琮在《辩正论》中评论历代译经之得失时,也将"朴而近理"与"巧而背源"两种不同的翻译方法及翻译效果与译经程式联系起来。他认为"梵师独断,则微言罕革;笔人参制,则余辞必混。"笔受等人不应该参与到译经中,译经应该效法玄奘,"意思独断,出语成章。词人随写,即可批翫"③。只有口度和笔受合二为一,才能保证经文顺畅,意义完整。彦琮的看法不无道理,主译、度语、笔受等人有着不同的翻译观念,在译经时很容易产生分歧,"文质之争"也应部分归结于译场众人不同的翻译观念。

被称为"我国翻译史上第一次译事研讨纪要"的《法句经序》就完整地记录了译场中主译、传言、笔受以及听经众人关于"文""质"的纷争。魏文帝时期的《法句经》由维祇难持本,竺将炎传言,支谦笔受。支谦嫌传言者译文"近于质直",主译维祇难为传言辩护,认为译经者的责任在于"当令易晓,勿失厥义",在座听经者更是以老子、孔子之言比附,坚持译经应该直截了当,不应擅自增加文饰。最后众人的意见得以调和,支谦在笔受时采取了"因循本旨,不加文饰"的方法,在理解所译经文之前,宁可缺失,也绝不传释。是故,《法句经

---

① 释僧叡:《大品经序第二》,载释僧祐:《出三藏记集》(卷八),北京:中华书局,1995年,第293页。

② 慧皎:《高僧传》,汤用彤校注,北京:中华书局,1992年,第245页。

③ 道宣:《唐京师大慈恩寺释玄奘传》,《续高僧传》,郭绍林点校,北京:中华书局,2014年,第121页。

序》所反映出来的"文质之争"表面上似乎是译场众人关于翻译方法的论争，但其本质上却是各种不同翻译观念的冲突。

三、"文"与"质"：语言发展与文化互动的外在反映

上文的分析表明，佛经翻译中的"文""质"两个概念早已超出了翻译方法和翻译策略的讨论。但就实效而言，佛经翻译居功甚伟，不仅为汉地带来了新词新语，改变了某些汉语的外延和内涵，而且促进了印度佛教与中国文化的逐渐融合，更形成了"中国佛学"[①]这种全新的宗教哲学。佛经翻译中既有因梵（胡）汉语言接触所引发的汉语语言的发展，也有因佛学义理东渐所带来的不同文化之间的互动。在此过程中频繁出现的"文"与"质"概念，反映出身处其中的译经者对汉地传统文化、西域文化和印度佛教文化的认知和反思，正是这种由翻译所引发的文化互动的直接结果。从朴拙的"质"到文意晓畅之"文"，从存真的"质"到音韵优美之"文"，佛经翻译中出现的"文"与"质"两个概念内涵丰富，无法用统一的标准对两者加以限定，也无法从某一个既定层面完全解读出其中的内涵。

由于佛经原典有一定数量的口语成分，译经僧不可能完全使用中原雅言来进行转换，所以"文"与"质"概念的内涵业已超出了文章学范畴，不再只是用来强调译经在语言使用上仿照宗法经书，用词既不过分华丽，也不过分质朴。后期译经表现出来的"雅正"也只是一种相对状态，意在与初期的经文形成对比。与此同时，因为佛经翻译中的语言从一开始就是一种"专供佛教徒使用的新的文言文"，是文言成分和口语成分的一种混合语言，"文"与"质"也不绝对限于使用文言或使用白话来翻译佛经。不仅如此，这两个概念也不是简单的意译或音译佛经中的名相术语，在唐代译经的鼎盛时期，以玄奘为代表的译经僧同样坚持采用音译的方法，提出了"五不翻"的原则，但其经文却并未因为音译佛经术语而所言过质，仍然被赞誉为"言义既融"。更重要的是，"文"与"质"也不是简单的"烦简"问题，从支谶开始，译经僧已开始有意识保留原典中的歌咏赞颂。

---

① "所谓中国佛学，既不同于中国的传统思想，也不同于印度的思想，而是吸取了印度学说构成的一种新说。"（参见吕澂：《中国佛学源流略讲》，北京：中华书局，1979 年，第1 页。）

"不厌其详，事事周密"即指译经僧对原经偈颂的保留。

"存真的质"作为译经原则，一直存在于佛经翻译中，被历代译经者奉为圭臬。朴质的经文也并未影响到原典的翻译和宣讲。从康孟详开始，采用字数相等、音韵优美的整句形式来翻译原典的韵文，这反映出译经僧已意识到，在保存经文内容之外，也需要更好地保存原典的风格。故此，将"文""质"限定在文体风格、翻译策略等单向度上并不能充分诠释上述两个概念的内涵。佛经翻译从本质上而言，始终是一种涉及两种不同语言和文化的语言转换过程，在此过程中所产生的"文"与"质"概念应该是和佛经东传的整个历史联系在一起的。

总体而言，一方面从语言层面上来讲，"文"指向的是译经语言雅正，文辞优美，"质"指向的是语言质朴，不加文饰。但"文""质"不取决于译经僧是否使用华美的语言，而取决于译经僧的语言能力和佛经翻译分工协作的方式，因此在确立和审视译经语言的"文"与"质"时，不能将经文抽离出佛经东传的历史语境，其重点还是在于使用语言来翻译的译经僧这一翻译主体的翻译观念，且受制于彼时译主和译场的翻译程式。不难发现，当译经僧的梵汉语言能力从初期不通梵语或不通汉语发展到后期的汉梵两通，主译和译场助译梳理梵经义理后，译经语言也由初期的"时有不达"发展到成熟时期的"圆满调和"。对于原典中的重颂和偈颂等诗歌形式部分，也由初期主要采用散文杂句体式逐渐演变到后期音韵优美、字数统一的三言、四言、五言等整句形式。译经僧自身的语言水平、译场的系统化以及汉语语言的历时性演变对佛经翻译的语言使用情况，对经文趋"文"和趋"质"产生了决定性影响。

另一方面，从文化层面上来讲，佛经翻译的过程也是两种文化相互影响的过程，受众的文化心理影响了经文的接受和对经文"文"或"质"取向的判断。初期，佛经翻译注重佛理宣讲，忽视汉地信众的接受。"格义"之法，盛于晋初，汉地译经僧将玄学与佛学相互比附，着力于诠释二者的同一性，但北周道安之后，佛教特异性得以放大，"格义"遂成为不必要的解释工具。译经僧逐渐抛弃了"格义"的方法，坚持"言准天竺，事不加饰"，帮助汉地信众逐渐熟悉和了解古天竺为代表的异域文化。当目的语社会的受众逐渐接受佛教这种异域宗教后，目的语社会受众的文化心理也影响了译经者对经文"文""质"取向的认识。

因此，无论是从语言层面，还是从文化层面来看，"文""质"概念的转变和使用都指向了包括主译、传言、笔受等译场众人在内的译经僧、汉地的受众、翻译的程式、语言的演变和两种文化的互动。译经者在使用"文"与"质"用以讨论时，既使用上述两个概念评论译经的质量，如"音近雅旨""辞旨文雅"；也用"文"与"质"讨论实际的翻译问题，如译还是不译？——"悉则悉矣，而辞质胜文也"；如何译？——"则知圣人依方设训，文质殊体。若以文应质，则疑者众；以质应文，则悦者寡。是以化行天竺，辞朴而义微，言近而旨远"①。谁来译？——"令文之者修饰，义之者缀润并校"。也就是说，古代论者在使用"文""质"讨论佛经翻译时候虽然只是寥寥数语，却涉及了现代翻译理论所关心的译者、读者、类型、语言和文化等丰富内容。从这一层面而言，佛经翻译中的"文"与"质"概念与西方早期译论中的"字对字""意对意"概念的讨论范畴存在着相似之处。

在西方早期译论中，西塞罗将翻译视作修辞教育中最富成效的练习方法，用以提高练习者的语言掌控能力。他提出，修辞教育中的翻译练习是要用最有力的表达方式传递出希腊演说家崇高的思想和动机，赢得听众的共情。是故，西塞罗所反对的"字对字"翻译方法已经超越了"如何译？"的范畴，而与"为何译？""为谁译？"联系在一起。因修辞学对古罗马社会的重要影响，西塞罗之后的翻译理论家如小普林尼、昆体良等人也都延续了西塞罗讨论翻译的方式，将翻译视作提高个人用词准确性、丰富拉丁语语汇的有效途径，强调"为何译？"和译为何？"当中世纪《圣经》翻译成为一种特殊的翻译以后，信仰与理性成为中世纪《圣经》翻译的基本前提，奥古斯丁与哲罗姆等中世纪著名教父分别通过对"字对字"和"意对意"翻译的解读提出了他们对翻译的不同认识，将古罗马修辞学视野中的翻译讨论提升到了神学层面，改变了翻译只是一种思想传递的认识，彰显了翻译中存在的理解问题和译者所面对的两难选择，突出了"译为何？"这一关键性问题。然而，无论上述哪一种翻译观念都受到了当时社会主导观念，尤其是从古希腊延续下来的语言观念的影响，使得翻译理论家和译者在对语言中事实与意见、真理与表述、理性与情感等二元对立矛盾的认识和判断中，最终形成了"字对字"和"意对意"的两种翻译方式和翻译观念。简言之，无论是早期西方译论中的"字对字"和"意对意"讨论，还是中国佛经翻译理论中"文质"论都是观念论和认识论的结合，其中既有对翻译本质的反思，也有通过翻译对社会文化的认识。

---

① 释慧远：《大智论抄序第二十一》，载释僧祐：《出三藏记集》（卷十），苏晋仁、萧錬子点校，北京：中华书局，1995 年，第 391 页。

然而，虽然早期西方译论中"字对字"和"意对意"的讨论与中国佛经翻译理论中的"文质"讨论范畴基本相似，但两者之间仍然存在着巨大的差异。这种差异首先表现在"如何译？"这一问题上，早期西方译论中的"字对字"和"意对意"讨论都针对同一语系中的翻译问题而产生。但是，由于佛经是印欧语系与汉藏语系两种不同语系之间的转换，在佛经翻译中几乎不能将佛经原典"字对字"地转换为汉语。译经者不仅需要留意词汇的选择，还需要考虑到句法结构的转换。继而无论在佛经翻译中，还是在西方早期译论中，翻译理论家所关注的语言中，表述与真理、事实与意见之间的矛盾以译经与圣言、文言与口语、佛学义理与宣经讲习之间的矛盾表现出来。对此，道宣在《大唐内典录序》中曾有精辟的论述。

> 然国史之与礼经，质文互举；佛言之与俗典籍，词理天分。何以知也？佛之布教，说导为先，开蒙解朴，决凝去滞，不在文华，无存卷轴。意在启明理之昏明，达神思之机敏，斯所致也……译从方俗，随俗多传，多陷浮讹，所失多矣。①

佛经翻译的源语文本是"开蒙解朴、决凝去滞"的佛祖圣言，但翻译的对象却是"百王之下末俗"，"愚智天隔"。因而，在道安眼里，佛经翻译无异于"葡萄酒被水"，对鸠摩罗什而言，译经也如同"嚼饭与人，非徒失味，乃令人呕秽也"。佛经翻译的实际问题已经促使译经者进一步思考佛经翻译的本质。佛经翻译是要将佛法传播到汉地，让汉地信众领略到佛法的精妙，皈依佛门，即"正当以不闻异言，传令知会通耳"。②故此，从一开始佛经就是一种特殊的传递，是将佛祖圣言传给汉地的信众。但是，在传递过程中，经文却逐渐产生了对"佛祖圣言"的两种不同理解，即，原典中的义理，或是由西域僧人口宣而出的经文或是后来根据佛教徒口耳相传记录下来的经文。

安世高与支谶等译经僧在如何处理原典偈颂上分歧巨大，表现了对于"本"这一概念完全不同的认识，这似乎可以反映出，佛经翻译理论中"源语文本"这一个概念本身是相当模糊的，与现代译学中的这个概念差异巨大。佛经翻译中

---

① 道宣：《大唐内典录序》（卷一），载高楠顺次郎：《大正新修大藏经》第 55 册，台北：佛陀教育基金会出版部，1990 年，第 219 页中至下。

② 道安：《摩诃钵罗若波罗蜜经抄序》，载释僧祐：《出三藏记集》（卷十），苏晋仁、萧𬬻子点校，北京：中华书局，1995 年，第 290 页。

"案本而传"之"本"也应该根据不同的场合有不同的理解和判断。从《法句经序》和《鞞婆沙序》所记载的"文质之争"来看，"文"与"质"的选择分别体现了以上两种不同的关于源语文本的认识。"文"与"质"的选择体现出译者对自身责任的认知，即彦琮提出的"八备"之一——"诚心受法，志愿益人，不惮久时"；即道安的"委本从圣，佛之至诚也"①。这也说明佛经翻译中的"谁译？""为谁译？"的讨论与西方译论中相关讨论存在着较大的差异。然而，无论如何，"文""质"讨论是极其复杂的，其间既有对实际翻译问题的探讨，也有对翻译本质的考量。仅就这一点而言，佛经翻译理论中的"文""质"讨论与现代译学中的直译意译讨论是完全一致的。

本 章 小 结

古罗马时期，希腊文化成为罗马人效仿和学习的对象。翻译作为修辞学的一个重要组成部分，得到社会的广泛认可。蓬勃发展的翻译活动不仅提升了翻译的社会地位，产生了西塞罗、昆体良、贺拉斯、哲罗姆等具有社会影响力的翻译家和翻译理论家，而且使得罗马时期的翻译观念作为一种传统，延续到了现代。在东方，佛学义理从汉代开始大量传入汉地，整个佛经翻译经历了从初始到逐渐成熟的过程。伴随着佛学的东传，译经者也经历了从摸索尝试到规范译经的过程，并开始理性思考整个译经过程，逐渐形成了中国古代社会独特的佛经翻译理论。这似乎说明，翻译活动的勃兴从一定程度上促进了翻译理论的产生。进一步而言，翻译理论与其他理论一样，是对翻译本质、翻译活动和翻译现象的一种集中反映和思考，具有公共性和普遍性的本质特征。当翻译活动进行到一定的程度，经由个体译者将个人的翻译经验转换为一种普遍性认识，或由思想家将个人对翻译活动、现象的思考转换为一种公共性观点时，翻译理论才得以产生。占社会主导地位的语言观与价值观对个体译者的翻译活动、对理论家对翻译现象的思考都有着不可忽视的影响，理解翻译理论也自然无法脱离上述范畴。

从翻译学的学科视角而言，如果"翻译理论是翻译概念和翻译原理的体系，

---

① 道宣：《续高僧传》（卷二），载高楠顺次郎：《大正新修大藏经》第 50 册，台北：佛陀教育基金会出版部，1990 年，第 439 页上。

是从实践中概括出来的对翻译活动的条理化、系统化的理性认识，是对翻译活动之本质、规律的正确反映"①，那么直译意译问题所呈现的，是早期西方翻译理论家和中国古代的译经僧在特定历史语境中的历史认知，以及对翻译活动、翻译现象和翻译行为的反思。在早期西方译论中，西塞罗、哲罗姆等人围绕"字对字"和"意对意"的阐述包含了"是否译？""为何译？""如何译？""为谁译？"等主要范畴，基本反映了上述理论家对修辞学、信仰和理性等社会主导观念的认识和理解。在中国佛经翻译理论中，经序中所加载的"文"与"质"讨论，虽然都是只言片语，没有形成完整的体系，但仍然反映出译经僧对译经过程中的语言文化互动的反思。重新审视早期直译意译讨论所涉及的这些问题，我们可以发现，在早期西方和中国翻译理论中存在一个相同的层面，即翻译几乎都被等同于一种传递。不过，翻译理论家和译者（译经僧）对所要传递的事物理解不同，如西塞罗所坚持的"希腊演说家崇高的思想和动机"、奥古斯丁所认为的"上帝的永福"、哲罗姆所提出的"真义"、佛经翻译中所主张的佛学义理或是佛学原典。不管这些认识是形而上还是形而下的，通过早期直译意译论指向了一个形而上学的层面，关注到了语言和翻译背后的实在。

形成这种理念的主要原因无疑与当时社会的语言观念有着很大的关系。由于翻译的本质是一种语言行为，重视语言中的存在、事实和真实等问题，或重视语言中的文辞和情感诉求，影响了翻译理论家和译者翻译观念，所以他们在审视翻译的对象时逐渐形成了两种较为明显的倾向：注重源语文本背后的存在、事实和真实，或是注重源语文本本身。在具体的翻译行为中，因为两种语言和文化的差异，上帝和人类愚智天隔，或者佛言与人言判若鸿沟，在反思如何传递出上述两种翻译对象时，翻译理论家和译者进一步形成了"字对字"或"意对意"以及"文"与"质"不同的主张。继而，这两种主张又反过来影响了他们对翻译行为、翻译过程和翻译结果的认识和判断，进而在翻译方法策略、译者的责任以及译本评介等问题上产生了分歧。

最后在本章的结尾，也有必要指出，早期翻译理论家和译者对源语文本的认识并不十分清晰，或者说在很多时候"源语文本"的概念是缺失的。不仅如此，他们对翻译的认识也是矛盾的：他们既希望通过翻译保留源语文本本身以及情感诉求，又希冀通过翻译传递出源语文本之上的实在和真理。这样一来，早期翻译

---

① 曹明伦：《翻译之道：理论与实践》，保定：河北大学出版社，2007年，第189页。

理论中的直译意译"字对字"与"意对意"，以及"文"与"质"等概念，并不是截然相对，泾渭分明的。不过，从整体上而言，早期翻译理论中的直译意译讨论仍然明显地表现出一种二元对立的思维方式。在很大程度上，概念的使用和围绕概念的诸多争执均表现出了译者的翻译本质观念，即，将翻译视作一种传递，虽然几乎所有译者对传递的内涵都有不同的理解。可以说，早期翻译理论中的直译意译讨论是翻译理论家（译者）对翻译所要传递内容的一种认识和取向。

第二章

翻译·语言·创造：直译意译问题的近代发展

从古罗马到中世纪，西塞罗等人对"字对字"和"意对意"的阐发开启了后世讨论直译意译问题的先河。中世纪以降，直译意译问题的讨论并未退场，仍然是西方翻译理论家热衷讨论的主要话题。[①]然而，回顾中世纪以来的翻译理论的整个发展过程，我们不难看出，不仅"直译之'直'是模棱两可的"[②]，而且对意译之"意"的认识也差别甚大。直译、意译两个概念的内涵并未在持续不断的讨论中得以廓清，学界关于直译意译问题仍然存在分歧，未能在翻译理论的进一步发展中得到调和或逐渐趋于一致。值得一提的是，随着翻译理论的发展和推进，翻译理论家和译者在阐述直译意译问题时并不总是使用产生于西塞罗时代的"字对字"或"意对意"两个术语，而是采用了一些新术语，提出了一些新问题。正如巴斯内特在反思西方翻译理论史时曾提出的，"发端于罗马体系中的字对字、意对意讨论以这样或那样的争辩方式一直绵延到了今天。"[③]巴斯内特的"这样或那样的争辩方式"或许可以从以下两个方面来加以解释，其一是直译意译问题讨论视角的转换，其二是讨论过程中新术语和概念的出现。在一定程度上，上述两个方面似乎都可以被视作直译意译问题在历

---

① 如伊拉斯谟、廷代尔等人的讨论。[参见谭载喜：《西方翻译简史》（增订版），2 版，北京：商务印书馆，2004 年，第 55-80 页。]

② Giuseppe Palumbo. *Key Terms in Translation Studies*. London: Continuum International Publishing Group, 2009, p.49.

③ Susan Bassnett. *Translation Studies*. 3rd edn. Shanghai: Shanghai Foreign Language Education Press, 2004, p. 45.

史语境转换中得到进一步发展的直接体现。

在近代复杂的社会文化语境中，新术语与新问题的出现让原本就复杂的直译意译问题变得更加庞杂。以 19 世纪初德国翻译理论为例，施莱尔马赫、洪堡特等深受德国早期浪漫主义思潮影响的哲学家从语言与翻译的关系出发，采用了全新的术语，从崭新的视角重新思考了自西塞罗以来的直译与意译问题，着重阐释了原文与译文之间距离为何，翻译尤其是直译如何影响了思维发展，翻译与民族之间的关系为何等问题。他们的分析和阐释使得 19 世纪初德国的直译意译讨论被放置在语言与思想这一更大的范围中，以阐释学和语言哲学等研究思路展开。无论是歌德提出的三种翻译模式、奥古斯都·威廉·冯·施莱格尔（August Wilhem von Schlegel）对"异域性"的阐述、施莱尔马赫阐发的"移动作者"和"移动读者"的两种翻译方法，还是荷尔德林在翻译品达[①]作品时所采用的绝对的直译，似乎都是在新语境中对直译意译问题的回应和进一步阐发。

斯坦纳对这一时期的德国翻译理论的总结是，"施莱尔马赫、施莱格尔、洪堡特等人的思考使翻译这一课题具有了明显的哲学特征"[②]。斯坦纳的概述不无道理，施莱尔马赫等人的思考完全脱离了早期译论所涉及的修辞学或神学范畴，反拨了自亚里士多德以来的语言工具论，强调翻译本身具有的"思维更新"能力和创造性，又通过分析翻译中的理解与解释，深入考察了翻译、语言与思维三者的关系，厘清了翻译与本民族语言发展之间的关系。从这个意义上而言，他们的讨论极大地推进了直译意译问题的发展。

无独有偶，由语言所引发的民族精神、民族思维等问题同样出现在近代中国的直译意译讨论之中。一方面，整体上以骎骎之势进入中国的西学新思想无法与尚在演变中的中国传统思想并接，另一方面，语言与现实之间存在明显的张力，言语不足已是不争的事实。译者既须在音和义之间作出抉择，在汉语中重置语词、指称和含义三者之间的关系，又须衡量中学和西学或中学和东学之间的同一性和差异性，着力保留语词背后的思想脉络，以避免歧义，确保译名之正当性和学理性。特别是在清季末年，语言被赋予了"国粹"之名号，语言观念成为政治文化观念的有机组成部分，观念之间的冲突被纳入了语言考量，译事跨越了语言

---

① 品达（Pindar），古希腊抒情诗人。

② George Steiner. *After Babel: Aspects of Language and Translation*. Shanghai: Shanghai Foreign Language Education Press, 2004, p.249.

范畴，是"为政""为学""语言变革"等不同范畴中的问题。译事在很大程度上反映了清末社会不同的思想面向，是中西、古今、新旧思想之间的对抗与融合的结果。正是在上述语境中，关于直译意译的思考和阐述全然不同于佛经翻译时期的"文""质"讨论，翻译不再被视作一种单纯的传递，翻译、语言和思维被放置在了同一个层面进行思考。

　　诚然，无论是在社会文化观念上，还是在语言观念上，19 世纪初的德国与近现代中国都存在着极大的不同，但上述中西翻译理论家却都注重翻译本身的创造性力量，试图将直译意译问题与语言，尤其是整个民族的母语问题关联起来。随之而来的问题是，翻译本身具有的创造性是在何种条件下被挖掘和阐释的？在此基础上，直译意译问题是如何与民族以及民族思维发展等问题关联起来的？直译意译问题的讨论又如何通过这一新的层面得以进一步发展？求解上述问题将成为本章展开的主要线索。本章通过并置考察中西近代的直译意译讨论，将对比早期与近代两个不同时期的直译意译问题，分析和阐述其背后的元理论问题，思考直译意译问题的历史演变历程。

第一节　翻译与创造：早期德国浪漫主义思潮中的翻译讨论

　　就整个欧洲的思想发展史而言，欧洲思想的源头可追溯到希腊和基督教两大传统。前者尊崇理性，"以人为理性动物，也就是以理性为人的尺度和人类一切知识智慧乃至真理的源泉"①。后者以对上帝的绝对信仰为认识的基本前提，注重感觉经验，主张认识中存在的神秘主义因素，强调人的有限性。文艺复兴以后，西方思想界倡导全面回归希腊理性。人文主义精神伴随着文艺复兴运动席卷了整个欧洲大陆。人的精神生活的复杂性、丰富性和神秘底蕴在彼时突然被揭示出来，人作为最高价值的创造者受到了特别重视。在中世纪被不同程度压抑着的人的创造性和主体性得到释放，也由此引发人们对于语言的思考和探讨。人与语

---

　　① 唐逸：《理性与信仰：西方中世纪哲学思想史》，桂林：广西师范大学出版社，2005年，第5页。

言之间的关系也逐渐引发了人们的关注，关于语言的一系列问题，如语言如何产生和发展、语言如何反映社会生活等问题成为整个社会的关注焦点，语言"神授说"因而受到了前所未有的挑战。

单就语言的发展而言，伴随着基督教的广泛传播，拉丁语作为中世纪教会语言成为整个欧洲的通用语言。在某种程度上，拉丁语不仅是一种交流方式，也是一种身份认同。拉丁语和民族语的分野可视作各种不同群体文化身份的象征，用于区分社会阶层。换言之，拉丁语代表着高雅文化，民族语则代表着大众文化，文人们在写作或翻译时选择拉丁语或民族语其实已经预先决定了其作品的传播范围，是在整个欧洲大陆传播，还是仅仅针对某一个国家的民众。马丁·路德（Martin Luther）选择大众德语来翻译《圣经》，大获成功。这已充分说明了语言在划分社会群体时所起到的作用。语言与社会群体之间的关系在 16 世纪表现得更为紧密，从 16 世纪开始兴起的欧洲各地的地区语言挑战了拉丁语作为一种"世界通用语"的中心地位。正如语言学家彼得·伯克（Perter Burke）所言，"如果说语言的'兴起'是一种有意义的表达方式，那么这种趋势的出现必定是以牺牲另一种语言为代价的。"[1]拉丁语逐渐走向了衰落，不同的地区语言之间不仅相互竞争，还都期望取代拉丁语成为新的"通用语言"。在这一情形之下，到了 18 世纪，语言与民族之间的紧密关系逐渐得到了人们的承认。本尼迪克特·安德森（Benedict Anderson）将民族视为一种想象的共同体（imagined community）[2]。拉丁语的衰落、宗教改革和地区语言的兴起都在不同程度上促进了这一"想象共同体"的形成。民族语言的使用也使得民族自尊感日益增强，诋毁某一种民族语言意味着诋毁这一民族。

早期德国浪漫主义哲学家[3]极度赞成上述语言观念，并对此进行了进一步的思考和深化，其中赫尔德、荷尔德林、施莱尔马赫、洪堡特等哲学家通过阐述"纯正德语"的价值，表达了各自对民族这一概念的认识。他们的析进一步揭示了语言中

---

[1] Peter Burke. *Languages and Communities in Early Modern Europe*. Cambridge:Cambridge University Press, 2004, p.71.

[2] 安德森：《想象的共同体：民族主义的起源与散布》，吴叡人译，上海：上海人民出版社，2005 年。

[3] 早期浪漫主义（fruhromantik）哲学运动发生在 1794~1808 年的德国耶拿和柏林。这场运动同时继承了启蒙运动和"狂飙突进"运动的精神诉求，尝试在哲学思辨上有所突破，实现理性与情感的综合与平衡。

所蕴含的"民族性"问题，并在随后的发展中不断强化德意志人民对本民族语言和精神的认同感，在以赛亚·伯林（Isaiah Berlin）看来，民族主义是浪漫主义反叛的派生物。①伯林所使用的"反叛"一词说明了浪漫主义思潮对于欧洲启蒙运动的背离，但也正好表现了浪漫主义思潮的特质——反对个人主义，强调社群观念；反对追求统一价值，倡导个人价值的实现。由于浪漫主义思潮构成了 19 世纪前半期思想界最深刻、最广阔的背景，"对理论思想的命运发生过有力影响"②，德意志民族主义的形成与德国浪漫主义思潮，尤其是早期思潮中的语言观念，有着莫大的联系。

赫尔德关于语言与思维的看法奠定了早期浪漫主义思潮的语言观基础，并极大地影响了施莱尔马赫和洪堡特等人对语言的看法。在《论语言的起源》这本巨著中，赫尔德反驳了语言"神授说"，提出语言起源于动物，是人的固有属性，由于语言是从理性最初的行动中极其自然地生成的③，因此语言体现了人类心灵的自然发展。每个词的使用都能引发心灵前所未有的感觉，带来大批从属概念，形成家族的思维方式（familien-denkart）和家族语言，继而持相同母语的人拥有相同的时间、空间、爱、恨等附属概念，以及用相同的思维方式和思想进行思考和判断，又逐渐形成"部落（stamm）语言"④。显然，在赫尔德处，语言与思维方式存在一种共生的关系。因为语言的产生源于人类心灵的感觉，决定了人的思维方式，使用同一种语言的部落或社群应该拥有相同的思维方式。又因为语言是随着社群和社会的发展而不断发展的，社群中每一个成员对自我和社会的理解也自然影响了语言的发展，对世界上所有社群而言，语言的起源和发展方式都是相同的，唯一不同的只是语言中包含着的社群的历史。虽然在《论语言的起源》中，赫尔德并没有界定民族（volk）这个概念，但他所用的家、部落、社群等词却将语言与某种"想象的共同体"联系在一起。这种认识在某些学者看来，恰恰就是对民族的界定，"那些共同拥有一个建立在他们的语言基础上的特别的历史传统的人们，赫尔德把他们叫作 volk 或者民族。"⑤语言与思维共生、民族精神

---

① 伯林：《反潮流：观念史论文集》，冯克利译，南京：译林出版社，2002 年，第 423 页。

② 古雷加：《德国古典哲学新论》，沈真译，北京：中国社会科学出版社，1993 年，第 173 页。

③ 赫尔德：《论语言的起源》，姚小平译，北京：商务印书馆，1998 年，第 34 页。

④ 赫尔德：《论语言的起源》，姚小平译，北京：商务印书馆，1998 年，第 100 页。

⑤ F. M. Barnar. *Herders' Social and Political Thought: From Enlightenment to Nationalism.* Oxford: Clarendon Press, 1965, p.57.

与语言同一的这种思想后来分别被施莱尔马赫和洪堡特用作各自翻译思想的基础，成为他们认识和理解翻译，讨论直译意译问题的思想资源。

进一步而言，以赫尔德为代表的早期德国浪漫主义哲学家为翻译理论，尤其是直译意译问题的讨论设定了新的语境。这里的"新"仅仅是相较于中世纪以来的翻译讨论视角而言。在西塞罗和哲罗姆分别提出"字对字"和"意对意"两个概念之后，由于"字对字"和"意对意"作为一对二元对立的概念，分别代表了两种不同的翻译方法，导致了两种不同的翻译效果。整理和澄清翻译方法和思想传递之间的关系遂成为古罗马时期翻译理论的主要关注点。在重视《圣经》翻译的中世纪，围绕翻译的讨论主要集中在"字对字"或"意对意"等不同翻译方法如何导致了《圣经》误译及其影响上。是则，上述两个时期的直译意译讨论虽然讨论范围甚广，既有修辞学的理念，又存在哲学和神学的层面，但却很少涉及翻译背后的语言问题。除奥古斯丁从符号学角度谈论《圣经》翻译以外，鲜有翻译理论家或翻译家从语言入手去认识、理解并翻译。

这种认识翻译的方式在德国早期浪漫主义思潮兴起后被全面修正。以赫尔德、施莱尔马赫、施莱格尔兄弟为代表的哲学家和翻译家将语言视为民族精神的象征，重视语言和思维的关系，这扭转了自柏拉图以来将语词（word）视作某个具体概念指称的认识。语言从"观念指称"转变为塑造整个民族精神和文化的创造性力量（creative power）——"在浪漫主义者看来，翻译是要把用另一种语言书写的伟大作家的创造性力量转换为德语自身的力量，翻译因而不再只是一种文本生成，而是对所使用语言的阐释和深思。"[1]正是得益于语言的创造性力量，新的语言力量被引入德语中，从而促使德语形成与传统不同的新的语言力量。受这种思维方式的影响，若将直译和意译作为翻译方法或策略来讨论，无论是阐释翻译策略的选择，还是翻译中的理解与转换，语言或"语言性"[2]都是直译意译讨论需要直面的关键概念。因而，无论是施莱尔马赫和洪堡特关于语言与思维的讨论，还是荷尔德林、本雅明提出的"纯语言"（pure language）概念，都可视

---

① Louis Kelly. *The True Interpreter: A History of Translation Theory and Practice in the West.* Oxford: Basil Blackwell. 1979, p.3.

② 早期浪漫主义哲学家如赫尔德、施莱格尔等人并没有直接提出"语言性"这个概念。但加达默尔在《真理与方法》一书中却直接提出了"语言性"这个概念，在施莱尔马赫的基础上进一步分析了语言、理解和阐释的关系。[参见加达默尔：《真理与方法》（下卷），洪汉鼎译，上海：上海译文出版社，1999年，第505页。]

作对上述翻译观念的思考。可以说，德国哲学家对语言的分析和阐释是讨论翻译的基础和前提，但围绕翻译的讨论又反过来促进了理论家对语言的深入理解，反证了语言、翻译与民族发展三者之间的相互作用。仅就这一方面来看，德国早期浪漫主义哲学家的直译意译讨论在翻译理论史上具有特殊的翻译学和思想史意义。

一、以语言为中心的翻译与民族语言之发展："移动作者"和"移动读者"作为直译意译讨论中的新术语

1813 年，施莱尔马赫在柏林科学院宣读了《论翻译的不同方法》①一文。在这篇长达 30 多页的著名论文中，施莱尔马赫提出了两种翻译方法，即"尽量不打扰原作者而让读者移近作者或尽量不打扰读者而将作者移近读者"②。（此后简称为"移动作者"和"移动读者"）施莱尔马赫对两种翻译方法的讨论可谓影响深远。斯坦纳在《通天塔之后：语言与翻译面面观》中分析了施莱尔马赫等人的翻译理论，进一步发展了基于诠释学的翻译理论。威尔斯借鉴了施莱尔马赫对翻译与传译的区分，对从艺术到科学领域的文本进行了量化分级。③韦努蒂在施氏两种翻译方法的基础上分析了翻译产生和接受的文化语境问题，提出了归化（domestication）和异化（foreignization）两个术语。④安东尼·皮姆（Anthony Pym）在解读施莱尔马赫翻译思想时强调了译者的文化归属问题，进一步厘清了

① 《论翻译的不同方法》曾多次被翻译为英语，本书在写作过程中主要参考了以下三种英译本：Rainer Schulte, John Biguenet. *Theories of Translation: An Anthology of Essays from Dryden to Derrida*. Chicago: The University of Chicago Press, 1992; André Lefevere. *Translation/History/Culture: A Sourcebook*. Shanghai: Shanghai Foreign Language Education Press, 2004; Douglas Robinson. *Western Translation Theory: From Herodotus to Nietzsche*. Beijing: Foreign Language Teaching and Research Press, 2006. 本书以 André Lefefevere 2004 年的 *Translation/History/Culture:A Sourcebook* 为源语文本，相关引用皆出自该书。

② Friedrich Schleiermacher. On the Different Methods of Translating (1813). In André Lefevere (Ed.), *Translation/History/Culture: A Sourcebook*. Shanghai: Shanghai Foreign Language Education Press, 2004, p.149.

③ Wolfram Wilss. The Science of Translation: Problems and Methods. Shanghai: Shanghai Foreign Language Education Press, 2001.

④ Lawrence Venuti. The Translator's Invisibility: A History of Translation. 2nd edn. New York: Routledge, 2004.

文化间性（interculturality）概念的内涵。[1]显然，施莱尔马赫所提出的两种翻译方法具有十分丰富的内涵，两百年来备受翻译理论家的青睐。

　　然而，任何后续的解读都应首先以这篇论文为出发点。因此，回到论文，分析作为哲学家的施莱尔马赫如何提出问题和解答问题的过程不仅具有方法论意义，而且具有学术史价值。细读原文，重审其内在思想，其价值远甚于"移动作者"和"移动读者"这两个静态的概念。如施莱尔马赫所言，作为一篇导论，《论翻译的不同方法》想要研究的是上述两种方法的普遍性特征，从而指出其各自的利弊、局限性以及如何最有效地实现翻译的目标。[2]为此，施莱尔马赫在探讨上述两种方法的"普遍性特征"时，首先重新界定了翻译这一概念的基本内涵，梳理了翻译中所蕴含的某种特殊关系，继而在此基础上通过区分"翻译的基本目标和历史性目标"，说明了"正确的"翻译方法。从上述讨论路径来看，理解施莱尔马赫所讨论的直译意译问题或许需要解答以下三个问题，即真正的翻译具有什么样的"普遍性特征"；翻译的基本目标和历史性目标分别是什么；如何以及为何区分两种不同的翻译方法。求解以上问题将有助于读者更好地理解"移动作者"和"移动读者"两种方法的内涵及其与"字对字"和"意对意"等翻译方法的区别与联系。

（一）"真正的"翻译和两种翻译方法的普遍性特征

　　一直以来，施莱尔马赫都被视作普通诠释学的创始人。诠释学研究专家帕尔默（Palmer）在细读施莱尔马赫的所有著作后提出，施莱尔马赫的诠释学思想具有明显的阶段性，其中在 1805～1809 年以及 1810～1819 年的两个时间段内，施莱尔马赫的诠释学理论基本是"以语言为中心的"（language-centered）[3]。从这篇发表于 1813 年的论文来看，我们似乎可以说施莱尔马赫的整个翻译观念也同样是"以语言为中心的"，这一点首先体现在施莱尔马赫对翻译概念的重新界定

　　[1] Anthony Pym. *Method in Translation History*. Beijing: Foreign Language Teaching and Research Press, 2007.

　　[2] Friedrich Schleiermacher. On the Different Methods of Translating(1813). In André Lefevere (Ed.). *Translation/History/Culture:A Sourcebook*. Shanghai: Shanghai Foreign Language Education Press, 2004, p.151.

　　[3] Richard. E. Palmer. *Hermeneutics: Interpretation Theory in Schleiermacher, Dilthey, Heidegger, and Cadamer*. Evanston: Northwestern University Press, 1969, p.92.

上。关于翻译，施莱尔马赫是这样描述的：

> 有时候我们感觉同样的语词一旦从自己的嘴里说出来，就会与别人的话语产生不同的意味。即使表达同样的意思，我们选择的语词也更符合我们自己的本性。而如果我们进一步厘清这种感觉，思考过这种感觉我们也正身处翻译的过程中。[①]

他的表述不同于传统的翻译观念，翻译或许不只是将话语从一种语言转换成另一种语言，翻译也应该是用语言去塑造自我感受和事物本质的过程。因此，施莱尔马赫的表述重新界定了翻译的本质，即翻译中存在一种创新，是用语言将"他者的东西"转换为自身所属物的过程，但这个"他者的东西"并非施莱尔马赫之前的翻译理论中提及的"原作的意义"，而是语言本身。

为了进一步澄清翻译中所存在的这种"创新"及其与语言的关系，施莱尔马赫刻意区分了翻译（translating）与传译（interpreting）[②]。前者是主观的；后者是客观的；前者主要是书面的，集中在学术和艺术这两个"被思想统领的领域"，后者主要是口头的，出现在商业活动中。除此之外，两者至关重要的区别在于传译者和翻译者所持有的不同语言观念。对传译者而言，语言只是一种符号，对应的是固定事物，只要目的语读者熟悉传译者提及的事物，传译的目的就达到了。但是，在施莱尔马赫看来，语词是任意的，并不与事物或概念存在一一对应的关系。语言使用者与语言本身的关系十分复杂，"话语当然是个体思想的中介。思想只有通过内在的讲话才能完成，并且就此而言，话语只是已形成的思想本身。"[③]换言之，语言与思维是同一的，"语言是实际思想的方式，没有话

---

① Friedrich Schleiermacher. On the Different Methods of Translating(1813). In André Lefevere. *Translation/History/Culture:A Sourcebook*. Shanghai: Shanghai Foreign Language Education Press, 2004, p.142.

② 原文中的 interpretation 有多重含义，汉语中可翻译为"口译""阐释""传释"等词，本书根据上下文语境将该词翻译为"传释"是考虑到施莱尔马赫自身的阐释学背景，结合施莱尔马赫对"真正翻译"的界定，突出"传释"过程中的理解与阐释。

③ Friedrich Schleiermacher. *Hermeneutics and Criticism: And Other Writings*. New York: Cambridge University Press, 1998, p.7.

语就没有思维"①，人的思想只不过是语言的一种产物。由此，施莱尔马赫将语言提升到了绝对的、中心的（be-all and end-all）位置，对原作的理解也随之发生了改变。作品的存在不再是由宗教神秘性来保证的，也不再是由其"经典性"来确立的，而是通过语言来确立，因为思维与语言同一，原作者的独特精神和思维方式都存在于语言之中，"只有那些延续了语言生命的作品才能够长存"②。脱离了语言，作品就不能独立地存在。翻译的对象不是语言符号，而是语言本身。由此，翻译者如何理解语言，预先决定了他该如何去理解翻译以及翻译的目标。

在《论翻译的不同方法》一文中，施莱尔马赫多次使用了"精神"一词，认为语言中存在着语言本身的精神、语言使用者自我的精神和个体的感觉。精神这一概念充分说明，施莱尔马赫采用了普通诠释学的方法，试图从心理学的层面去进一步解释和把握翻译的具体内容。也就是说，翻译的对象被施莱尔马赫视作一种精神产物（mental product），"不受制于其他任何事物，仅仅受思维和情感的统领"③。即便从心理学层面理解翻译，施莱尔马赫也始终坚持和承认客观性的存在，这是因为施莱尔马赫也特别强调语言作为一种"历史事实"所具有的内在"历史性"，"缺乏历史感将会导致错误的语言认知"④。在此基础上，施莱尔马赫进一步指出，每段话语中都存在着一种双向的关系，即，与全部语言的关系以及与说话人整体思维的关系。⑤很明显，施莱尔马赫的语言观念中存在着客观和主观两个不同的层面。在客观层面上，语言中的历史、知识让语言本身具有了内在的历史性；在主观层面上，语言与语言使用者的精神需要从心理学层面去加以感受。这样一来，译者所承担的任务就远比仅做阐释的传释者复杂。与传释者相

① Friedrich Schleiermacher. *Hermeneutics and Criticism: And Other Writings*. New York: Cambridge University Press, 1998, p.7.

② Friedrich Schleiermacher. On the Different Methods of Translating (1813). In André Lefevere. *Translation/History/Culture:A Sourcebook*. Shanghai: Shanghai Foreign Language Education Press, 2004, p.146.

③ Friedrich Schleiermacher. On the Different Methods of Translating (1813). In André Lefevere. *Translation/History/Culture:A Sourcebook*. Shanghai: Shanghai Foreign Language Education Press, 2004, p.144.

④ Friedrich Schleiermacher. On the Different Methods of Translating (1813). In André Lefevere. *Translation/History/Culture:A Sourcebook*. Shanghai: Shanghai Foreign Language Education Press, 2004, p.153.

⑤ Friedrich Schleiermacher. *Hermeneutics and Criticism: And Other Writings*. New York: Cambridge University Press, 1998, p.8.

比，翻译者既需要熟悉作者的思维方式，更要去了解作者所使用的语言及其历史，以便尽可能地展现出语言中丰富的内涵。

由于每一种语言都具有自身的精神和历史，所以每一位语言使用者都有自己独特的思维，翻译者和目的语读者都需要通过各自的母语、感觉、知识去认识和理解源语言和原作者的精神。施莱尔马赫因而提出，真正的译者是要把原作者和读者两个完全分隔开来的人联系起来，帮助后者完全正确地理解和欣赏前者，而又不用放弃他自己熟悉的母语。[①]这也意味着在施莱尔马赫眼中，真正的翻译不是用语言符号去传释具体的事物，而是用一种语言去创造出另一种语言的精神、历史以及原作者独特的视角、思维和创造能力，并让目的语读者通过母语去正确地感受这一切。一言以蔽之，施莱尔马赫所理解的翻译是感知和创造。

基于上述翻译观念，施莱尔马赫批判了学术著作和文艺作品翻译中频繁使用的释义法（paraphrase）和模拟法（imitation），提出了两种"真正的"翻译方法。施莱尔马赫认为，虽然释义法和模拟法都能有效地规避翻译中的困难，但是因为语言具有"不理智"（irrationality）之处，即"一种语言不可能复制出另一种的艺术作品，更不要说让作品的个别部分与原作的个别部分一一对应了"[②]，因此通过翻译让一部作品所包含的语言精神和历史在另一种语言中延续是一件极其困难的事情。若译者使用释义法或模拟法，他要么只能保存原文字词中的意义，要么只能从整体上接近原文，却仍然无法摆脱语言的"不理智"之处，无法展现出源语言和原作者的精神。要让读者使用自己的母语感受到语言和原作者的精神、思维、历史，译者就必须持有正确的语言观念，通过语言将原作者与读者联系起来，译者所能选择的也就只能是，"尽量不打扰原作者而让读者移近作者或尽量不打扰读者而将作者移近读者"这两种翻译方法。因此，施莱尔马赫提出的翻译方法保证了译者从事的是真正的翻译而不是简单的传释。由是观之，"移动作者"和"移动读者"这两种翻译方法都具有的一种普遍性特征是，确立了翻译中存在的特殊关系，即语言之于翻译的特殊的、中心的地位。

---

① Friedrich Schleiermacher. On the Different Methods of Translating(1813). In André Lefevere. *Translation/History/Culture: A Sourcebook*. Shanghai: Shanghai Foreign Language Education Press, 2004, p.149.

② Friedrich Schleiermacher. On the Different Methods of Translating(1813). In André Lefevere. *Translation/History/Culture: A Sourcebook*. Shanghai: Shanghai Foreign Language Education Press, 2004, p.148.

（二）翻译的基本目标与理解的两个层面

将翻译与语言联系起来让本来就存在的不可译问题变得更加突出，因为没有人能够完全脱离自己的母语去从事翻译这种"语言游戏"。在《论翻译的不同方法》中，施莱尔马赫也明确地指出了译者面临的诸多困难，如每种语言的概念体系和构词方法都存在差异，译者不能保证译文每个单词的词根都与原文完全相符，译文不可能如原文一般通顺自然等等。即便如此，翻译也绝不是"不可完成的任务"。如果译者熟练掌握两种语言，具备关于两种语言的精确的知识，那么读者完全可以通过翻译理解原作和原作者。更重要的是，施莱尔马赫认为整个民族对翻译始终存在着某种内在的需求，"绝大部分的人渴望欣赏用其他语言书写的作品，但只有很小一部分的人具有足够的外语知识"[①]。基于这种内在需求，施莱尔马赫将翻译的基本目标设定为"帮助读者完全正确地理解和欣赏原作者，而又不用放弃他自己熟悉的母语"[②]。很明显，读者是否能正确地理解和欣赏原作者是衡量翻译的基本目标是否实现的唯一标准。因而，对施莱尔马赫而言，首先做进一步探讨是理解概念本身。相较于翻译目标或翻译标准，理解本身首先是可疑的，事实上，对于包括施莱尔马赫在内的诠释学家而言，理解一直具有极其重要的和特殊的意义。如施莱尔马赫，他之所以将诠释问题从神学和法学中区分开来，建立一门独立的学科，正是因为理解自身存在很多问题。在施莱尔马赫的眼中，"诠释学就是一门理解的艺术"[③]，按照过去的认识，作品是客观的、静止的、可供分析的客体，理解只是运用一定的技巧和知识对作品进行分析，是一种程式化的过程。语言也只是一种没有内容的形式，是对某一个固定事物的指称。但是，也恰如上文所指出的，这种语言观念忽略了语言中存在的精神和主体的声音，因而是施莱尔马赫极为排斥的。按照施莱尔马赫的理解，理解是"以语言为中心的"。因为诠释学这门有关理解的艺术所预先假定的一切东西只有语

---

① Friedrich Schleiermacher. On the Different Methods of Translating(1813). In André Lefevere. *Translation/History/Culture: A Sourcebook*. Shanghai: Shanghai Foreign Language Education Press, 2004, p.163.

② Friedrich Schleiermacher. On the Different Methods of Translating(1813). In André Lefevere. *Translation/History/Culture: A Sourcebook*. Shanghai: Shanghai Foreign Language Education Press, 2004, p.149.

③ Friedrich Schleiermacher. *Hermeneutics and Criticism: And Other Writings*. New York: Cambridge University Press, 1998, p.5.

言，语言与思维是同一的，作者的精神是通过语言进入作品的，所以说语言是理解得以开展的唯一媒介。是故，理解也应该是一种历史的、心理的、人文主义的理解，继而语言的本质也将通过理解得到进一步彰显。

在《真理与方法》一书中，加达默尔将理解与语言的关系总结为"不仅（文字）是流传物这种优越的理解对象是具有语言性的——就是理解本身也同语言性有着根本的关系"[①]。"所谓理解就是在语言上取得相互一致。这整个理解过程乃是一种语言过程。"[②]如果理解无法脱离语言，不能忽视语言的内在精神和语言使用者自我的感知，那么读者在理解原作时必须使用自己的母语去感知另一种语言。"移动作者"和"移动读者"这两种翻译方法都首先确保了读者是通过自己的母语去理解原作和原作者的，这也解释了为何两种翻译方法之外再没有另一个具有切实目标的方法了。

然而，既然两种翻译方法都以实现翻译的基本目标为前提，施莱尔马赫却又为何强调"两种方法彼此迥然不同，如果译者将两种方法混用，会出现无法预见的后果"[③]？这是因为从语言与理解的关系而言，译者通过两种翻译方法所引发的理解是完全不同的。由于理解是以语言为中心的，语言中既有语言使用者的心理感受，也有其内在的历史结构，所以具有客观和主观两个不同的层面。施莱尔马赫因此提出任何一种理解都需要从两个方面对特定话语进行重构，其一是历史的和预期的，其二是客观的和主观的。

客观的历史的重构是考虑话语如何在语言整体中起作用，并把话语的自我包含知识认为是语言的产物。客观的预期的重构是估量话语本身如何发展语言。没有这两者，程度上的误解和本质上的误解都是不可避免的。主观的历史的重构是认识话语如何是精神的产物。主观的预期的重构包含在话语中的思想如何又出现在讲者的心灵里以及对他发生的影

---

① 加达默尔：《真理与方法》（下卷），洪汉鼎译，上海：上海译文出版社，2004 年，第 511 页。

② 加达默尔：《真理与方法》（下卷），洪汉鼎译，上海：上海译文出版社，2004 年，第 496 页。

③ Friedrich Schleiermacher. On the Different Methods of Translating(1813). In André Lefevere. *Translation/History/Culture: A Sourcebook*. Shanghai: Shanghai Foreign Language Education Press, 2004, p.145.

响。同样，没有这两者，误解是不可避免的。[1]

进一步而言，如果翻译的基本目标是要求读者对原作者实现"完全的正确的理解"，那么这种"完全的正确的理解"应该从"历史的和预期的"以及"客观的和主观的"两个方面去同时实现。

考察上述两个方面，"移动作者"和"移动读者"两种翻译方法带给读者的理解存在着较大的差异。在施莱尔马赫看来，假设一名德国译者想要将一本拉丁著作翻译为德语，"移动作者"的方法是要将作者完全转变为德国人，译作读起来就如同作者是用德语书写的一样。因为"作者生活和工作的时代的词汇和历史构成了他著作所有独特性得以理解的整体"[2]，这种方法会使原作的独特性将荡然无存，读者也因此无法比较源语言与德语的差异，无法认识到源语言本身的历史，很难从客观的历史的角度去理解原作，也自然不可能估量译作的语言如何发展了德语，所以对原作的误解将不可避免。不仅如此，读者也仅仅是将原作者视为同时代的德国作家，将原作视为德语作品的一部分，但"如果作者独特的精神是其作品的母亲，那么他自己的母语就是作品的父亲"[3]，"移动作者"的方法其实切断了原作者与其母语的联系，原作的本质已经在翻译中改变，读者因而绝不可能认识到原作者如何通过自己的语言去感知世界，心理层面上的错误感知同样不可避免。

反观"移动读者"的方法，施莱尔马赫将这种方法的理想状况描述为"原作者学会了德语，并且其德语水平与译者的拉丁文水平不相上下，作者用德语去翻译自己的拉丁语作品时，他的译作与译者的翻译并无二致"[4]。虽然译者在实践中几乎很难实现上述理想状况，但从施莱尔马赫的描述中也不难看出"移动读

---

① Friedrich Schleiermacher. *Hermeneutics and Criticism: And Other Writings*. New York: Cambridge University Press, 1998, p.23.

② Friedrich Schleiermacher. *Hermeneutics and Criticism: And Other Writings*. New York: Cambridge University Press, 1998, p.24.

③ Friedrich Schleiermacher. On the Different Methods of Translating(1813). In André Lefevere. *Translation/History/Culture:A Sourcebook*. Shanghai: Shanghai Foreign Language Education Press, 2004, p.160.

④ Friedrich Schleiermacher. On the Different Methods of Translating(1813). In André Lefevere. *Translation/History/Culture:A Sourcebook*. Shanghai: Shanghai Foreign Language Education Press, 2004, p.150.

者"的方法目标明确，即，一方面要确保作者的思维和他所使用的语言是同一的，让读者通过作者的母语感知到作者独特的思维，另一方面要让不懂外语的读者感受到一种"异域性"（foreignness），从而真正地认识到原作是一种语言的产物。究其实质，异域性可视作"语言精神的产物"①。如果翻译能将源语言的精神完全地演绎出来，并让读者有陌生的感受，那么原作的异域性也就通过翻译而产生了。反过来看，异域性的存在也证明了读者对源语言、原作者精神及其思维的感知。对施莱尔马赫而言，对任何话语的理解都依赖于读者对语言整体性的理解，因为"每一个讲话者都是通过他的民族性和他的时代才是可理解的"②。毫无疑问，"移动读者"的方法从根本上保证了源语言独立存在的价值，让德语读者真正从主观的和客观的、历史的和预期的两个层面去理解原作。

这也说明，"移动作者"和"移动读者"两种不同的翻译方法通过理解的不同层面得以区分，而且显然"移动读者"的方法才能获得完整而正确的理解。对施莱尔马赫而言，因为理解的任务是"比译者本人更好地理解原作者的话语"，理解在本质上是一种创造性活动，所以理解也只能通过语言来实现，尤其是通过原作者的母语与读者的母语相互独立、相互平等来实现的。在施莱尔马赫眼中，如果翻译是要让目的语读者与原作者相遇，"分割的双方如果不能完全合二为一，就必须在某一个中心位置相遇，这个中心位置永远都只能是译者"③。译者的首要任务就一定是"保证语言的纯粹性和完整性"。是则，从翻译的基本目标来看，施莱尔马赫之所以否定"移动作者"的翻译方法，倡导"移动读者"的方法，其根本目的在于揭示翻译中存在的正确的语言关系。

（三）翻译的历史性目标与德语的发展

事实上，在历史层面上，施莱尔马赫对语言关系的思考与 19 世纪初德语自身的发展状况息息相关。17 世纪以来，法语逐渐成为整个欧洲的通用语言。欧

---

① Friedrich Schleiermacher. On the Different Methods of Translating(1813). In André Lefevere. *Translation/History/Culture:A Sourcebook*. Shanghai: Shanghai Foreign Language Education Press, 2004, p.149.

② Friedrich Schleiermacher. *Hermeneutics and Criticism: And Other Writings*. New York: Cambridge University Press, 1998, p.22.

③ Friedrich Schleiermacher. On the Different Methods of Translating(1813). In André Lefevere. *Translation/History/Culture: A Sourcebook*. Shanghai: Shanghai Foreign Language Education Press, 2004, p.150.

洲的王公贵族和知识分子都将法语作为书写和日常交流的主要语言，德语反而被视作"粗俗"的语言。在艺术和学术领域中，使用德语写作的情况甚少。德语与法语之间存在着完全不平等的关系。这种关系严重影响了德语自身的发展，施莱尔马赫的思考在很大程度上有其历史动因。如果个人的思维受制于他的母语，那么他所有的思考都必须经由母语表达，因此，没有语言就没有思维。反过来，语言的发展也同样离不开语言的使用。

> 一方面，每个人都受制于他所使用的语言，他所有的思考都是这语言的产物。语言之外的一切，他都无法精确地思考。他如何使用概念，又如何将这些概念相互联系起来，这些问题早已存在于他的母语之中了。无论是他的思想、知识还是虚构幻想都离不开语言的制约。但在另一方面，每一个能自由、自发思考的人又同时在建构着语言。[1]

语言与具体的、活生生的语言使用者之间存在着一种"制约和建构"的双重关系。如果德语作为日耳曼民族母语的地位得不到承认，德语就很难获得进一步的发展。面对这样的情形，以赫尔德为代表的德国浪漫主义哲学家强调语言之间的平等关系，呼吁民众重视德语对整个日耳曼民族的重要意义。他们将德语视作德国精神的象征，坚持认为语言伴随社会的发展而发展。赫尔德的观点"直接反驳了启蒙主义的普遍主义观点，特别是当时'法语'在德国乃至整个欧洲的强势地位和'文化霸权'"[2]。在安托瓦纳·贝尔曼（Antoine Berman）看来，施莱尔马赫对语言发展的思考与赫尔德曾提出的语言的"和谐发展"（peaceful development）不谋而合，即保证德语发展的前提在于重新确立德语与法语等外语之间的新的关系。[3]

从语言的关系出发，再一次审视"移动作者"和"移动读者"两种翻译方法

---

① Friedrich Schleiermacher. On the Different Methods of Translating(1813). In André Lefevere. *Translation/History/Culture: A Sourcebook*. Shanghai: Shanghai Foreign Language Education Press, 2004, pp.145-146.

② 张兴成：《现代文化政治冲突中的"母语认同"——德国浪漫主义母语观反思》，载《文艺理论研究》，2011 第 2 期，第 79-86 页。

③ Antoine Berman. *The Experience of the Foreign: Culture and Translation in Romantic Germany Intersections*. Albany: State University of New York Press, 1992, p.150.

不难发现，"移动作者"是将导致源语言对目的语的臣服，两种语言之间是统治与被统治的关系；"移动读者"却是将母语与外语截然分开，两种语言是完全平等的，更多地体现了语言之间的独立与完整。施莱尔马赫希望德语译者能够多使用"移动读者"的翻译方法，确保翻译中德语与法语等其他语言之间的相互平等和独立存在，这样一来，德语作为日耳曼民族的母语将不是一种"被束缚的语言"（bonded language），而是一种开放的语言，乐于吸收其他语言中的精华。从翻译效果来看，"移动读者"的翻译方法更好地保留了源语言的异域性，不懂外语的读者依靠这种异域性辨识出两种语言的异同，更好地体会到语言中存在的精神。在他们获得更多关于语言的知识后，将渴望读到更多异国的作品，于是整个民族对翻译的需求也会随之增加，具有开放性的德语也将通过翻译吸收其他语言中的养分而变得生机勃勃。施莱尔马赫将翻译与德语发展的关系总结如下。

> 有一种内在的必要性驱使我们大量地翻译，它清楚地表达了我们日耳曼民族的特殊呼声；我们不能回到过去，我们必须继续前进。只有大量移植异域的植物之后，我们自己的土壤才能变得越来越肥沃；我们的气候才变得越来越和煦。这也正如我们的语言只有通过与外语的多方面接触才能保持蓬勃发展，迸发出旺盛的生命力。[①]

很明显，施莱尔马赫希望德语取代法语在欧洲的地位，让德语成为欧洲文化发展的"平台"，且他也意识到实现这个目标的前提条件是德语能自由发展且充分尊重其他语言的异域性。事实上，因为"移动读者"这种正确的翻译方法使得上述前提条件成为可能，所以翻译最终是为德语的发展服务的，翻译的历史目标也是与德语的完善紧密联系在一起的。

> 其他国家艺术和学术领域的宝贵财富将被吸收到德语中，并与德国自己在艺术、学术领域的财富合为一体，共同构成一个历史整体，成为整个欧洲的中心得以永存。借助德语，任何民族都能像其他国家的读者

---

① Friedrich Schleiermacher. On the Different Methods of Translating (1813). In André Lefevere. *Translation/History/Culture: A Sourcebook*. Shanghai: Shanghai Foreign Language Education Press, 2004, pp.164-165.

一样，完全和正确地欣赏到在不同历史时期中产生的各种精华，这也是翻译真正的历史目标，因为翻译已经成为我们内在的一部分。①

考察翻译的历史目标也不难发现，施莱尔马赫的翻译观念始终是以语言为中心的。然而，或许是因为施莱尔马赫在翻译讨论中过分强调了语言的独立性，所以其观点遭到个别翻译理论家的猛烈抨击。以皮姆为例，他认为施莱尔马赫的两种翻译方法只是一种比喻，不能为实践提供指导，是相互矛盾的，"他的两种方法都具有同样的前提条件，即两种语言本身是不移动的，看似提倡的是一种'移动'，实则完全否定了'移动'的可能"②。皮姆同时也认为施莱尔马赫的翻译讨论存在着一个很大的漏洞，即施莱尔马赫过于重视母语的作用，忽略了翻译中存在的"文化间性"（interculuality）问题，处于两种文化交汇之处的"人"比正确或错误的翻译方式更为重要。这样的观点不无道理，但考虑到施莱尔马赫所关注的问题和研究问题的方式，他并非坚决反对双语现象，而只是十分重视语言对思维和事物本质的塑造作用，强调母语对一个人的思考和表达发挥的决定性影响。应该说，施莱尔马赫对两种翻译方法的描述和区分完全出于对德语发展的考量。

简言之，施莱尔马赫首先区分了翻译与传释，明确了翻译中存在的创新与感知，确立了语言之于翻译的中心地位，继而通过描述翻译的基本目标，从理解的两个层面区分了"移动作者"和"移动读者"两种翻译方法，强调了翻译必须实现其历史性目标。帮助德语与其他语言之间建立起一种平等独立的关系，从而保持德语的开放性和创造性，确保德语能够主动吸收其他语言中的宝贵财富而蓬勃发展，最终成为整个欧洲文化发展的平台。

毋庸讳言，施莱尔马赫对翻译的所有思考都以语言为中心，翻译与德语发展的关系是他着力想要澄清和探讨的问题。因而，虽然从表面上看《论翻译的不同方法》一文始终以两种翻译方法为轴心展开，但在本质上，这两种翻译方法其实只是指向两种不同语言关系的路径。施莱尔马赫真正想要强调的是，德语在德国

---

① Friedrich Schleiermacher. On the Different Methods of Translating (1813). In André Lefevere. *Translation/History/Culture: A Sourcebook*. Shanghai: Shanghai Foreign Language Education Press, 2004, p.165.

② Anthony Pym. *On Translator Ethics: Principles for Mediation between Cultures*. Amsterdam/ Philadelphia: John Benjamins Publishing Company, 2012, p.29.

的母语地位及其与其他语言之间应该建构起正确的关系。从其讨论方式上看，施莱尔马赫并未采用经验主义的论述方式，他未曾围绕任意一种方法举出一个实际的个案加以说明，也未曾谈及他翻译柏拉图著作的个人经验，讨论的重心被完全放置在抽象的语言问题上。施莱尔马赫对"异域性"的推崇为自西塞罗以来的字对字、直译、忠实的翻译等讨论打开了一个新的思路：将过去讨论的焦点从原作与译作这两个对立的两极转化为了翻译与民族语言发展的问题。如此一来，直译意译问题的着眼点也随之从现在衍生到了未来。但是，也必须指出的是，施莱尔马赫只是从理论上提出翻译对语言的影响，对于如何翻译等实际操作的问题，他却语焉不详，对于翻译与民族性的联系等问题也未作详细的阐释。在他之后的哲学家和翻译理论家洪堡特对这些问题作了进一步的思考，提出了更可践行的翻译理论，深刻地影响了荷尔德林和本雅明等人的翻译观念和翻译实践。

二、语言的世界史意义和"异域性"的价值：洪堡特对直译意译问题的阐释和发展

如上文所言，一方面，施莱尔马赫哲学阐释学的翻译观念与西塞罗式翻译理论中所蕴含的"工具式"翻译观念差别甚大，因而在谈论直译意译问题时，施莱尔马赫完全摒弃了西塞罗演说家式的翻译思想，遵从哲学阐释学的研究路径，将抽象的语言性作为翻译方法讨论的出发点，把翻译从经验主义层面剥离开来，对翻译方法的考察也由此上升到了对不同语言之间的关系的讨论。另一方面，作为早期浪漫主义时期哲学家的代言人，施莱尔马赫强调不同语言中蕴含的价值观念以及语言本身存在的差异性，这一点充分体现出了早期浪漫主义哲学家对语言差异的尊重。如何看待和处理翻译中的差异，成为以施莱尔马赫为代表的浪漫主义哲学家讨论直译意译问题时思考的重要内容。洪堡特深受早期浪漫主义哲学观念影响，他从反思语言与思维的关系出发，重新探讨了翻译的意义以及如何在翻译中更好地处理语言、民族和思维问题，进一步扩展了直译意译问题的讨论层面。

与施莱尔马赫不同，同为哲学家的洪堡特秉持普遍主义的语言观念，注重人类语言的完整性和统一性，坚持认为人类语言在整体上是完全一致的。不同语言的特征虽然不同，但若将人类语言视为整体，则所有不同的语言是在不同方面推进人类语言进步的，以最终实现语言的完整性和完美性。洪堡特特别提出，从人

类语言的整体发展来看，语言尤其是语言差异的问题不是简单的意义或形式问题，而是具有"世界史"意义的历史问题，关乎着人类如何发展民族精神，如何寻求完美人性。如此一来，如何更好地处理翻译中的差异与如何继承和发展人类历史这一人文主义问题息息相关。因此，洪堡特对直译意译的思考不仅具有哲学层面的意义，还具有巨大的人文主义的价值。洪堡特兼具语言学家和人类学家的双重身份，其对翻译的探讨以其语言哲学观为理论基础，并始终围绕人类历史的承继和人类精神的提升展开。这种思考方式扩大了直译意译问题的讨论范畴，助推直译意译问题在哲学层面进一步发展。

具体而言，洪堡特将翻译视作扩展观念领域，促进人类精神完美发展的必要途径。在论述语言、翻译和人类精神三者之间关系的同时，洪堡特着重分析了"异域性"和"陌生化"两种不同的翻译效果，并由此将翻译方法的讨论放置在过去、现在和未来这一时间维度中。也正是在这一点上，洪堡特彻底否定了西塞罗以来将翻译视作一种传递信息（information）、表达意义（sense）和提高语言感染力的工具论观念。在洪堡特的讨论中，直译意译问题的讨论焦点被放置在如何承继过去的历史，以及如何发展本族语言和人类的整体思维方式上。近代以来的直译意译讨论也因此被带入了一个全新的层面。

洪堡特对翻译的思考从"异域性"和"陌生化"的二元对立开始。洪堡特认为，不管译者选用直译还是意译，译者都是为了求得"异域性"，避免"陌生化"，以便更好地保留语言中人类整体的历史和精神。译者通过发展本族语言拓展整个民族的思维，"观念的领域"也得以发展。质言之，语言、历史、思维和民族性之间紧密结合，相互影响。基于此，重新解释翻译中所蕴含的语言本质以及重新思考语言中存在的各种关系成为洪堡特翻译思想的语言哲学前提，而如何通过翻译为本族语言引入新的表达方式，扩展观念的领域？又如何通过翻译保留和传承人类的整体经验？以上两个问题可视作洪堡特探讨直译意译问题的主要出发点。

（一）作为人类内在需求的语言和具有世界史意义的语言差异

从一定程度而言，洪堡特学术思想体系的形成得益于他所生活的时代。历史比较语言学的迅速发展以及 19 世纪初德国民族文学的蓬勃兴起都为洪堡特提供了大量的学术资源，并进一步促进了洪堡特语言和翻译观念的形成和发展。因而，斯坦纳用幸运二字描述生活在 19 世纪德国的洪堡特。[①]事实也确实如此。

一方面，17 世纪以来，历史比较语言学取得了长足的进步，语言观念和语言研究方法得以更新。英国语言学家威廉·琼斯（William Jones）爵士通过对梵语语音结构和语法形式的研究，提出了"印欧语假说"，奠定了历史比较语言学的基础，并为语言的历史比较提供了一定的手段和方法。琼斯之后的语言学家细致比较了印欧语言的语音和语法系统，尝试基于比较结果来确定不同语言之间的亲缘关系，继而推测出语言的起源、分化和变迁。

显然，无论从概念的更新、理论的更迭，还是方法论的出新等方面来看，19 世纪的历史比较语言学在语言学的发展史上都具有极其重要的地位，不仅为日后的语言学研究提供了材料，更开启了科学研究语言的先河，将历史、哲学、文学、人类学、民族学甚至生物学等相关学科的研究成果引入了语言研究中。正是这种科学主义态度深刻地影响了洪堡特的语言学研究。当洪堡特将民族学、人类学、历史学等学科纳入他的语言研究范畴时，他逐渐明确了自己的语言研究目的，即，发现人类语言存在、运作和发展的深层次原因，并通过辨明语言和人类精神如何相互作用、相互影响，为寻求完美人性提供一定的方法和途径。

另一方面，民族文学的蓬勃发展，洪堡特受其影响，开始着力思考语言与人类精神及民族性的关系。19 世纪初，德国民族文学发展迅速，涌现出包括歌德、席勒[②]、沃斯[③]、荷尔德林在内的杰出的文学家和思想家。歌德等人对德国民族过去的书写包含了强烈的民族意识和民族感情。在一定程度上，得益于这些作家作品对民族文化的全方位肯定和大力宣扬，整个德国民族受其鼓舞，逐渐开始重新认识和理解本民族的精神和文化。受歌德和席勒的影响，洪堡特开始大量阅读希腊古典文学作品。古典文学中广泛存在着形式、内容和普遍人性问题，洪堡特在研读之后，极为崇尚古希腊的完美人性，将其视作感性与理性的完美结合。洪堡特同时留意到了希腊语与希腊民族精神之间的关系。在他看来，希腊语之所以具有完整性和统一性，始终保持着自身结构的纯正性，皆因为希腊语与希腊完

---

① George Steiner. *After Babel: Aspects of Language and Translation*. Shanghai: Shanghai Foreign Language Education Press, 2001, p.83.

② 约翰·克里斯托弗·弗里德里希·冯·席勒（Johann Christoph Friedrich von Schiller）德国 18 世纪著名诗人、哲学家、历史学家和剧作家，德国启蒙文学的代表人物之一。

③ 约翰·海因里希·沃斯（Johann Heinrich Voss），德国诗人和翻译家。

美人性之间存在的这种联系。充分理解这种联系才能帮助不同民族追求到完美的精神和人性。

以上两个方面皆表明，洪堡特的语言研究是为人类的总体发展服务的。语言的本质为何以及语言与人类发展之间的关系成为洪堡特关注的中心问题，这显然与同时代的历史语言研究有本质上的差异。在洪堡特之前，大部分哲学家如亚里士多德和勒内·笛卡儿（René Descartes）仅仅将语言视作表达思维（理性、逻辑和认识）的工具。在工具论的观照下，语言的使用以思维为旨归，语言为思维服务。语言研究的主要目的是辨明语言的起源和本质，以便更好地表述思想。但洪堡特反对将思维置于语言之上，希望通过探讨语言形式与思维先验认识形式、感性认识之间的关系，重新确立了语言研究的目的。斯坦纳曾用"新颖的"（new）和"全面的"（comprehensive）来评价洪堡特的语言思想，认为就其语言思想而言，洪堡特是与柏拉图、詹巴蒂斯塔·维科（Giambattista Vico）、塞缪尔·泰勒·柯勒律治（Samuel Taylor Coleridge）、索绪尔和罗曼·雅克布森（Roman Jakobson）并称的伟大思想家。[1]无独有偶，现代语言学家奥托·叶斯柏森（Otto Jespersen）也持相同的看法，认为"洪堡特是 19 世纪语言学领域中最深刻的思想家"[2]。

从语言研究对象来看，作为普通语言学的创始人，洪堡特基本超越了 19 世纪历史比较语言学单纯以印欧语系为研究对象的历时性研究框架。最为突出的是，洪堡特调整了语言研究的对象，明确提出将语言与人类发展之间的关系作为语言研究对象，反拨了语言工具论的研究模式。事实上，洪堡特的语言研究正是针对过往语言研究的缺陷而发展起来的。19 世纪的语言比较仅以印欧语系的语言为研究对象，且语言学家收集的语料大都是零散和片面的，缺乏足够的语料以及对语言现象全面的考察。相关理论因而缺乏系统性，对语言本质的研究和语言现象的把握也有待进一步提高。

从语言研究的对象而言，洪堡特的语言研究重新定义了"语言比较"的基本内涵。比较语言研究应包含语言、人类借助语言才能达到的种种目的、处于连续发展过程中的人类以及各个具体的民族四个研究对象，并将此四个对象置于相互

---

① George Steiner. *After Babel: Aspects of Language and Translation*. Shanghai: Shanghai Foreign Language Education Press, 2001, p.83.

② Otto Jespersen. *Language: Its Nature, Development and Origin*. London: Holt Publisher, 1922, p.34.

关系中加以考察。①洪堡特据此强调语言研究应首先以经验为基础，全面搜集和筛选所有现存的语言材料，并予以系统的归整和比较，从而"使语言研究以一种真正卓有成效的方式深入至其他人类知识领地"②。换言之，语言比较研究须从两个不同方面来展开：一方面从所有语言中广泛收集材料，开展专门的研究，从普遍意义上解释和说明人类语言的本质和作用；另一方面，更须从纯历史的角度，探讨语言与人和世界之间的关系。事实上，如果这种以经验为基础的比较语言研究能够揭示出人类创造语言的不同方式，尤其是能够揭示出语言中存在的人类思想以及民族个性与语言之间的作用和反作用，那么语言在本质上就不再是一种传递意义和表述思想的工具。语言工具论也就失去了其立论的依据。洪堡特对比较语言学的阐述充分说明，他在开展上述研究之前已经确立了一种全新的语言观念，即，彻底否定从亚里士多德开始的语言工具论，强调语言所具有的整体创造和继承能力。

与洪堡特同时代的哲学家施莱尔马赫也曾重新定义语言，并将语言视为思维的同一物。但是，洪堡特所阐述的"同一性"是强调思维和语言存在着的相互作用、相互制约的关系。事实上，这种关系也正是洪堡特语言研究的主要内容，语言如何从精神出发，而反作用于精神，是其要考察的全部。③语言所具有的创造性和承继性正是这种双重关系所赋予的。从思维对语言的制约来看，思维对语言的需求决定了语言是一种创造性的、精神性的活动。④正如洪堡特对语言所下的定义，"思维的某些部分统一起来，构成一些单位；而这些单位本身又作为要素区别于一个更大整体的其它要素，以便成为对立于主体的客体。这样的一些单位所具有的感性表达，在最广的意义上便可以称为语言。"⑤语言是思维的感性手段，为思维及其发展提供一切必要的手段。可以说，思维是语言的出发点，语言

① 洪堡特：《论与语言发展的不同时期有关的比较语言研究》，载《洪堡特语言哲学文集》，姚小平译，北京：商务印书馆，2011 年，第 25 页。

② 洪堡特：《普通语言学论纲》，载《洪堡特语言哲学文集》，姚小平译，北京：商务印书馆，2011 年，第 7 页。

③ 洪堡特：《论语言发展的不同时期有关的比较语言研究》，载《洪堡特语言哲学文集》，姚小平译，北京：商务印书馆，2011 年，第 25 页。

④ 洪堡特：《论人类语言结构的差异及其对人类精神发展的影响》，北京：商务印书馆，1999 年，第 55-56 页。

⑤ 洪堡特：《论思维和说话》，载《洪堡特语言哲学文集》，姚小平译，北京：商务印书馆，2011 年，第 2 页。

在本质上只是将现象世界的质料铸塑成为思想的形式，语言实际上是精神不断重复的活动，它使分节音得以成为思想的表达。[①]由于思维对语言的需求不同，所以语言也就逐渐形成了不同的个性和独特的表述方式。

进一步而言，语言不是静态的词汇和语法规则，而是一种具有明确目的的知性行为，是创造性的，伴随着思维的发展而发展。与此同时，语言又制约着思维，人只能在语言中思考、感知和生活。洪堡特曾将语言比作飘浮在山顶的云朵，只有从远处眺望才能确定其形状。一旦走进其中，便陷入一片雾气之中，无法认清其具体的特性。这说明"人始终被束缚在语言的圈界内"[②]。每一种事物、每一种行为甚至与现象世界有关的一切事物都被植入了语言，通过语言而形成。具体而言，"它在进行创造的同时，通过它赋予思想的形式而激发起新的思想及其联系，因此需要精神的参与"[③]。语言通过表达引发感知，并同时激发了新的思维和精神的参与。从一定程度上而言，语言对思维的反作用使得语言成为人类精神发展的最有效的手段之一。正如洪堡特所言：

> 语言在不断地向前行进，不断地进行着分析和综合，它的这种活动会给纯粹的思维套上羁绊，影响其敏捷和统一；不过，人们可以逐渐地学会更好更有把握地驾驭思想，把思想浇铸进新的、更具激励作用的形式，并使得语言的羁绊不那么明显可察。语言通过其表达和创造，使含混不定的思想获得确定的形态和模印，而精神由于得到众多语言的作用支持，也将努力开辟新的道路，深入至事物的本质。[④]

毫无疑问，"语言世界观"这一概念的提出或能说明，在洪堡特阐述语言和思维存在的双重制约关系时，他似乎更为重视语言对思维的影响和独立自主的力

---

① 洪堡特：《论人类语言结构的差异及其对人类精神发展的影响》，北京：商务印书馆，1999 年，第 56 页。
② 洪堡特：《普通语言学论纲 1810—1811》，载《洪堡特语言哲学文集》，姚小平译，北京：商务印书馆，2011 年，第 6 页。
③ 洪堡特：《论语言的民族性》，载《洪堡特语言哲学文集》，姚小平译，北京：商务印书馆，2011 年，第 73 页。
④ 洪堡特：《论语言的民族性》，载《洪堡特语言哲学文集》，姚小平译，北京：商务印书馆，2011 年，第 71 页。

量，侧重于描述语言为何以及如何能够促进人类精神朝向完整性和统一性方向发展。在考察包括卡维语在内的诸多语言后，洪堡特认为某个民族的思维、观念以及民族精神的发展状况完全取决于其语言的语法形式。"丰富多样、明确限定并顺利地构造起来的语法形式，可使思维变得灵活敏捷"，"那些没有语法形式或语法形式很不完善的语言会对智能活动起干扰而不是促进作用"①。只有当语言能够为知性提供纯正、无缺陷的语法形式时，语言才能对精神产生上述有益的影响，语法形式是精神为达到自身目的在语言中促成的一定结构。在洪堡特看来，思维要求概念具有清晰性和明确性，而概念的清晰和明确在很大程度上取决于语法形式的表达方式。②即，语法形式的完善是促进思维和精神发展以及获得完美人性的决定性因素。换言之，完美人性的获得最终取决于语言是否能在内蕴的语法形式上体现出语言对思维有机体的观照。诺姆·乔姆斯基（Noam Chomsky）在《语言理论的当代问题》（*Current Issues in Linguistic Theory*）一书中详述了他对洪堡特语言思想的理解，认为任何新的语言行为（linguistic act）都要依赖语言形式来创造，同时也只有后者才能赋予前者以意义。要理解语言成分的作用和意义，只有将其与内蕴的形式联系起来，即将语言成分与决定语言组织形式的生成原则（generative rule）相联系。在乔姆斯基看来，将语言形式作为生成过程（generative process）的概念，是洪堡特对语言的本质、使用和语言习得等问题的整个语言理论的基础，同时也是他对语言学理论最有创见和最有价值的贡献。③

从某种意义上，洪堡特反复强调的"内蕴的语法形式"成为其理论体系内部的桥梁，从认识论上将人类的过去，现在和将来联系在一起。对洪堡特而言，一个民族总是习惯于把自己的思想灌注进自己的语言形式，而语言赋予思维的形式，激发新的思维和精神的参与。精神运动的痕迹通过语言形式得以保留，语言形式由此具有稳定性和整体性的特质。考虑到语言本身由民族精神构成，又反过来影响民族精神。一个民族的语法形式能够伴随思维和精神的发展而不断完善和统一，但其本身的特质并不会在此过程中丢失。

---

① 洪堡特：《论人类语言结构的差异及其对人类精神发展的影响》，载《洪堡特语言哲学文集》，姚小平译，北京：商务印书馆，2011年，第61页。

② 洪堡特：《论人类语言结构的差异及其对人类精神发展的影响》，载《洪堡特语言哲学文集》，姚小平译，北京：商务印书馆，2011年，第56页。

③ Noam Chomsky. *Current Issues in Linguistic Theory*. London, The Hague: Mouton & CO., 1970, p.17.

于是，无论语言发达与否，每一种语言都是人类精神或人类普遍本性的体现，所谓"人类史上一个终极的中心"是由各种不同民族的语言共同推进的。每一种语言都有其个性，以不同的方式引导人类精神的发展。语言差异因而具有极其重大的意义，不是简单的声音和符号的差异，而是世界观的差异。通过代际传播，民族及其中的个体在发展个体思维的同时，也将继承语言的形式和世界观，最终促进人类精神的不断发展，求得完美的人性。因为语言本身的创造性和承继性，语言以及语言差异也因此成为"控制着人类史的强大力量"。质言之，语言如同纽带，将过去、现在和将来联系在一起。语言差异从而"具有世界史的意义"①。

从这个意义上而言，若将人类语言和精神作为一个整体来考察，语言的差异的"世界史意义"无疑是保障人类能够求得完美人性的唯一前提。洪堡特的语言世界观理论并不是一种"语言相对论"（language relativism）和"语言决定论"（language determinism），而是一种普遍主义（universalism）观念，其着眼点不在过去而在未来，不在语言的个性而在人类语言、思维和精神的整体发展。

（二）"异域性"与"陌生化"：两种不同翻译效果对人类语言发展的影响

根据洪堡特的语言理论，语言差异虽然显现的是不同语言的个性和特质，但在这些差异之下蕴含着人类语言统一的原则和始终如一的完整性。据此，洪堡特重新定义了译作的内涵，"译作是原作精神的不同镜像（image），每一部不同译作都表现出了该译作目前所能捕捉和再现的原作的精神，但原作真正的精神还始终停留在原作自身的文本之中。"②翻译的价值也随之需要作重新思考和理解。翻译不应该被视作单纯的意义转换活动，而同样具有"世界史"意义，无论对个体语言的发展，还是对人类整体语言和精神的发展，都有重要的价值。

要说明翻译的价值，首先要确保翻译的可能性。洪堡特对可译性和不可译性的理解无疑是以他独特的语言观念为理论基础的。事实上，在洪堡特之前可译性

---

① 洪堡特：《论语言的民族特性》，载《洪堡特语言哲学文集》，姚小平译，北京：商务印书馆，2011年，第70页。

② Wilhelm von Humboldt. Preface to Aeschylus's Agamemnon. In André Lefevere. *Translation/History/Culture: A Sourcebook*. Shanghai: Shanghai Foreign Language Education Press, 2004, p.141.

和不可译性之间的界限十分模糊。一方面，人们在谈论可译性时仅仅是将语言视作指称物体的符号，因而既然能够从两种不同语言中找出两个指称同一个物体的词汇，那么翻译是完全可能的。另一方面，人们在谈论不可译性时却认为不同的语言不仅对概念的表述方式和指称不同，对概念的感性认识也不同。考虑到个体感知的差异，翻译是不可能的。但是，如前所述，洪堡特已经明确提出，语言不是表述概念的工具，而是思维的感性认识。只要人们开始思考和表达，这些特定的感性认识就能被转化到语言中。语言所创造的客体是整体思维的外化，"对事物的全部主观知觉都必然在语言的构造和运用上得到体现"①。从这个意义上而言，可译性当然是因为不同民族都有相似的精神活动，而语言是思维的外化，那么任何事物、任何细微的感觉都能用语言加以思考、表述继而表征，为他人所知晓。更重要的是，所有的语言都是人类整体语言的一部分，只有将所有的语言加以考量才能更好地认识到人类语言的本质。因而从普遍主义的角度而言，不同语言之间是可以互译的。洪堡特上述关于不可译问题的思考为当代翻译学中的可译性理论提供了充分的理论注解，所谓的不可译并非全然不可转译，而是说"翻译的行为，一直在行进之中"②。

在威尔斯看来，洪堡特对可译性的阐述揭示了不可译性的哲学层面，但"甚至在 19 世纪，洪堡特所提及的单子论（monadistic）语言学和普遍主义语言学理论之间的相互联系就已经被人遗忘，部分原因在于洪堡特的讨论最后仍然回到了那个'臭名昭著'的老问题，即在翻译方法上让译作贴近源语还是迎合目的语"③。威尔斯的看法富有洞见。洪堡特在确立了可译性问题后，的确重又回到了此前施莱尔马赫所讨论的翻译的不同方法上。洪堡特试图通过翻译的可能性突出了语言之间的相互作用，借以说明如何通过正确的翻译方法发挥外语对本民族精神的反作用和影响。正如洪堡特所言，"语言通过其表达和创造，使含混不定的思想获得确定的形态和模印，而精神由于得到众多语言的作用支持，也将努力

---

① 洪堡特：《论人类语言结构的差异及其对人类精神发展的影响》，姚小平译，北京：商务印书馆，2011 年，第 72 页。

② Duncan Large, Mokoto Akashi, Wnanda Jozwikowska, et al. *Untranslatability: Interdisciplinary Perspective*. New York: Routledge, 2019, p.4.

③ Wolfram Wilss. *The Science of Translation: Problems and Methods*. Shanghai: Shanghai Foreign Language Education Press, 2001, p.37.

开辟新的道路，深入至事物的本质"[①]。只有采用正确的翻译方法并且保证这些古典作品在大众中普及，上述积极影响才能真正转化为现实，否则无论翻译的作品数量有多么庞大，阅读的层面有多广，目的语民族仍然不会获得任何益处。

　　事实上，从 17 世纪开始，由于法国在欧洲首屈一指的经济实力和国际地位，法语相较于欧洲其他民族语言成为欧洲语言的中心基础，所以被视为欧洲最成熟的语言。基于法语的优越性，绝大多数法国译者在引介其他欧洲语言作品时，奉行"不忠的美人"（belles infideles）这一翻译原则，在翻译时任意删改原作，以迎合法语的句法和语义原则以及文学文化传统。在德国，翻译界奉行相同的原则。鉴于法语的地位远高于德语，为数众多的德语译者倾向于选择法语作品作为源语文本。法语文本由此成为德语读者了解其他国家文学和文化的中介，影响了德国知识界的文学观念、审美趣味和创作风格。在语言方面，不少译者在翻译时甚至直接保留了法语的语法结构。从某种程度上而言，法语的大量渗透甚至动摇了德语作为日耳曼民族本族语的地位，限制了德语的进一步发展。这种翻译古典作品的方式是洪堡特竭力反对的。在他看来，以法语为圭臬的翻译不会对目的语民族和语言有任何益处，"尽管希腊罗马所有重要的作品都已被翻译为法语，有些甚至还很好地被翻译为法语风格作品。但无论是古代的精神还是对古代精神的理解都没有渗透到法语民族中"[②]。

　　所幸的是，德语知识界逐渐认识到，以法语为中介所呈现的镜像不利于自身民族的发展，阻碍了德语读者更好地认识世界。从 18 世纪中期开始一直到 19 世纪，即洪堡特生活的时代，德语知识界发起了抵制法语及法国文化的运动。德国译者不再以法语译本作为源语文本去二次转译其他国家的重要著作。德国浪漫主义哲学家施莱格尔从英语直接翻译了威廉·莎士比亚（William Shakespeare）的 14 部戏剧，提出了新的翻译观念和方法。一方面，施莱格尔将原作视作一种"有机创作体"（organic created form），即原作是巧妙建构的有机体，每一个细节都是其整体的一部分，因而译者必须将原作的所有细节翻译出来，"否则任何

<hr>

① 洪堡特：《论语言的民族特性》，载《洪堡特语言哲学文集》，姚小平译，北京：商务印书馆，2011 年，第 71 页。

② Wilhelm von Humboldt. Preface to Aeschylus's Agamemnon. In André Lefevere. *Translation/History/Culture: A Sourcebook*. Shanghai: Shanghai Foreign Language Education Press, 2004, p.138.

改变都将破坏完美的有机体"①。另一方面，施莱格尔又强调译作语言必须轻松自然，避免读者产生他们是在阅读翻译作品的感觉。施莱格尔对上述两个方面的区分后来得到了施莱尔马赫的系统性阐述。后者所提出的"移动作者"和"移动读者"两种翻译方法正是此翻译观念的总结。

作为译者，洪堡特显然意识到了施莱格尔所提出的翻译的主观和客观两个不同方面。洪堡特曾在给施莱格尔的信件中提到，译者有两个不同选择，"所有的翻译似乎都只是为了完成一个不可完成的任务。译者无一例外会受制于两个困难：其一是离原文太近，牺牲了本国的品味和语言，其二是离本国语言太近，牺牲了原文"②。但是，译者所面临的困难并不会导致翻译方法的不同。洪堡特并不赞同施莱尔马赫对翻译方法的描述和区分。在他看来，"移动作者"的情况在实践过程中不会发生，因为"除了科学问题和对事物的描述，没有任何作家在使用另一种语言时是使用同样的语言来讨论同样的问题"。洪堡特明确指出，译者应该自制和自律，"要是译者尤其是翻译古典作品的译者在翻译时给自己一些自由，翻译通常会成功……但同时译者必须自律和自制，因为唯有如此，他才能开辟出新的道路，且能在这条路上如愿地拥有追随者"③。洪堡特的"自律"和"自制"是指译者需把握翻译的两个主要原则，即"忠实性"（fidelity）和"质朴性"（simplicity）。前者是指忠实于"原作真正的本质"，后者是指出于"对原作纯粹的、谦逊的敬爱"用尽可能简单的方式来翻译。在翻译中坚持这两个原则的必然结果就是，译作将具有某种异域性。正如洪堡特所总结的，"翻译的最高境界是译作仅仅是让读者感受到异域性而不是带给他们陌生化的感觉。"④如果译者为了避免陌生化的翻译效果，使译作迎合目的语，那么翻

---

① Harald Kttel & Andreas Polternann. German Tradition. In Mona Baker & Gabriela Saldanha, *Routledge Encyclopedia of Translation Studies*. Shanghai: Shanghai Foreign Language Education Press, 2010, p.423.

② Pilar Orero & Juan C. Sager. *The Translator's Dialogue: Giovanni Pontiero*. Amsterdam: John Benjamins, 1997, p.55.

③ Wilhelm von Humboldt. Preface to Aeschylus's Agamemnon. In André Lefevere. *Translation/History/Culture: A Sourcebook*. Shanghai: Shanghai Foreign Language Education Press, 2004, p.141.

④ Wilhelm von Humboldt. Preface to Aeschylus's Agamemnon. In André Lefevere. *Translation/History/Culture: A Sourcebook*. Shanghai: Shanghai Foreign Language Education Press, 2004, p.138.

译将不会给目的语语言和民族带来任何益处。

　　以法国对希腊和罗马古典作品的翻译为例，译者在翻译时常常任意删改原作以迎合法语的语言规范和文化传统。无论古典作品的翻译数量有多少，"古典的精神完全未能深入法国民族精神之中，法国整个民族对过去的理解也未有丝毫增进"①。例如，德国翻译家沃斯在翻译这些古典作品时，注重保留了古希腊的语言结构，从而帮助德国普通民众认识和理解古希腊的古典精神和完美人性。日耳曼民族语言和精神也由此得到了极大的促进。对洪堡特而言，希腊语有着完整和统一的语言结构，是思维创造的基础，将能够被智性唤醒的潜在思想留在文字之中。希腊古典作品所反映的希腊民族有着完整和统一的语法形式、思维和精神，是完美人性的典型。希腊语言作为一种创造行为，是整个人类的财产，创造了希腊完美的人性和精神。了解完整的语言表述所映射的民族特性，就能充分认识到语言的多样性和统一性如何融汇并促进人类种种精神努力。②这也说明只有译作中保留希腊语言的异域性才能通过希腊古典作品的翻译促进目的语民族语言和精神发展。

　　洪堡特认为，"翻译尤其是诗歌翻译，是文学最重要的任务之一。部分原因在于，翻译能将新的艺术形式和人类生活介绍给不懂这门语言的读者，不过更重要的原因还在于翻译扩展了源语言的意义和表达方式"③。换言之，在洪堡特看来，翻译中的异域性是翻译价值之所在，保留翻译的异域性才有助于民族精神的提升。在实际的翻译实践中，作为译者的洪堡特却又承认异域性和陌生化泾渭分明，但也仅仅只有一墙之隔。保留异域性，避免陌生化是要求译者能认识到语言之于精神的重要作用，通过体察、迻译原作真正的精神，促进目的语甚至人类整体语言的进一步发展。作为语言活动的实施者，译者首先需要处理的仍然是两种语言的转换。因此，基于语言与思维及精神的双重关系，完全忠实于原作内在的

---

　　① Wilhelm von Humboldt. Preface to Aeschylus's Agamemnon. In André Lefevere. *Translation/History/Culture: A Sourcebook*. Shanghai: Shanghai Foreign Language Education Press, 2004, p.138.

　　② 洪堡特：《论语言的民族特性》，载《洪堡特语言哲学文集》，姚小平译，北京：商务印书馆，2011 年，第 81 页。

　　③ Wilhelm von Humboldt. Preface to Aeschylus's Agamemnon. In André Lefevere. *Translation/History/Culture:A Sourcebook*. Shanghai: Shanghai Foreign Language Education Press, 2004, p.137.

精神的译作必须首先尽可能地忠实于原作的语言。如上文所述，语言具有其内蕴的语法形式。语法形式的表达方式直接影响了思维的形成和发展，因而在翻译古希腊作品时，译者需要亦步亦趋地译出原作的形式。由此可见，原作本身的语言形式对洪堡特而言，是至关重要的。而他在翻译古希腊作品《阿伽门农》（Agamemnon）时，并没有像其他译者一样，在上百种手稿古籍中直接选择，而是将戈特弗里德·赫曼（Gottfried Hermann）整理的版本作为源语文本，因为赫曼版本是对原作的重构。对洪堡特而言，即便该版本不是原作原有的形式，也是最接近原作最早真实形式的版本。也只有使用最接近原作内蕴语言形式的版本，才能译出原作内在的精神。

就语言的内蕴形式而言，考虑到语音形式是语言内蕴形式重要的组成部分，语音在如何把握语言形式上发挥了不可或缺的重要作用。"语言之间的差异主要是通过语音形式构成的。"[1]通过语音形式也能更好地把握不同语言的个性，因为"语音形式确定语言的性质"[2]，把握语音形式尤其是分音节就能理解不同民族的精神如何注入语言中。基于上述原因，洪堡特特别强调在翻译中保留原作的音节和韵律。以《阿伽门农》为例，原作使用雅典方言。"雅典方言的产生以及它与爱奥尼亚方言的奇妙的亲缘联系可以说是人类思维史上最重大的事件之一。"[3]译者在翻译希腊古典作品时只有尽可能地在德语中保留希腊语的语音形式才能彰显出希腊语独特的个性，将希腊语的完整性和统一性带到德语中来。语言通过表达使表象具有客观性，并通过不断丰富和扩展的表达促使思维能力的发展。但语言对精神产生影响的力量"取决于完整的印象（totaleindruck），取决于整体的性质"[4]。这种整体的性质是指语言为知性提供纯正的没有缺陷的语法形式。不同民族的精神影响了语言，但语言反过来也影响了不同民族精神的形成和发展，翻译也表现出了极其重要的价值。

---

① 洪堡特：《论人类语言结构的差异及其对人类精神发展的影响》，姚小平译，北京：商务印书馆，2011年，第97页。

② 洪堡特：《论人类语言结构的差异及其对人类精神发展的影响》，姚小平译，北京：商务印书馆，2011年，第100页。

③ 洪堡特：《论语言的民族特性》，载《洪堡特语言哲学文集》，姚小平译，北京：商务印书馆，2011年，第68页。

④ 洪堡特：《论语法形式的产生及其对观念发展的影响》，载《洪堡特语言哲学文集》，姚小平译，北京：商务印书馆，2011年，第50页。

　　洪堡特曾总结了语言发展的三个阶段：第一，语言的有机结构虽然只是初步形成，但已呈具完整性；第二，语言因异语成分的渗入而起变化，直至重新达到稳定状态；第三，当一种语言（相对于其他语言）的外在界限和它的结构在整体上已稳固下来，不再发生变化后，它仍在内部、在更细微的方面进一步完善自身。[①]语言与人类思维及精神的关系已经说明，语言的发展将会促进思维的精神的发展。语言发展的第二个阶段无疑需要翻译来完成。一方面，让译作充满"异域性"是要通过保留源语言的内蕴的语法形式为目的语引入新的成分。另一方面，译作要避免"陌生化"，保证概念的清晰性。只有概念清晰明确，思维才会清晰明确。显然，洪堡特对于"异域性"和"陌生化"的区分还是着眼于语言差异的世界史意义，考虑的是语言的发展，尤其是通过希腊语来促进日耳曼德语的发展。

三、反思与回顾：德国早期浪漫主义哲学家的价值及其翻译理论后裔

　　不可否认，洪堡特对翻译的思考是建立在他对人类整体经验的反思之上的。在贝尔曼看来，洪堡特对翻译的思考"不仅与赫尔德的语言哲学不同，也同时与现代语言学的研究方式存在区别"[②]。在考察人类语言的起源时，赫尔德已经意识到了每一种个体文化和人类经验都具有完全不同的个性特征，且能够通过某种特殊的方式呈现。在赫尔德看来，语言可以说是知性的自然器官。对人类心灵而言，语言也是一种必要的器官，"语言借助理性向前发展，而当语言迈出了最初的几步后，理性也借助语言而不断进步"[③]。洪堡特吸收了赫尔德的语言观念，坚持语言与思维的同一。不过，作为康德之后传统语言观念最杰出的批判者，洪堡特更注重语言所特有的二元性，将语言视作内在与外在，主观与客观，过去与将来的结合。更重要的是，洪堡特创造性地指出了语言所具有的"世界史"意

---

　　① 洪堡特：《论与语言发展的不同时期有关的比较语言研究》，载《洪堡特语言哲学文集》，姚小平译，北京：商务印书馆，2011 年，第 15 页。

　　② Antoine Berman. *The Experience of the Foreign: Culture and Translation in Romantic Germany Intersections*. Albany: State University of New York Press, 1992, p. 141.

　　③ 赫尔德：《论语言的起源》，姚小平译，北京：商务印书馆，1998 年，第 69 页。

义，即，语言具有不同特性、内在结构和基本成分的属性。语言不同，对不同民族思维的引导和束缚就不同，对思维和观念的影响也不同。值得一提的是，洪堡特不仅从未舍弃经验主义层面上的考察，甚至还认为从人类语言的整体性出发，去重新认识语言差异对翻译的影响，更好地思考和理解翻译与民族、与世界观之间的关系。是则，从整体上来看，洪堡特的翻译观念有两个重要的认识论基础，其一，是他作为语言学家和人类学家对人类语言总体的认识；其二，是他作为译者，在翻译古希腊作家埃斯库罗斯（Aeschylus）的著名悲剧《阿伽门农》时候的个人经验。

事实上，虽然洪堡特在其翻译论述中并未提及直译，但他完整地解释了译者为何以及如何"亦步亦趋地翻译原作的语法形式"。洪堡特的解释无疑促进了直译意译问题在哲学层面的进一步发展，揭示了翻译作为语言活动的创造性及其对思维和人类精神的制约作用，也同时反映出了翻译与思维、精神、民族性和世界观之间的多重关系。进一步而言，根据洪堡特的表述，"亦步亦趋"的翻译不是转换原作的意义，而是保留语言的差异，以求得人类语言和精神的完美状态。只有不再把不同语言视作任意符号，才能认识到语言的创造性、承继性及其对思维的制约，人类才能利用语言来提升思维和精神。洪堡特关于"异域性"和"陌生化"的区分实际界定了所有经典作品的翻译限度，划定了译者的任务。在《翻译及其对异的考验》（"Translation and the Trial of the Foreign"）一文中，贝尔曼明确定义了直译，"直是指依附作品的字面（the letter of works），在翻译字面上下功夫比在意义恢复上更有价值。正是通过在字面上努力，翻译一方面恢复了作品独特的知识产生过程，而不仅是意义，另一方面改变着译入语"[①]。贝尔曼对直译的理解与洪堡特的观点较为接近。译者在翻译时所面对的仍然是人类整体的语言和精神。个体与整体、内在与外在、过去和未来都蕴藏在翻译过程和翻译结果中。翻译与本族语和本族思维精神发展之间有着紧密联系。

洪堡特的两个重要理论建构，一是语言存在内蕴语言形式这种恒定特征的阐释，二是关于语言差异影响了人类精神整体发展，这为后世带来了深刻影响。在荷尔德林、本雅明、萨丕尔、沃尔夫[②]和乔姆斯基的语言理论中都可以找到洪堡

---

① Antoine Berman. Translation and the Trial of the Foreign. In Lawrence Venuti. *The Translation Studies Reader*. 3rd edn. London: Routledge, 2012, p.252.

② 爱德华·萨丕尔（Edward Sapir）和本杰明·李·沃尔夫（Benjamin Lee Whorf）都是美国语言学家，他们提出了"语言相对论"。

特的痕迹。基于其语言理论所衍生出的翻译思想，尤其是其直译意译理论也在上述语言家那里获得进一步发展。以德国 19 世纪浪漫主义哲学家荷尔德林为例，他坚持采用"字对字的词译"（metaphrase）去翻译古希腊作品。对荷尔德林而言，如果人类每一种具体的语言最终指向的是人类语言的同一基本成分，那么翻译的任务就是要去寻找构成这一基本语言的核心成分。只有一丝不苟地采用"词译"的翻译方法，才能完全理解并获得原作最具生命力的普遍性根源，发现人类语言中普遍存在的基本成分。因而在翻译古希腊作家品达和索福克勒斯的作品时，荷尔德林不仅力求保持和原作一样的句法结构，还创造出了一种混杂的语言形式（synthesis of languages）。他在德语译文中直接使用希腊语的词缀和词义，使译文成为两种语言的"中间地带"，同时展现出源语和目的语的个性，贴近人类语言的普遍本质。在海德格尔看来，荷尔德林直译的诗歌是一种完完全全的"异之体验"。对本雅明而言，荷尔德林的译作虽然在他那个时代被视作"直译的怪物"，但在荷尔德林的译作中，"语言达到高度和谐"，是"翻译的典范"[①]。显然，荷尔德林关于直译的理念完全吸收了洪堡特历史性的语言和翻译观念。若真如洪堡特所言，语言造就了独特的世界观，而外语又能在业已形成的世界观的领域之外提供一个新的立足点[②]，荷尔德林在译作中所创造的源语和目的语之间的中间地带足以展现出两种不同的世界观。这两种世界观包含着观念领域的差异和人类精神发展的痕迹，能够在一定程度上说明人类语言在本质上的相似之处。从这个意义上而言，"词译"无疑是理解和把握人类语言普遍性特征的最好的途径。

　　无独有偶，德国哲学家本雅明对"绝对直译"的推崇也明显受到洪堡特的影响。这首先表现在本雅明语言思想的历史性和带有救赎色彩的翻译观念上。本雅明将语言划分为物的语言、人的语言和上帝的语言三类，人的语言之所以存在，是因为上帝需要通过人类语言来传递神谕，所以思想尤其是上帝创造性的思想存在于人的语言中，"而非通过语言传达自身"。在《译者的任务》（"The Task of the Translator"）一文中，本雅明提出了被"打碎的圣器"的概念，认为人类语言不过是更大整体的碎片，每一个碎片上都带有弥赛亚的训示，存在着互补和

---

① Walter Benjamin. The Task of the Translator. In Lawrence Venuti. *The Translation Studies Reader*. 3rd edn. London: Routledge, 2012, p.263.

② 洪堡特：《论人类语言结构的差异及其对人类精神发展的影响》，载《洪堡特语言哲学文集》，姚小平译，北京：商务印书馆，2011 年，第 72 页。

相似性。翻译作为原作的后续生命（afterlife）是要通过不同语言之间的相遇，让纯语言从不同的意指中显现，从而将每一个碎片拼接起来，重新整合成纯语言。因而好的译作应该是"透明的"，不会"挡住原作的光芒"，使得"原作的生命获得最新的、持续不断更新的、最全面的呈现"。基于这样的翻译目的，本雅明认为，逐字翻译《圣经》是所有译者应该遵守的原则。只有通过"句法的直接转译"才能将流亡在异质语言中的纯语言释放出来。本雅明在对形式的强调上与洪堡特的观点如出一辙。对本雅明而言，作品的艺术性主要存在其形式中。把握形式的连续总和，才能实现艺术理念。在《德国浪漫主义的批评概念》中，本雅明明确提出："形式是作品自身的内省，即构成作品本质的内省的客观表达。形式是作品中可能的内省。因此，它作为存在原则而先验地决定了作品；艺术作品正是通过它的形式才能为活的内省中心的。"①所以唯有通过翻译保留异质的形式，才能最终实现救赎。本雅明对语言的三种划分虽然表现出了强烈的宗教神秘主义色彩，是犹太卡巴拉神学思想的产物，但他对词与物之间神秘关系的强调，对主客二分的否定无不体现了洪堡特语言哲学的观点。在美国翻译理论家约瑟夫·格拉海姆（Joseph Graham）看来，本雅明在描述"译者的任务"时，实际上是要求翻译应该为语言的意义作出贡献。是从"历史的角度提出一种语言理论，以解释有意义和无意义的翻译"②。语言不传达自身，翻译也不是意义的转换。翻译的真正目的和译者的真正任务是由纯语言的性质及其与翻译的关系决定的。纯语言的非功利性、非工具性决定了翻译内在的"神性的"创造性力量。

无论如何，赫尔德、施莱格尔兄弟、施莱尔马赫和洪堡特等人重新定义了翻译，也在阐释他们各自的翻译思想时将直译意译问题的讨论带入了一个新的哲学的向度。谭载喜在回顾近代西方翻译理论时提出，17 世纪产生的古典主义潮流促进了古典作品翻译活动的大规模展开，"在方法论上，翻译家和作家一道，深深地卷入了风行一时的'古今之争'，意译和直译的问题也就跟厚古薄今、厚今

---

① 本雅明：《德国浪漫主义的批评概念（节选）（1920）》，载《本雅明文选》，陈永国、马海良译，北京：中国社会科学出版社，1999 年，第 11-12 页。

② Joseph F. Graham. Around and About Babel. In Hugh J. Sidverman & Gary E. (Eds.), *The Textual Sublime: Deconstruction and Its Differences*. Aylesworth: State University of New York Press, 1990, pp.167-176.

薄古的问题紧紧联系到了一起"①。德法两国对古希腊和古罗马作品的大量翻译和介绍为近代德国翻译理论的发展提供了契机。然而，若将施莱尔马赫和洪堡特两位哲学家的翻译思想作为个案分析，他们两人所阐述的直译意译问题与古今之争似乎并无太大关联。直译意译问题讨论的核心内容集中在语言与思维的关系，以及翻译自身的创造性上。他们在讨论直译意译问题时所关乎的不是译作的准确性，而是翻译背后所显现的语言关系和语言发展态势。无论是施莱尔马赫的两种翻译方法，抑或是洪堡特强调的翻译的"异域性"，都是要最大限度地保障本族语与外语之间的良性发展关系。只不过，对施莱尔马赫而言，两种语言是独立和平等的关系，"移动读者"的翻译方法能最大限度地保证德语母语的地位，促进德语吸收外语的养分，蓬勃发展。对以洪堡特为代表的哲学家而言，不同语言之间虽然相对独立，但本质上却是互补的，均指向人类语言这个更大的整体。采用直译或词译等翻译方法是保存人类历史的最佳方法，是要通过扩展语言的创造性和包容性发展思维，促进人类精神的发展，最终求得完美人性或人类精神的完美状态。

第二节 针对直译的多种主张：19世纪末至20世纪初中国社会和语体文变革中的直译意译讨论

在一定程度上，德国哲学家就直译意译问题的阐述表明，翻译与民族语言的发展之间存在着某种张力。包括"移动读者"在内的"正确的翻译方法"以及重视"异域性"的翻译观念，均能有效地促进民族语言和民族观念的发展。在《历史中的译者》（*Translators through History*）一书中，编者也曾专辟一章探讨翻译与民族语言发展的问题，基于大量史料的分析和整理，探讨了译者之于语言发展的重要作用，"译者推动了书写语言的发展。在将某些重要的文本从一种文化捬译到另一种文化时，译者也同时影响了目的语自身的发展演变。"②编者随后从两个方面解释了何为"目的语自身的发展演变"：其一，可以理解为民族书写

---

① 谭载喜：《西方翻译简史》（增订版），2版，北京：商务印书馆，2004年，第84页。

② Jean Delisie & Judith Woodsworth. *Translators Through History* (Revised edition). Philadelphia: John Benjamines Publishing Company, 2012, p.21.

语言的创立，如翻译促进并最终确立了英语作为英格兰民族语言的地位；其二，可以理解为民族书写语言的规范化过程，如马丁·路德的《圣经》译本促进了德语的进一步发展。若能正视翻译或译者对语言发展，尤其是在民族语言发展中发挥的重要作用，也就不难理解，为何 19 世纪德国早期浪漫主义时期和近代中国所发生的直译意译讨论存在某种共性。相关讨论的历史背景几乎完全相同，且相关讨论都着重强调了正确的翻译方法之于民族语言和民族思维发展的价值。

不过，上述两个时期的直译意译讨论虽然都与民族语言的发展有关，但二者在本质上仍存在差异。关键原因在于，在清末民初的中国，针对翻译的动机和环境的讨论与德国早期浪漫主义时期截然不同。其中最大的区别在于思想传统和对集中生发讨论的语境认识存在差别。在中国，作为目的语的汉语并没有如德语一般面临着随时被外族语言取代的危机。汉语作为普遍的民族语言的地位从未受到他种语言的冲击和挑战。"在这里，并不存在用一种民族语言去取代另一种帝国语言的问题，如用意大利语、法语、英语取代拉丁语的问题，也不存在用日本方言或韩国方言取代汉语的问题。这里存在的是用一种汉语书面语系统取代另一种汉语书面语系统的问题。"①

实际上，翻译问题受到当时社会的普遍关注，并随之成为一个重要话题，与翻译讨论相关的是从文言到现代白话这一汉语语体的重要变迁过程，即从 19 世纪末"废文言崇白话"的晚清白话文运动、"五四"时期创造"新白话文体"的白话文学运动到 20 世纪 30 年代的"大众语文论战"等，与此同时，集中在外译汉的单向度翻译行为被赋予了"启民智、求富强"，甚至"保国粹"的重责。在这一过程中，"语言原本作为一种文化的形式和工具，转变为了一种文化的实体和存在，成为在现实中非常敏感和重要的因素"②。在语言本身得到了社会的承认和关注后，整个社会主导的语言观念发生了相当大的转变，而作为语言活动的翻译也随之受到了学界和社会的瞩目。在这一前提下去重审直译意译问题可以发

---

① 汪晖：《现代中国思想的兴起》，2 版，北京：生活·读书·新知三联书店，2008 年，第 1494 页。

② 殷国明：《文学语言的革新与文学的发展》，载王斯德等：《现代化进程中的中国人文学科（文学卷）》，上海：上海人民出版社，2005 年，第 193 页。

现，新与旧、民族与世界、现代与传统等话题[①]都与语体文变革发生了这样或那样的联系，逐渐演变成为"破旧立新"、"文学革命论"和"建设大众文艺路线"等不同的社会主张，并借由直译意译讨论得以展开。因此，上述特定时期的直译意译讨论看似不同，但基本前提完全相同，即，都以翻译具有无限的创造性和变革力量为讨论的逻辑前提。正是基于这一前提，在从晚清到新文化运动这段时间里，直译和意译两个概念被赋予了新的内涵。

一、从"文以载道"到"言语者国民之思想"：晚清白话文运动中的两次翻译讨论

清末民初，语言与整个民族思维发展的关系少有人提及，也缺乏足够清晰的解释和分析。整个社会奉行的是"言之无文，行而不远"的古训，语言文字只是"载道"的工具。无论是撰文还是翻译，语言应该是"雅驯"的，文笔应该是"渊雅"的。虽然西学自 16 世纪始已被大量引入，但并未改变传统的语言观念。尤其值得注意的是，西学被割裂为语言和思想两个独立的部分，分而用之。当这样一种观念被投射到翻译中时，原作中原本应该被视为整体的语言与思想也同样地被分割成两个部分。主导性的翻译观念仍然是"工具式"的，即将翻译作为一种引介新思想的手段，翻译的重心被放置在西学所蕴含的新思想中，用什么样的语言来引介西学反倒成为一个次要的问题，更重要的问题是从何处、由哪些人来引介西学。

然而，当西文语词"以混混之势"进入了中国社会后，由翻译所带来的新语体和新语词挑战了传统社会"因文见道"的思想，新言语成为新思想的代名词，沿用中国文法字义成为保存国粹的义举。在翻译时是"据文直译"，还是"字字返之古义"引发了思想界激烈的论争，语言与思想的关系由语言是承载思想的工具转变为语言本身即思想。语言观念的转变也由此将有关翻译的讨论置于一个十

---

① 在民国初期和"五四"时期，"新"和"旧"、"传统"和"现代"等对立的两极不仅不能轻易地区分，还常常是交织在一起的。破"旧"未必就真的立了"新"，引入"现代性"未必就真的反掉了传统。历史学家对此已多有论述。参见罗志田：《见之于行事：中国近代史研究的可能走向——兼及史料、理论与表述》，载《历史研究》，2002 年第 1 期。是则，本书仅强调关于直译或意译讨论中的"主张"，且不把这些"主张"放置在"新""旧"等二元对立的语境中。

分有趣的情形之中。如果翻译是为了输入新思想以启发民智，那么用什么样的语言来翻译西学原本并不在翻译讨论的范畴中，但当目的语的语体正经历重大变革时，新的语体借由翻译得以引入，翻译中的语言问题转而成为思想界关注的焦点，翻译使用何种语言（语体）不再是简单的语言转换问题，而是与保存中国文法字义、学术风教，甚至"国粹"相关联的重要议题。在一定程度上，围绕晚清域外小说翻译展开的讨论以及对新语体、新译名的论争，虽然都是晚清思想界对翻译的探讨，但因为两次讨论背后的语言观念全然不同，由此所产生的讨论问题、讨论重心和讨论方式也存在巨大的差异。

（一）有关域外小说"笔力"的讨论——"雅俗格局"中的直译意译问题

清朝末年，翻译被视作开启民智的工具，翻译的主要目的是引介西学中的新思想。这样一种翻译观念无疑具有鲜明的时代性。在中国社会面临"自秦以来未有若斯之亟"的剧变之时，开启"民智"的重要性远胜其他任何社会问题——"若民智不开，则守旧、维新，两无一可"[1]。根据梁启超的描述，"民智"应该是"尽天下人而读书而识字"[2]，用现代的观念去看，则可进一步理解为社会的教育普及程度。但若要普及教育，让天下人读书识字，需要首先保证书面语是国民用来自由表达思想的语言。在当时，"中国文字能达于上不能达于下"，"文言相离"，"弃今言不屑用，一宗于古"[3]，语言与文字处于分离的状态。因此，黄遵宪在《日本国志》中首次明确了汉语"言文合一"的重要性，"盖语言与文字离则通文者少，语言与文字合则通文者多，其势然也。"[4]只有文字明白晓畅，语言才能达意，思想才能进步。是则，改变汉语语体，使之为晚清启蒙运动的工具，是"开启民智"的第一项工作。

虽然黄遵宪曾明确地提出实现汉语"言文一致"的方法是"变一文体为适用于今、通行于俗者"[5]，但他并没有清楚地描绘和界定这一语体，就此而言，黄遵宪所提出的"言文一致"的问题并没有落实到社会实践层面，也不会有社会成

---

① 严复：《与张元济书》，载王栻：《严复集》，北京：中华书局，1986 年，第 525 页。

② 梁启超：《〈沈氏音书〉序》，载《饮冰室合集》，北京：中华书局，1941 年，第 1 页。

③ 梁启超：《〈沈氏音书〉序》，载《饮冰室合集》，北京：中华书局，1941 年，第 2 页。

④ 黄遵宪：《日本国志》（卷三十三），载《学术志二》，广州：富文斋，1890 年。

⑤ 黄遵宪：《日本国志》（卷三十三），载《学术志二》，广州：富文斋，1890 年。

效。1898 年，裘国梁在《论白话为维新之本》中遵循黄遵宪的理论，提出了较为可行的方案。他首先将文言作为语体文变革的主要对象，"有文字为智国，无文字为愚国；识字为智民，不识字为愚民：地球万国之所同也。独吾中国有文字而不得为智国，民识字而不得为智民，何哉？裘国梁曰：此文言之为害矣。"①在此基础上，裘国梁从理论层面对文言和白话的产生进行了分析和说明。在裘国梁看来，只有废除"愚天下之具"的文言，"文言分离"这"两千年来文字一大厄"彻底消弭，兴实学和启民智才能真正落于实处。基于此，裘国梁明确提出了"崇白话废文言"的口号，倡导白话文的全面推行。裘国梁对文言的批判虽颇为激烈，但因其立场鲜明，目标明确，在整个社会得到了广泛的响应，产生了相当的社会影响。

在裘国梁身体力行创办《无锡白话报》后，白话报刊和白话书籍大量出版。据统计，1900～1911 年白话报刊至少有 111 种②。从总体上来看，白话报刊所使用的语言明白易懂、明澈晓畅，撰文者可以不顾古文义法的束缚，"我手写我口"，自由地表达自己的思想，译者也不再局限于文言，可以选择使用相当明晰的白话文来转换原作。周桂笙翻译的《毒蛇圈》、徐念慈翻译的《海外天》以及伍光建翻译的《侠隐记》都是选用白话文翻译域外小说的典范。法国哲学家让·勒朗·达朗贝尔（Jean le Rond D'Alembert）曾指出，"优秀的译作是丰富语言最快捷、最可靠的方式。"③通过报刊广为传播的白话文译本为当时的白话文书写提供了一个可供参考的模板，发挥了典范的效应，自然引发了更多白话文译作的产生，凸显了翻译对本国语言发展的作用。在一些现当代学者看来，白话文翻译数量的增加也从另一个层面促进了语体文的革新，"吾国之文言，其美在庄严简洁，其病则在如结晶品之固定而乏弹性。故考之历代，每一种翻译文学产生，即可见白话文字之活动。此征诸佛经翻译、满蒙文翻译而皆信也。故今日白话文之产生，盖应翻译外国思想外国语言之要求。"④

---

① 裘国梁：《论白话为维新之本》，载郭绍虞：《中国历代文论选. 第 4 册》，上海：上海古籍出版社，2001 年，第 168 页。

② 丁守和：《辛亥革命时期期刊介绍》（第四集），北京：人民出版社，1986 年。

③ Jean Delisie & Judith Woodsworth. *Translators Through History*(Revised edition). Philadelphia: John Benjamines Publishing Company , 2012, p.21.

④ 浦江清：《王静庵先生之文学批评》，载浦汉明编：《浦江清文史杂文集》，北京：清华大学出版社，1993 年，第 11 页。

　　然而，从另外的方面来看，无论清末所推行的白话文如何贴近口语，它仍然只是一种书面语形式，是古白话的一种新的发展形式，和真正的口语表达仍然存在差别，不通文字或粗通文字的社会下层人士很难依靠白话报刊被彻底启蒙。白话报刊的直接受众，是"士"或"以士自居者"以及"出入商士之间者"等社会上层或中层人士。这些上层或中层人士原本不属于白话报刊预期受众，对他们而言，白话报刊不过是了解时务的重要渠道。但要求他们使用白话，彻底舍弃文言却是"背道忘本"。更为重要的是，从社会背景而言，按照彼时整个社会的语言使用习惯，文言仍是主要书写语言。尤其是在翻译这种语言转换活动中，大部分译者仍按照自己的语言习惯优先选择文言翻译。

　　相较于白话，文言在语言结构上具有高度的简略性和概括性。即便白话报刊上所登载的白话文译作在数量上不断增加，但文言仍然受到译者的青睐。有译者自承，自己很难采用绝对的白话来达意。鲁迅在翻译《月界旅行》时就坦言："然纯用俗语，稍嫌冗繁，因参用文言，以省篇言。"①期刊上所刊登的翻译小说也多以文言为主。根据胡翠娥统计的《月月小说》和《小说林》中译作所使用的语体文，前者刊登的 45 种翻译小说中，使用文言的译本有 37 本之多；后者中的白话文译本也仅占 1/3。②也就是说，晚清白话文运动所提出的"崇白话废文言"的目标只完成了一半，白话文通过白话报刊得以兴起，但文言依旧是整个社会特别是社会上层阶级所推崇的语体。

　　事实上，白话与文言两种语体并存的现象在中国社会由来已久。王力曾总结，"古代汉语是一个比较广泛的概念，大致说来它有两个系统：一个是以先秦口语为基础而形成的上古汉语书面语言以及后来历代作家仿古的作品中的语言，也就是通常所谓的文言；一个是唐宋以来以北方话为基础形成的古白话。"③白话文反映的是实际口语使用情况。东汉末年西域译经僧使用贴近汉地生活的白话文语汇所翻译的经文、魏晋时期文人笔记小说、唐五代时期的俗文化作品、元代官方文书、元明清的白话小说和戏剧都是古白话作品的代表。一方面，"在古汉

---

　　① 周树人：《〈月界旅行〉辨言》，载陈平原、夏晓虹编：《二十世纪中国小说理论资料·第一卷（1897—1916）》，北京：北京大学出版社，1989 年，第 51 页。
　　② 胡翠娥：《文学翻译与文化参与——晚清小说翻译的文化研究》，上海：上海外语教育出版社，2007 年，第 120 页。
　　③ 王力：《古代汉语》，北京：中华书局，1962 年，第 1 页。

语的两个书面语系统中，文言文处于主流地位，白话文则作为旁系而存在"①，白话与文言并行使用，相互影响；另一方面，文言和白话分别代表了雅文化和俗文化。造成汉语"言文不一致"的罪魁祸首并非文言，而是由文言和白话悬殊地位所导致的雅文化和俗文化之间的分野。正是这种雅俗之别长期存在，造成了汉语中语言和文字之间的距离变得越来越远。遗憾的是，清末的语体文变革最终未能改变雅俗格局，白话文作品依旧被视作"俗"文化的一部分，且评价"俗"文化的标准完全来自"雅"文化内部，俗文化与雅文化有明显的高低贵贱之分。如此一来，启发民智，不能依靠提升白话文的地位，而需要找寻到一种更切实的手段，翻译的作用在此时得到确认。

1897 年，高凤谦在《时务报》上撰文称，"译书任其难者，不过数十人，而受其益者，将千万人而未已。"②1901 年林纾也在他的译书序言里表达了同样的思想，"吾谓欲开民智，必立学堂；学堂功缓，不如立会演说；演说又不易举，终之唯有译书。"③在这些思想家看来，翻译具有一定的时效性，能在短时间里开启民智，裨国利民。但是仍然需要指出的是，这些思想家在发表上述言论时应该没有明确地认识到"雅俗格局"对新思想的限制，无论论作在数量还是质量上如何显著提升，只要"雅俗格局"仍然存在，语言就始终是一种"载道"的工具，译者的翻译行为和读者对翻译的接受也始终受到"因文见道"观念的束缚，无法在短时间内达到广开民智的效果。以晚清域外小说的翻译与接受为例，虽然域外小说翻译一度成为晚清翻译热点，迅速提升了小说在中国传统文学中的地位，但晚清社会对域外小说翻译的品评却仍然受制于雅俗格局。论者在探讨域外小说翻译时提及的"译意""逐字对译"等问题明显地反映出"雅俗格局"和"文以载道"的语言观念对翻译观念的影响。

域外小说的汉译虽然在 19 世纪中叶就已出现，但译者和译作皆寥寥无几。经由思想家、译者和大众读者的共同努力，小说才从"不出诲淫诲盗两端"一跃而成梁启超口中的"文学之最上乘"。域外小说翻译的数量也因而在晚清骤然增加。毫无疑问，晚清是小说翻译的高峰期，"陆续出版的小说杂志和综合性报

---

① 徐时宜：《古白话词汇研究论稿》，上海：上海教育出版社，2000 年，第 11-12 页。
② 高凤谦：《翻译泰西有用书籍议》，载《时务报》，1897 年 5 月 12 日。
③ 林纾：《〈译林〉序》，载陈平原、夏晓虹：《二十世纪中国小说理论资料·第一卷（1897—1916）》，北京：北京大学出版社，1989 年，第 26 页。

刊，一般都兼刊译著，甚至颇有些扬译抑著的倾向"①。大量的小说翻译开始在白话报刊上连载，期刊"成为单行本之外译介域外小说的另一种重要渠道，仅当时五种主要的小说期刊《新小说》《绣像小说》《新新小说》《月月小说》和《小说林》，刊载译作就达百余部（篇）"②。

遗憾的是，翻译数量的增多并不意味着翻译质量的提升，不懂外语，率尔操觚者俯首皆是。译者在翻译时不顾原文，随意删减的情况也屡见不鲜。当代学者陈平原在分析域外小说如何影响中国现代小说之形成时，曾将晚清小说翻译的状况简述为"意译为主的时代风尚"③，并认为与之相对的现象是"'直译'在清末民初是个名声很坏的术语"。在陈平原的叙述中，直译是对原作的"逐字对译"，是"初学者一字一词的对译，应是后来所说的'硬译''死译'"④。意译则是"译意不译词"，即改写、删减、增补原作。简言之，在陈平原的表述中，直译和意译是两种翻译方法，晚清域外小说的译者尤其青睐意译这种翻译方法，同时排斥直译。

若将晚清域外小说翻译与其原作相互比对，基于译者外语水平不高、原著难觅、翻译标准模糊不清等诸多原因，译者确实可能在翻译过程中"译意"而不"逐字对译"。但事实上，如果重新审视晚清对翻译的讨论会发现，"五四"以后翻译讨论中最为常见的直译、意译、硬译、死译等术语在晚清极少出现，论者更倾向于使用"意""言""笔力""译笔"等术语去品评译作。不仅如此，翻译方法并不是晚清翻译讨论的重点，即便论者使用了直译或意译两个术语，讨论也并非完全限定在"译意"或"逐字对译"的孰优孰劣上。1920 年梁启超在撰写《翻译文学与佛典》等文章时，将直译和意译作为关键词，简述了从东汉开始的佛经翻译史。他认为"翻译文体之问题，则直译、意译之

---

① 陈平原：《中国现代小说的起点——清末民初小说研究》，北京：北京大学出版社，2010 年，第 29 页。

② 杜慧敏：《晚清主要小说期刊译作研究（1901~1911）》，上海：上海世纪出版集团上海书店出版社，2007 年，第 3 页。

③ 陈平原：《中国现代小说的起点——清末民初小说研究》，北京：北京大学出版社，2010 年，第 29 页。

④ 陈平原：《中国现代小说的起点——清末民初小说研究》，北京：北京大学出版社，2010 年，第 29 页。

得失，实为焦点"①。不同时期佛经翻译的文体可以使用未熟的直译、未熟的意译和直译意译调和而成的新文体等标签来描述。由此可见，对于晚清的论者而言，当他们使用直译或意译两个术语时，讨论范畴或许不限于翻译方法而可能会涉及文体等其他内容。至少在梁启超的上述表述中，佛经翻译中的直译意译讨论是和译经的文体有关的，直译除了可以理解为依照原典，不加转换地照直翻译之外，还可以理解为"不加润饰，文通尚质"的经文文体。意译除了可以理解为删减原经，文义混杂的译经方法，还指向"顺俗晓畅""颇丽其词"的风格。

再以当时学界对林纾翻译的批评为例。虽然"五四"以后批评者将林纾自谓的"存其旨易其辞，本意并不亡失"的方法称为"中国文字式的意译"，但多数晚清译者在谈论林纾翻译时并未详细讨论林纾独特的意译方式，转而将焦点放置在林译"哀艳深挚，很觉动人"的文笔上，如 1901 年邱炜爰在《茶花女遗事》一文中对林译"笔意"的盛赞，"以华人之典料，写欧人之性情，曲曲以赴，煞费匠心，好语穿珠，哀感顽艳，读者但见马克之花魂，亚猛之泪渍，小仲马之文心，冷红生之笔意，一时都活，为之欲叹观止。"②又如涛园居士在讨论林译《埃司兰情侠传》时，将林译与东汉马第伯的《封禅仪记》以及班固《汉书·赵皇后传》两相比较，认为林译"奥折简古"，译者"文长于叙悲，巧曲哀梗"。陈子展在《中国近代文学之变迁：最近三十年中国文学史》中更是将林译的价值归结为林译在继承和保存传统古文上的贡献，认为林译"替古文延长了二三十年的运命"③。这些评论从一定程度上说明，林纾在翻译中删削原作，"处处均得古文文法"的"译意"方式也未被晚清论者批评，他竭力用古文保留的原作中所谓"高厉者、清虚者、绵婉者、雄伟者、悲梗者、淫冶者"，反而让读者和翻译批评者产生共鸣。这说明，当晚清翻译讨论者使用"笔意""笔力"等术语去讨论译作时，他们是将译作当作目的语文化中的文学作品，用"雅"文化的标准去衡量译作。在当代学者眼中，"崇尚意译"的晚清恰恰不崇尚意译这种翻译方法，而是希望译作能够得到译者的润饰，使之符合雅俗格局中读者的期待视野。

---

① 梁启超：《翻译文学与佛典》，载《佛学研究十八篇》，上海：上海古籍出版社，1993 年，第 179 页。

② 邱炜爰：《茶花女遗事》，载陈平原、夏晓虹：《二十世纪中国小说理论资料·第一卷（1897—1916）》，北京：北京大学出版社，1989 年，第 29 页。

③ 陈子展：《中国近代文学之变迁：最近三十年中国文学史》，上海：上海古籍出版社，2000 年，第 186 页。

　　同样的道理，晚清对于直译的认识也需放入雅俗格局中去理解和审视。事实上，晚清翻译批评者对于直译的理解与当代学者的认识之所以不同，部分原因或在于，直译与逐字对译之间的等同关系是"五四"以后才逐渐形成的。如前文所述，根据《译经篇》中总结"译经六例"，直译指的是"从梵语原经直接翻译"，关注的是原经的版本而不是译经的方法。晚清随着日译新名词的引入，直译逐渐与逐字译、字对字翻译画上了等号，用以描述翻译的方法。1935 年，陈寒光在《林琴南》一书中，尝试重估林译的价值之前首先批判了直译这个所谓"日本"的概念，他认为，"直译这'不通名词'是周作人一班人闹出来的"[①]。归根结底，谈及文类，被冠以"直"的文类始终不值得推崇。林纾在《论文》中的一段说明颇具代表意义，"文忌直率。夫所谓直，盖放尔不蓄之谓；所谓率，盖粗尔无检之谓。"[②]当晚清学界倾向于从其字面意义，即用直接翻译来理解直译这一概念时，翻译批评者所做的可能是一种单向度的判断，即不加修饰的直接翻译所带来的自然是"粗率"的文体。钱钟书用"古文学家"林纾译"二流作家"哈葛德作为个案，说明"译者运用'归宿语言'超过作者运用'出发语言'的本领，或在文笔上优于原作，都有可能性。"[③]哈葛德的文笔"可笑、可厌"，林纾的文笔"说不上工致，而大体上比哈葛德的明爽轻快"。[④]林纾的润色和添加都是为了避免"直笔译之"的文章"拉杂牵扯"。

　　但"直笔译之"和直接翻译不同。直笔翻译不一定意味着逐字翻译，还有可能是保存原作的叙述方式。如杨世骥在《新中华》复刊号上回顾了周桂笙的翻译，并特别指出，周氏所译《毒蛇圈》是"用白话翻译的，不失为一部最早的直译的小说"[⑤]。杨文所理解的直译正是译者打破传统章回体小说中使用间接引语重现两人对话的叙述方式，改用直接引用翻译原作的体式。这种直接翻译原作，在体式和语言上不加润饰的方法同样有可能导致译作的语言不够流畅，且"义法"不符合古文。这样的译作自然也最容易招致批评。张元济在 1939 年为他人

---

① 寒光：《林琴南》，载薛绥之、张俊才编：《林纾研究资料》，北京：知识产权出版社，2009 年，第 180 页。

② 林纾：《林琴南书话》，吴俊标校，杭州：浙江人民出版社，1999 年，第 195 页。

③ 钱钟书：《七缀集》，北京：生活·读书·新知三联书店，2002 年，第 101 页。

④ 钱钟书：《七缀集》，北京：生活·读书·新知三联书店，2002 年，第 101 页。

⑤ 杨世骥：《记周桂笙：中国最早介绍西洋文学的人》，载《新中华》（复刊号），1943 年，第 183-188 页。

作序时曾集中讨论过直译一说。在他看来，"近有倡'直译'之说者，关节脉络，一仍其朔，仅摘其所涵之实义，易以相对之辞，佶屈聱牙，不可卒读，即读之亦如坠五里雾中。此穷而思遁之术，自欺欺人，未可训者也"①。张元济认为直译概念含混不清，但最终的结果是文辞不同，佶屈聱牙。其对直译的批评反映出他对译文"文辞"的重视。

无论如何，晚清域外小说翻译讨论重点不是翻译方法，而是译作本身。大部分与翻译有关的讨论都直接转换成对译作"笔力"的讨论。其中的部分原因或在于原作概念的缺失，将译作视为目的语社会中既存的文学作品。如《新小说》报社在《新民丛报》十四号刊发的该刊《征订启事》中说该刊在编排上"著、译参半"，但又特别强调无论是创作，还是翻译，都是"一切精心结构，务求不损中国文学之名誉"。即，无论译者采用何种翻译方法，最终目的仍然是要使域外小说的译本尽可能地成为传统文学的一部分。除此之外，更重要的原因可能还在于，所有讨论是在传统社会既存的"雅俗格局"中进行的，翻译的目标读者处于社会上层和中层，译作是否能被这些读者接受取决于译作是否符合"雅"文化的标准，译作不能载以粗犷之词，且不可达以鄙倍之气。

总体而言，域外小说翻译的讨论以晚清白话文运动为背景，翻译的目的在于启发民智，传递新的思想。但白话文运动最终未能扭转整个社会的语言观念。如此一来，持有"文以载道"传统思想的晚清社会仅将语言作为一种工具，无论汉语语体如何发生变化，"道"不会发生改变。因而，不管译者采用古文、文言，还是白话来翻译，"文笔训雅""文辞渊雅"始终是品评译作语言的首要标准。语言观念不能得到更新，语言的形式也难有明显的改变，翻译的创造性不能得到充分重视，译者和社会希望通过翻译引介的"新"思想也很难被称作新的思想。质言之，20世纪初兴起的域外小说翻译高潮虽提高了小说在文学系统中的地位，打破了传统社会所秉持的小说"不出诲淫诲盗两端"这一陈腐的文学观念，但由于整个社会的思想尚未走向开放，语言观念的重要性还未引起整个社会的普遍重视，由域外小说"笔力"所引发的晚清直译意译问题的讨论仅仅是一场围绕"文辞"的论争。

---

① 张元济：《〈德诗汉译〉序》，载《德诗汉译》，应溥泉选译，上海：世界书局，1939年，第7-8页。

（二）翻译与本族语的张力：清末民初关于译名的讨论

虽然语体文变革并未彻底改变传统社会"文以载道"的观念，但伴随着西学的大量引入，西学中的新名词作为西学语言体系中的重要组成部分，也随之通过翻译被大量引入。很快人们便发现，在撰文和表达中使用西学新名词已无法避免，尤其是在谈论过去在传统社会中并不存在或未被发掘的新思想和观念时，新名词的使用更是不可避免。在新名词对传统社会的表达方式产生相当大的冲击之后，传统社会的表达方式和文法随之发生了相应的改变，产生了当时的新文体。

1920 年，梁启超在《清代学术概论》总结其过去 20 年以来的语言表达方式，并在此过程中归纳定义了20 世纪初出现的新文体。

> 启超夙不喜桐城派古文；幼年为文，学晚汉魏晋，颇尚矜炼，至是自解放，务为平易畅达，时杂以俚语韵语及外国语法，纵笔所至不检束，学者竞效之，号新文体。老辈则痛恨，诋为野狐。然其文条理明晰，笔锋常带情感，对于读者，别有一种魔力焉。①

梁启超的自我总结一方面界定了新文体，另一方面说明了两个相关的事实，即，第一，新文体与传统汉语文法不同，不但使用了传统文章学所排斥的"俚语韵语"，还掺杂了外国的语法；第二，社会对新文体褒贬不一，追随者虽多，但批评者也是言辞激烈，尤以传统社会中的"老辈"为最。批评者口中的"野狐"即不入流，不仅不在正统的文章学范畴之中，还破坏了传统语言的纯洁性，有识之士理应予以坚决抵制。事实上，当时不少官员确实对新名词和新文体持批评态度。其中值得一提的是光绪二十九年（1903 年）由张百熙、荣庆和张之洞共同制定的《学务纲要》。《奏定学堂章程》一直被视作清朝新式教育之圭臬，因而作为前言的《学务纲要》清楚表明了清政府对待新文体的官方态度。根据《学务纲要》，学堂不得混合使用中外文法，因为"今日时势，不通洋文者于交涉、游历、游学无不窒碍；而粗通洋文者往往以洋文居奇，其猾黠悖谬者，则专采外国书报之大异乎中国礼法、不合乎中国政体者，截头去尾而翻译之；更或附会以一

---

① 梁启超：《清代学术概论》，上海：上海古籍出版社，2005 年，第 72 页。

己之私意"①，尤其不宜的是剿袭掺杂新名词，因而学堂戒用外国无谓名词，以"存国文、端士风"。

官方对新名词的态度引导了晚清报刊对新名词的集体批判。具有较大社会影响力的《大公报》在 1903 年陆续刊登系列文章，抨击新名词的使用。《申报》也在 1906 年刊登《新名词输入与民德堕落之关系》，认为新名词的引入是致使"民德"堕落的主要原因。新名词的使用和社会道德画上了直接的等号，拒绝使用新名词就是维护传统的道德观念。显然，无论在官方文件中，还是在大众媒体的社评中，新名词不仅仅是"野狐"，更是上升到了破坏"国文"和"士风"的程度，是对传统社会的严重威胁。

尤其值得注意的是，在新文体出现以后，传统社会刻意用"国文"将古文、骈文、古今体诗词赋这些历代相承的文体与新文体加以区别，强调前者的正统地位。继而使用"国文"也就自然而然演变成为"保存国粹"的义举。被视为"文化保守主义"代表的张之洞对"国文"的认识颇具代表性，"若中国之经史废，则中国之道德废；中国之文理词章废，则中国之经史废。国文既无，而欲望国势之强，人才之盛，不其难乎！"②张之洞虽然竭力引进西学，但却坚决反对新名词和新文体的使用。在他看来，"国文"即中国的"文理词章"，是"经史"的根本，而后者是道德的象征，使用外国新名词破坏了"国文"，将会彻底摧毁本国既有的道德观念，使"强国势"的努力成为空谈。一言以蔽之，对清朝倡导西学的人士而言，必须使用中国历代相传的文体来引入西学中的新思想，新思想与新文体也必须区分开来，分而待之。

不难看出，新文体和新名词的使用之所以招致批评，其根本原因在于当新文体侵入后，整个社会的语言观念会改变。对上述由新名词所带来的语言观念转换，王国维在 1905 年撰写的《论新学语之输入》中曾做出了清晰的阐发，"故我国学术而欲进步乎？则虽在闭关独立之时代，犹不得不造新名，况西洋之学术骎骎而入中国，则言语之不足用，固自然之势也。……言语者，思想之代表也，

---

① 璩鑫圭、唐良炎：《中国近代教育史资料汇编学制演变》，上海：上海教育出版社，1991 年，第 495 页。

② 张之洞：《创立存古学堂折》，载陈山榜：《张之洞教育文存》，北京：人民教育出版社，2008 年，第 525 页。

故新思想之输入，即新言语输入之意味也。"①换言之，言语是思想的代表，新名词是新思想的代表。王国维的言论似乎能够说明，社会赋予了语言一种新的内涵，语言从此不再是实实在在的"载道"工具，既是"新思想"的象征，也是"士风"和"道德观念"的象征。

对传统社会中的部分官员、士人而言，杂糅新旧、中外不同文法的新文体存在着不可忽视的潜在危险性。这些新文体的普及或有可能改变中国的文法，从而破坏"国文"的纯粹性。不仅如此，使用翻译过来的新名词以及引入的新思想也将有可能改变传统社会的道德观念和学术风教。由此可见，通过翻译引介新的术语和表述已经不再是简单的语言行为。清朝政府针对新文体颁布文件这样一种官方行为说明，翻译的恰当与否已经直接对"国文"的未来和"士风"的维持产生了影响。这似乎说明，晚清的翻译现状已经间接改变了社会对语言的认识，论者已有意识地去区分"异域的"和"本族的"，且注意在论述中明确使用"国文"这一在晚清以前还并未见于任何政府官文的全新概念。②在一定程度上，这样的认识似乎能够说明当时社会对语言的认识已经上升到了一个抽象层面，将语言尤其是文体辞章与传统思想或外国新思想关联起来。抵制新名词的使用是维护传统，尤其是维护社会道德观念和学术风教的唯一且最便捷的途径。

这样的语言观念无疑给当时的译者带来了很大的难题。这是因为"言语之不足用，固自然之势"，当译者在翻译引介西学时，并不能保证本国既有的词汇足够表述某些在本国并不存在的新概念。也正如严复所言，"索之中文，渺不可得，译者遇此，独有自具衡量，即义定名"③。译者根据自己的理解新造词语自然成为翻译中必不可少的方法之一。但问题是，在当时特殊的历史语境中，哪一种新造语词的方法才是最为合适的方法呢？事实上，清末民初的论者在这个问题上并不缺乏理论基础，因为"翻译之事，定名甚难"④，译名问题一直是中国传统翻译理论中的一个重要话题。

① 王国维：《论新学语之输入》，载刘刚强：《王国维美论文选》，长沙：湖南人民出版社，1987年，第79页。

② 关于清末民初"国文"概念的研究，可参见夏晓虹、王风：《文学语言与文章体式：从晚清到"五四"》，合肥：安徽教育出版社，2006年。

③ 严复：《〈天演论〉译例言》，载《天演论》，北京：商务印书馆，1981年，第xii页。

④ 汤用彤：《隋唐佛教史稿》，北京：北京大学出版社，2010年，第62页。

在佛经翻译理论中，后秦的僧睿曾在《大品经序》中提出译名必须"名实一致"。南朝的僧祐也曾在《胡汉译经音译同异记》中提到，由"用字不同""立义不同"等造成了佛经翻译译名不统一的现象。除此之外，影响最大的应该是唐朝玄奘的译名主张。根据宋代周敦义撰写的《翻译名义序》，玄奘依据自己多年的翻译经验提出了译名的"五不翻"原则，即①秘密故，如坨曼尼；②含多义故，如薄伽；③此无故，如阎浮树；④顺古故，如阿耨菩提；⑤生善故，如般若。[①]隋代《大般涅磐经玄义》中曾记载了广州大亮法师所创立的"五不翻"之说。相较于大亮法师的"五不翻"，玄奘的"五不翻"原则更为完备清晰，纠正了前辈译经僧依据不同方言随意拟定译名的现象，使得唐代译场统一原经术语成为可能。从 1923 年开始，章士钊在《民立报》发表一系列文章，在译名讨论时曾将玄奘的"五不翻"作为其主要的论据，力主译者采用音译的翻译方法。朱自清极不赞同章士钊的观点，在他看来，玄奘的"五不翻"原则主要适用于"宗教上的神秘的产品"，并不适用于彼时西学的普及，其主张在翻译非宗教类作品时候也因此不再具有指导性。朱自清的看法在当时或许自有其道理，但本质上仍然失之偏颇。究其实质，玄奘提出"五不翻"原则在于"正名"。正如他在其《大唐西域记》序言中所言，"佛兴西方，法流东国，通译音讹，方言语谬，音讹则义失，语谬则理乖"[②]。所谓"名不正，言不顺"，保证原经术语意义不缺失的首要前提是"音不讹"。即，译经的要旨还在于保留原经的"义"，译音正是为了"存义"。音和义，甚至名和实的问题都是译者在译名时必须顾及的方面。

传统佛经翻译理论对如何同时保存音和义问题的思考无疑是后来译者从事翻译的参照。但同时不应忽视的是，除译经僧之外，西方传教士对此也多有思考，并提出了不少真知灼见。如傅兰雅主持江南制造总局的翻译事务时，曾在《江南制造总局翻译西书事略》中分析过译名问题。他提出，翻译的关键在于译词，而译词应该从中国的古典作品中去寻找，避免逐字直译，若无法译义而必须译音时，译者应当用适当的汉字译音，使译词尽可能符合汉语的语言结构。[③]傅兰雅

---

① 周敦义：《翻译名义序》，载高楠顺次郎：《大正新修大藏经》第 54 册，台北：佛陀教育基金会出版部，1990 年，第 1055 页上。

② 玄奘：《大唐西域记》，辩机撰，陈引驰、陈特注评，南京：凤凰出版社，2013 年，第 6 页。

③ 傅兰雅：《江南制造总局翻译西书事略》，载张静庐辑注：《中国近现代出版史料》（初编），上海：上海书店出版社，2011 年，第 15-18 页。

所提出的方法重点在于呼吁译者采用适当的方法应对西学新概念和新术语对汉语本身的冲击，保持汉语语言的完整性。遗憾的是，傅兰雅的言论并未得到足够的重视，这或许是因为翻译论者更重视传统的佛经翻译理论，但更重要的原因或许在于当时的论者在参考佛经翻译理论时，尤其是在论及传教士的翻译思想时发现，过去的理论和思想并不完全适用于后世的社会语境。

如上述讨论所示，传统社会围绕新文体、新名词、"国文"以及"士风"等的讨论已经在新词、译词和汉语本族语之间建立一种紧张的关系。既然新名词是"国文"的对立物，那么捍卫"国文"的译者如何保证自己在翻译中另创的新名词是本族语语词的一部分，而绝非破坏学术风气的新名词呢？如果必须使用本族语语汇，参考佛经翻译中"译事以取音为切"的翻译方法，翻译过来的新名词又是否可以视作本国传统辞章的一部分呢？是则无论译者采用译义，还是译音的方法，翻译与本族语之间的关系都是他们在翻译时不得不思考的首要问题，并且也自然而然地成为他们谈论译名问题的前提。换言之，在译义和译音这两种关于译名的代表性主张背后是译者对于语言以及翻译和本族语关系的思考。因而在 19 世纪末和 20 世纪初的中国，译音或译义两个概念皆与彼时的时代背景，尤其是汉语本族语发展关系密切。据此而言，我们有必要进一步讨论严复如何基于其自身翻译实践提出译义的相关理论，也有必要重新审视胡以鲁和章士钊两位学者围绕译名的辩论。相关讨论充分展示了译者和翻译论者如何在本族语与西学的紧张对峙中处理译名问题，又如何思考译义和译音这两种常用的术语翻译方法。

严复关于译义的思想是传统翻译理论的重要组成部分。究其原因，以《天演论》《原富》为代表的严译对 19 世纪末的中国产生了极其深远的社会影响。据蔡元培在《五十年来中国之哲学》一文中的描述，"《天演论》出版后不上几年，便成为一般救国及革命人士的理论根据，'物竞''争存''优胜劣汰'等词，成为人人的口头禅"[1]。蔡元培所举出的"物竞""争存"等译名确实在当时的中国传播甚广，但这些译名的流传与《天演论》翻译出版的社会背景有莫大的关系，在清末"救亡图存"的时刻，严复所提供的这些新名词正好为思想家宣传启蒙理论提供了便捷的工具。严译的社会影响也通过《天演论》的出版发行而奠定。细究其原因，严复在翻译西学中的新语词时多采用译义的翻译方法，并且

---

[1] 高平叔：《蔡元培全集》（第四卷），北京：中华书局，1984 年，第 352 页。

这种译义的方法与现代译学中译义的翻译方法，即将原词的意义完全转换到目的语语词，完全不同。他采用的是传教士傅兰雅所倡导的翻译方法——复活中国古代典籍中的语词，使其在新的语境中发挥新的语义功能。以严复反对日本译名"经济学"（economics），新创译词"计学"为例。严复认为，

> 计学，西名叶科诺密，本希腊语。叶科，此言家。诺密，为聂摩之转，此言治。言计，则其义始于治家。引而申之，为凡料量经纪樽节出纳之事，扩而充之，为邦国天下生食为用之经，盖其训之所苞至众，故日本译之为经济，中国译之为理财。顾必求吻合，则经济既嫌太阔，而理财又为过狭，自我作故，乃以计学当之。虽计之为义，不止于地官之所掌，平准之所书，然考往籍，会计、计相、计偕诸语，与常俗国计、家计之称，似与希腊之聂摩较为有合。故《原富》者，计学之书也。[①]

从以上引言看出，严复在译名问题上十分严谨，在对语词进行词源分析的基础上，选择从词义的角度去翻译该词。而当语词无法在目的语中找到一个意义完全吻合的替代词时，"按诸古义"，从古籍中寻找理据，新造词语的方法就成为严复的首选。事实上，严复曾批评汉语在概念界定上过于模糊，认为"语言之纷至于如此，则欲用之以为致知穷理之事，毫厘不可苟之功，遂至难矣"[②]，因而在"别立新称"时，必须尽力做到"弃置利俗之名"，"言思不离于轨辙"。一方面，在古籍中寻找理据正好避免了译词成为"利俗之名"，言语与思维两相符合。另一方面，复活传统典籍中的语词也能让阅读这些西学翻译的读者重新理解传统典籍，赋予西方新概念一些新的内涵。以严复用"群学"译"社会"（society）为例，严复试图重新挖掘荀子对"群"概念的理解，突出维系"群"的道德因素和群体得以形成的道德本质，并根据《群学肄言》中对社会、国家等概念的划分和界定重新强调了荀子所主张的"民生有群"和"群有数等"的观点。在严复看来，用传统概念来阐释西学甚至不存在学理上的问题，原因如下。

---

① 严复：《译斯氏〈计学〉例言》，载王栻：《严复集》（第 1 册），北京：中华书局，1986 年，第 97 页。

② 严复：《穆勒名学》部甲，载王栻：《严复集》（第 4 册），北京：中华书局，1986 年，第 1031 页。

　　尝考六书文义，而知古人之说与西学合。何以言之？西学社会之界
说曰：民聚而有所部勒（东学称组织者）祈向者，曰社会。而字书曰：
邑，人聚会之称也。从口，有区域也，从卩，有法度也。西学国之界说
曰：有土地之区域，而其民任战守者曰国。而字书曰：国，古文或，从
一，地也，从口，以戈守之。观此可知中西字义之冥合矣。①

　　中西字义上的"冥合"无疑是严复翻译西学新名词的理论基础，因为即便严
复在整个译书过程中仍旧采用了音译的译词方法，但他却仍然习惯从传统典籍中
为其音译方式找到一定的理据。如其秉持"邦"和"国"不可混淆的观念，将
utopia（理想国）译为"乌托邦"（兼有"乌有"和"寄托"之意），又如，他
借用古词将 bread（面包）译为"麦麦"，或借用梵语中的"赖耶"（意为"王
家"）一词将 Royal Bank 翻译为"赖耶版克"。黄克武认为，严复用"涅伏"
译"神经"（nerve）和佛教语汇"涅槃"有一字相同，"让人觉得此类翻译语
汇具有佛经的意味"。他进而提出，对佛经的熟稔是严复音译语的重要特色。②
　　在译词上，严复专挑中国传统典籍中与西学新名词在意义层面相当的语词。
从理论层面上来看，语词的选择无疑有助于西学新名词以更快的速度融汇到汉语
社会。严复的译词方法也得到了他所设定的目的语读者——"多读古书之人"的
肯定。桐城派泰斗吴汝纶曾对严复用"计学"替代日语译词"经济"大加赞赏，
认为"计学名义至雅训，又得实，吾无间然"③。但对大众而言，严复所选用的
古籍译词过于生僻，有"好做高古"之嫌疑，读者很难在阅读时理解该词真正的
含义，再加上严复译文所选用的文体"太务渊雅"，因而，即便严译在当时的社
会享有很高的声誉，但究其结果，严复所创立的大部分译词其实并未真正得到大
众读者的认可。除了前文中与适存、自立、自强等译名有关的词语，严译尤其是
严复新创的新名词并未被他同时代的人所采用，因为根据熊月之的调查，商务印
书馆版严译名著 8 种后所附的《中西译名表》共收录词 482 条，但其中被学术界

---

　　① 严复：《〈群学肄言〉译余赘言》，载王栻：《严复集》（第 1 册），北京：中华书
局，1986 年，第 126 页。
　　② 黄克武：《惟适之安：严复与近代中国的文化转型》，北京：社会科学文献出版社，
2012 年，第 114 页。
　　③ 吴汝纶：《吴汝纶致严复书三》，载王栻：《严复集》（第 5 册），北京：中华书局，
1986 年，第 1562 页。

沿用至今的仅有 56 个译名（包括严复沿用以前译名，如歌白尼、美利坚等），占不到 12%。[①]严译的影响与其译名的传播和使用程度并不成正比。1902 年的《大公报》记有"严学大昌"一则或许能说明以上情况，"近日某书庄到有严公新译名学四十部，购者纷纷，顷刻立尽。是书名理奥赜，甚难猝喻，大都震其名者，以耳为目，故如是之争先恐后也，然亦足见士习之趋向矣。"[②]但不可否认的是，严复的翻译方法有利于消弭传统士人对西学新语词的敌视，如果这些新名词都能自然而然地被视作汉语体系的一部分，西学中的新思想便能更快地进入中国社会。更为重要的是，严复借用传统典籍来翻译新名词的方法其实是在汉语世界中创造出了一个自成一体的名词体系。

在汪晖看来，由于新的世界图景的创造依赖于新的概念体系，严复力图在汉语的世界中创造出一种既能在汉语中找到渊源，又不至混同于一般语言的名词体系的方法，所创造的不仅是一个新的宇宙观，而且是一个用各种新的命名组成的世界图景。[③]许国璋曾谈及他个人对哲学翻译的看法，"哲学著作的翻译家肩上负有完整介绍一种哲学体系的责任。他的责任超过翻译：他还必须要为自己的文化引进一种概念系统。因而，首先着眼的不宜是词而是它的定义，不必是符号施指而是符号受指，不必是约定俗成而是立言立解"[④]。事实上，正如严复所言："考道之士，以其所得于彼者，反以证诸吾古人之所传，乃澄湛精莹，如寐初觉，其亲切有味，较之觇毕为学者，万万有加焉。此真治异国语言文字者之至乐也。"[⑤]这一世界图景所展现的正是译者如何同时理解本国传统典籍和西学新思想的过程，其中充斥着西学与传统文化的交锋、交流与冥合。与此同时，由于严译中的这幅世界图景是通过翻译建立起来的，特殊的翻译方法不仅捍卫了汉语本族语的地位，更在一定程度上发展了汉语，拓展了国人的思维。似乎可以说，虽然严复是从捍卫传统思想、文化和语言的立场出发创立的译名，但他所采用的特殊的翻译方法和特有的译名体系仍然完全地展示出了翻译与本族语之间的张力。

① 熊月之：《西学东渐与晚清社会》，上海：上海人民出版社，1994 年，第 701 页。

② 沈洁：《"新学猖狂"与启蒙的生意》，载《读书》，2013 年 10 期，第 106-112 页。

③ 汪晖：《现代中国思想的兴起》，北京：生活·读书·新知三联书店，2008 年，第 84 页。

④ 许国璋：《关于索绪尔的两本书》，载《国外语言学》，1983 年第 1 期，第 15 页。

⑤ 严复：《译〈天演论〉自序》，载《严复集》，北京：商务印书馆，1981 年，第 X 页。

然而，严复在译名中主要采用的译义的翻译方法仅适用于译者所预先划定的读者群。若非"多读古书"的读者未必能真正理解严复"一名之立，旬月踟蹰"的艰辛，也无法理解他从传统古籍所借用的译名如何"不倍于本文"。也正因为如此，不仅严复所创制的大部分译名未能流传至今，他所设想的"在己能达，在人能喻"[①]"转于西学，得识古之用焉"[②]的愿望也未能实现。继而他采用的译义的翻译方法受到了多方的质疑。梁启超在《新民丛报》上发表文章，从译名的使用和接受角度批评了严复"计学"等译名及其雅驯的文体，引起了读者的热议。但读者来信所反映的讨论重心主要集中在严译新名词是否精确，是否冗长上，未能形成对译名问题的系统性看法。在章士钊将译义和译音两种方法明确对立起来后，《甲寅》等杂志上的讨论将译名问题引向了一个新的层面。

1910 年 11 月 22 日，章士钊在梁启超主编的《国风报》第二十九号上发表《论翻译名义》一文。此文是章氏第一次就译名问题发表文章，基本反映出他对该问题的全部看法。在文章伊始，章氏就提出"翻译名义之事，至难言矣。欲详论之，余识既有未逮，篇幅亦不吾许，故本篇仅就一狭而最要之问题，稍发挥之。"[③]他所谓的"最要之问题"即采用何种翻译方法的问题，并通过列举译义翻译方法的各种弊端力主"音译"的方法。总体而言，严复借用传统典籍中的语词"义译"新名词的方法无疑是章士钊所反对的。他以严译中名学、计学、爱智学、连珠体等译名为例，批判了"义译"的译名方法。在他看来，

> 严氏以"名"名此学，未尝详告人以其定义，从而评论，未易中肯。然姑妄言之，则"名"字所含义解，足尽亚里斯多德之逻辑，未能尽培根之后之逻辑也。愚谓译事至此，欲于国文中觅取一二字，其原文意义之范围同其广狭，乃属不可能之事。[④]

章士钊专治逻辑学，对逻辑概念的认识远比严复全面，因而他能从更专业的

---

① 严复：《与梁启超书》，载王栻：《严复集》（第 3 册），北京：中华书局，1986 年，第 518 页。
② 严复：《〈天演论〉自序》，载王栻：《严复集》（第 5 册），北京：中华书局，1986 年，第 1320 页。
③ 章士钊（民质）：《论翻译名义》，载《国风报》，1910 年，第二十九号，第 34 页。
④ 章士钊（民质）：《论翻译名义》，载《国风报》，1910 年，第二十九号，第 35 页。

角度批评严复所用"名学"这一译名。他提出的从译名意义的"广狭"出发，考察译名是否能覆盖到原概念的全域，这与现代语言哲学对语词意义的分析有异曲同工之处。根据德国现代语言哲学家弗雷格的"指称论"（theory of reference），词语的含义可以从指称（sign）、指谓（reference）、内涵（sense）三个层面来具体分析。以晨星（morning star）和暮星（evening star）为例，两个不同的指称其实对应的是同一个指谓，即金星，但由于使用了两个完全不同的指称，即使两个指称指向的是同一事物，但由此语词的内涵也就产生了差异，读者或听众在听到这些指称时就会有不同的思考，产生对该词不同的联想。章士钊的"义译"的新名词与原词在"意义广狭"上存在差异，这揭示了"义译"的古词与西学新名词在内涵上无法完全相符的事实。

当严复借用传统典籍翻译汉语世界原本不存在的新名词时，他其实并未在汉语世界中重新创立该词的指称，读者如果用旧学中既存的术语如"名学"去思考西学中的新词 logic 一词，他对该词的认识可能仍然停留在传统意义上的"名学"，不能真正地理解到 logic 一词在其源语世界中的内涵，源语词的内涵从而已经在目的语中改变。进一步而言，如果"以义译名，不能得吻合之译语"，那么"义译"名词其实是使用目的语来重新定义新名词，不仅有"同义反复"（tautology）的嫌疑，更有可能因为译名"界义万千"而引发争论，不利于学术的正常发展。事实上，这也是章士钊所提出的"义译"的第一大弊端，"义译之第一障害，即在定名之事，混于作界。"[①]

然而考虑到翻译中的实际困难，译者是否真能通过翻译在目的语中创立与源语内涵完全一样的指称呢？作为逻辑学家的章士钊显然尝试从逻辑学角度解答上述翻译问题，正如他所言："名正理从，谈何容易，即求之于西文，且往往不可必"[②]。然而，正因为译义的方法不能将西学新名词的"内涵"完全转译过来，且有可能引起争议、造成混乱，译者完全可以使用其他的翻译方法来拟定译名。章士钊在此基础上提出了译音的方法，"译事以取音为切，非音能概括涵义之谓；乃其名不滥，学者便于作界之谓"[③]。换言之，章士钊并不认为原词的内涵能通过音译转译到汉语中，但也不认同容挺公等人对"音译"的反驳——"名者

---

① 章士钊：《答容挺公论译名》，载《甲寅》，1914 年，第一卷第四号。
② 章士钊（民质）：《论翻译名义》，载《国风报》，1910 年，第二十九号，第 34 页。
③ 容挺公：《致甲寅记者论译名》，载《甲寅》，1914 年，第一卷第四号。

为物立符也。作界之事诚有可争，作符之事，则一物甲之而可，乙之亦可也，不必争也"①。音译定名与界义无关，"一名既立，皆可永守勿更"，译音的方法能有效解决争论，便于学者的使用和读者的理解。不可否认，章士钊提出译音方法的出发点在于矫正既存"不良"译名，促进学术的有序发展。但实际上，由于他在提倡"音译"时将译名问题的焦点转移到了语词的指称和内涵上，译名自身的意义问题引起了学者广泛的关注，译名的讨论也由此真正地具有了语言学上的学理意义。

考察他此后在《甲寅》杂志上发表的大量文章，倡导译音的方法完全反映出他之后所力主的"调和论"。"调和论"是指以差异为调和的前提。这是因为，只有尊重差异，包容差异才能达成调和，实现和谐。尊重和保持差异是促进社会进步的重要因素，"社会化同以迎异，则进；克异以存同，则退"②。通过译音的方法引入了汉语词汇中原本没有的新名词，或许可以视作"尊重差异"的最好表征，体现了章士钊"社会存异则进"的主张。

是则，章士钊虽并未在讨论译名的文章中用明确的字眼，阐明音译新名词的社会作用和音译新名词对本族语发展的促进作用，但他将音译与义译作为二元对立的两极加以对立。对章士钊而言，译名问题中存在语词"内涵"改变的现象，这为后来的译名批评者提供了新的批评视野，使他们能够更多地注意到翻译与本族语发展之间的关系。正是在章士钊的主张下，如何处理译名问题中翻译与本族语的关系引起了民初学者新一轮的讨论。胡以鲁、容挺公、朱自清等人都就这一问题发表了各自的看法。其中，语言学家胡以鲁从语言学的专业角度所展开的义译讨论颇具代表性。其讨论充分表明了译名问题所涉及的不仅有语言和文化的认识论问题，更关涉到如何承继和发展的方法论问题，是和汉语发展息息相关的重要问题。

胡以鲁的观点主要体现在其 1914 年发表在《庸言》杂志上的《论译名》一文。文章总结和批驳了当时社会上支持音译的 6 种主要观点，并有针对性地提出了 10 种义译的具体主张。胡以鲁在文中反复强调汉语具有自身的特点，汉语文化有其自身的优势，汉语无须也并不适宜从外语中借词。总体而言，胡以鲁的语言观念是建立在符号学的基础上，这一点可以从他为语言所作的定义看出，"言

---

① 章士钊：《答容挺公论译名》，载《甲寅》，1914 年，第一卷第四号。
② 章士钊：《政本》，载《甲寅杂志存稿》，上海：上海商务印书馆，1922 年，第 9 页。

为心声，故言有二面，语音之形式方面和概念之实质方面是也。两者相为表里，不可偏废。但有概念，不为音而发表，固非语言。但有音而不联想之于概念，亦不成其为语言。音其形式，概念其实质，有联想联结，语言乃成。"[①] 即，音和义是构成语言的两个重要因素，但音是形式，义却是本质，因而音译只是对外语的借用，在本质上不能被视作翻译。真正的翻译必须翻译语词的意义，传四裔之语。借用他国语言的现象多发生在本国文化较弱，且"固有之事物思想少而国语不足以为译者"。汉语本身"词富形简，分合自如"，"易于连缀两三词成一名词；义之过犹不及处，仍得两三义之杂糅，有以损益之也"[②]。不仅如此，从语言背后的文化来比较，西学新名词的词源多来自希腊语或拉丁语，但这两种语言所代表的文化并不比中国传统文化高明多少，因而汉语也无须向这些文化借词。在将汉语与外语，汉语文化与外国文化相互对立的过程中，胡以鲁以"国语"建设为纲，进一步将翻译的问题提高到了民族主义的层面，"国语，国民性情节族所见也。汉土人心故涣散，削于外族者再，所赖以维持者厥惟国语。使外语蔓滋，陵乱不修，则性情节族沦夷，种族自尊之念亦将消杀焉！此吾所为涓涓而悲也！"[③]

由此可见，胡以鲁虽然从语言学的角度重新讨论了音译和义译的问题，但他所主张的义译原则仍然是以本族语为出发点的，即汉语的发展必须依靠汉语自身的演变，且语言的演变不是借用其他文化中的新语词，而是利用汉语本身的发展趋势，所谓"国语发展有多节之倾向"[④]，用汉语重新表达西学中的新思想。是故，"脱弃外语，厘正国语"可视为胡以鲁为真正翻译所设定的最终目标。相较于清末思想家，胡以鲁虽然同样以本族语为出发点，但他并不固守于本族语固有的词汇和语法体系，而是清醒地认识到社会不能孤立，汉语需要创造新词，采用正确的翻译方法可以有效地促进本族语自身的发展。胡以鲁观点得到了朱自清的响应。

1919 年，朱自清在《新中国》第一卷第 7 期上发表了长文《译名》，总结了之前的译名讨论。在重审以章士钊为代表的"音译"论和以胡以鲁为代表的"义译"论之后，朱自清重新拟定了调和折中的方案：以汉语既有词汇体系为主

---

① 胡以鲁：《国学语草创》，北京：商务印书馆，1923 年，第 51 页。
② 胡以鲁：《论译名》，载《庸言》，1914 年，第二卷第一一四号。
③ 胡以鲁：《论译名》，载《庸言》，1914 年，第二卷第一一二号。
④ 胡以鲁：《论译名》，载《庸言》，1914 年，第二卷第一一二号。

体，创造新词，发展汉语的译名方法。事实上，朱自清与胡以鲁一样，都十分重视对本族语的维护，但前者对翻译的认识显然比后者更为系统。胡以鲁阐述的是处于危机中的汉语的一种被动的发展和演变；但朱自清却更多地认识到，需要合理利用翻译，通过新名词引入西方思想，从而主动地和"科学地"发展汉语，因为翻译的目的正是"要介绍思想，把那些大多数不懂外国文的人的；是要促进国语的科学哲学的发展的"①。这也是译名讨论中，学者首次将翻译与汉语本族语的系统发展联系在一起。

与其他学者相比，朱自清对语言与思想的关系也有更为明晰的认识。他通过区分"造字"和"造译"两个不同概念重新梳理了语言与思想的关系。朱自清认为"造字"这种语言行为是"造来表示社会新发生的思想的"，"造译"却是"造来表示社会新输入的思想的"②。只有社会中大多数人有了新的思想，社会整体发展了，才有造新字的必要，即，有了思想才有可能创造新词。但造译新词是为了将新的思想传播给大多数人，让不懂外语的读者理解和认识新思想。这样一来，社会整体启蒙需要借助翻译，而非通过本族语自发性地去创造新词的方式。通过翻译，在引介过程中生发新的思想，创造新词字去表述新的思想，借以促进社会整体的思想发展。换言之，社会整体发展的前提在于语言的发展，当新的思想伴随着新的语言进入中国社会后，社会大多数人的新思考又将促进本族语的进一步发展。思想、语言和翻译之间存在着相辅相成，相互促进的密切关系。

总体而言，当社会面对新名词的大量引入时，新名词与本族语之间的关系引起了整个社会的广泛关注，译音还是译义等问题也因此是清末直译意译讨论的焦点。民初的直译意译讨论不仅从学理层面对"如何翻译西学中新名词"等问题进行剖析，更借用现代西方的语言学从语言的形式和本质两个方面深入地阐释了译名问题中所包含的指称和内涵等因素。而整个译名讨论明显存在两个向度：其一，是提倡借用汉语中现有词汇甚至传统古籍中的古词来"义译"西学新名词，借以保存"国文"，其背后是传统思想与西学新思想的交锋、交流与冥合；其二，是提倡顺应汉语自身的发展趋势，通过音译在汉语语言体系中创造出全新的指称，借以表达新的思想，增加汉语的包容性，其背后是译者和思想家对如何科

---

① 朱自清：《译名》，载朱志瑜、张旭、黄立波：《中国传统译论文献汇编 卷一（三国—1919）》，北京：商务印书馆，2020 年，第 666 页。

② 朱自清：《译名》，载朱志瑜、张旭、黄立波：《中国传统译论文献汇编 卷一（三国—1919）》，北京：商务印书馆，2020 年，第 652 页。

学地、系统地发展本族语的考量。显而易见，虽然上述两个向度有着完全不同的导向性，但根本性立场却是完全一致的，即对汉语作为本族语的关怀。这说明，清末民初译音或译义讨论中虽然存在不同的向度和主张，但翻译与本族语之间的关系始终是译者思考和阐发译名问题的前提。

　　这也从侧面反映了语言观念的转换对翻译的影响。当语言本身由"载道"的工具上升为抽象层面的文化实体和存在以后，翻译观念也随之转变。由于无法摆脱传统社会"文以载道"的语言观念，且受制于传统文化中的"雅俗格局"，清末域外小说中的逐字译和译义论争看似聚焦于译者的翻译方法，实则关注译作的"笔力"。整个讨论的目的在于让译作更好地顺应中国传统的文学和文化观念，使其成为传统文学的一部分。社会的翻译观念并未在晚清白话文运动中得到革新。反观清末民初之际的译名讨论，由于"新语词"造就了翻译与本族语的紧张关系，如何通过理解和应用翻译来推动社会发展成为清末民初译名讨论的中心，在此过程中的音译或义译两个二元对立的术语也因此被赋予了新的内涵。翻译对本族语语言的影响得到了社会的重视和关注，翻译也不再被简单地视为语言转换过程，翻译本身所具有的创造性逐渐被社会所承认。学者开始扬弃传统社会"文以载道"的语言观念，转而尝试从语言学或符号学的层面科学地和系统地认识语言。语言学基础也为他们讨论译名问题提供了理论指导。仅这一点远非清末域外小说翻译讨论所能企及。因而，纵观从清末到民初语体文变革中的两次直译意译问题翻译讨论，虽然两次讨论都围绕翻译方法展开，但因为语言和翻译观念的差异，讨论的中心和讨论方法，甚至论者的文化态度都存在着巨大的差异。

二、翻译、新语言与新思想："五四"时期围绕直译与文学革命和国民思维的讨论

（一）语言工具论与作为推动文学革命的途径和方法的直译

　　清末民初的翻译讨论虽然并未彻底改变传统社会工具式的翻译观念，但从实际效果上来看，西学的大量引入促使整个社会去重新认识和理解翻译。经由翻译讨论，语言与民族之间相互制约、相互促进的关系逐渐为世人所知。翻译之于民族语言发展的价值和作用亦逐渐获得了社会认可。遗憾的是，晚清学界对于如何

利用翻译来发展汉语本族语，尤其是何为汉语最终的发展目标等问题始终未能形成一致的看法。关于语言与翻译的纷争也因此持续到了新文化运动时期。在整个"五四"时期的翻译讨论中，直译明显成为使用最为频繁的术语。倡导直译的言论在《新青年》等报刊上屡见不鲜。不仅如此，为比较和说明各自对直译问题的理解，论者还在讨论中创造了诸如歪译、死译、硬译等一批与直译相关的概念。但事实上，直译这一概念的基本内涵并未在讨论中得以澄清。仅从《新青年》这本担当"五四"时期思想发展旗手的刊物来看，直译或被视作提高白话文写作水平的一种练习方法，用以促进汉语文学的建构，实现文学革命目标；或被用作引入欧化成分的工具，借以完全废除汉语。更有论者从语言文字的讨论直接上升到抽象层面，将直译作为改造国民思维的武器。即，虽然论者都使用了直译这一概念，但对其的理解却可能完全不同。这也说明，"五四"时期的直译问题具有一定的多重性和复杂性。

即便如此，"五四"时期的翻译讨论和直译问题的论争仍然有一个共同的基础和出发点，即围绕翻译的讨论自始至终都是从对语言文字的理解和变革诉求开始的。诚如汪晖所总结的，"'五四'新文化运动在一开始是一个语言的现代化运动，口语、白话、新式标点被理解为建立现代民族—国家的'国语'运动和形成现代文化和现代文学的启蒙运动，而它在文化上的取向却是世界主义的和普遍主义的"[①]。事实上，不管如何理解新文化运动中的世界主义、民族主义或普遍主义倾向，关于语言的现代化运动始终都是新文化运动的主要推动力。从晚清以来的语言观念发展来看，虽然晚清以来的知识氛围和知识谱系影响了整个"五四"时期的思想发展，但由于新文化运动是在对传统和过去的激烈反叛中形成的，因而与晚清时期相比，"五四"时期对语言的认识出现了新的变化。在"五四"前期，语言问题常常和传统社会的道德风尚、文法辞章相关联，如何应对西学和东瀛新语词的冲击，保存和发展汉语是思想家关心的主要问题，汉语本族语始终是语言讨论的出发点和基本归宿。但在"五四"时期，新文化运动倡导科学与民主，反对封建与迷信，试图从根本上撼动传统文化的地位，改造社会和国民的思想。新旧、中西的二元对立观念在新文化运动中表现得甚为明显。语言讨论的主题与方法也随之改变。就讨论的内容而言，新的"国文"为何，如何创制新

---

① 汪晖：《现代中国思想的兴起》，2 版，北京：生活·读书·新知三联书店，2008 年，第 1143 页。

的"国语"并使之成为整个文学革命的基础是"五四"时期语言讨论的重点，通过直译创造欧化，甚至拉丁化的"新国语"是不少新文化运动者倡导的语言变革手段。就讨论的方法而言，以翻译和民族文学推进的欧洲近代复兴是整个文学革命的理论参考。因而无论从内容上还是从方法上来看，翻译都发挥了极其重要的作用，不仅为新文化运动的语言讨论提供了话语资源，更是文学革命和"新国语"创制运动的理论基础。

上述话语资源和理论基础是和新文化运动的缘起与发展历程密切相关的。不可否认，新文化运动虽然是一场文化和政治并举的思想运动，但它首先发起并依靠的是激烈的文学革命。新文化运动的倡导者试图通过建立一种"国语"的文学来批判和否定中国几千年以来的封建思想，并在此基础上重新创造出社会广泛认同的"国语"，最终达到解放思想的目的。胡适在《建设的文学革命论》中曾明确指出，"我们所提倡的文学革命，只是要替中国创造一种国语的文学。有了国语的文学，方才可有文学的国语。有了文学的国语，我们的国语才可算得真正国语。国语没有文学，便没有生命，便没有价值，便不能成立，便不能发达"①。创造"国语"的文学需要事先明确何为真正的"国语的文学"。"五四"以前所提倡的国语是符合传统文法辞章的汉语本族语，正统的文学通常是符合传统社会"雅"文化标准的"宇宙古今之至美"的诗词歌赋。但在新文化运动时期，"国语的文学"之内涵发生了变化，主要以两个方面来加以界定：其一，是"活的文学"，即实现文字工具的革新，也就是用"可读、可听、可看、可讲、可记的"白话文来作文作诗；其二，是书写出"人的文学"，即建设"国民文学"、"写实文学"和"社会文学"。

在新文化运动初期，这两方面的革新都是以欧洲近代复兴为参照的。近代欧洲借拉丁语的衰落，通过"国语文学"确立了本族语言的主导地位，继而推动了整个欧洲的复兴。对以胡适为代表的新文化运动倡导者而言，整个欧洲的复兴正是从文学的革新开始的。正是因为欧洲各民族利用一直以来不被认可的民族语言，尤其是地方方言去译述圣经、撰文著述，欧洲各国才逐渐产生出自己本民族的文学，促进了欧洲各民族的自我认识，欧洲的复兴从而才有了借以发展的基础。换言之，欧洲的复兴充分说明了，用民族语言或地方方言书写民族自己的文

---

① 胡适：《建设的文学革命论》，载赵家璧主编：《中国新文学大系：建设理论集》，胡适编选，上海：上海良友图书印刷公司，1935 年，第 127 页。

学，从而为解放整个民族的思想提供了方法论指导。也正是由于这个原因，欧洲近代国家利用地方方言进行文学革命的历史成为创制和发展"国语的文学"的理论参考，"欧洲近代国家的国语文学次第产生的历史，使我们明了我们自己的国语文学的历史，使我们放胆主张建立我们自己的文学革命"①。

或许因为翻译在欧洲近代的文学历史上书写了极为重要的一笔，发挥了极其重要的作用，新文化运动的倡导者在文章中不止一次将欧洲文学史上的翻译事件作为论据，用以分析和说明翻译在文学和社会史上双重意义。郑振铎在《改造》杂志"翻译事业之研究"专栏中指出，"无论哪一国的文学史上，没有不显出别国文学的影响的痕迹的。而负有这种介绍的责任的，却是翻译家。威克里夫②的《圣经》译本是'英国的散文之父'（father of English prose），路德的《圣经》译本也是德国的一切文学的基础。"③郑振铎用"翻译家的责任"说明译者在将外国文学引入本国文学中后，以翻译为基础促进了本国文学的快速发展。事实上，翻译在欧洲各国的民族文学产生过程中发挥的是一种启蒙作用。路德使用德国地方方言翻译的《圣经》成为德语民族文学书写的典范，促进了德国文学的发展。以此为参照，胡适在谈到如何进行文学革命时，同样将翻译作为创造新文学工具和方法，提出"赶紧多多地翻译西洋的文学名著做我们的模范"④的口号。

在胡适看来，创造新文学的秩序，约有三步，"（一）工具，（二）方法，（三）创造。前两步是预备，第三步才是实行创造新文学。"⑤无论哪一步，都不能离开翻译。具体来看，所谓的工具，即让白话文作为写作的主要语言，让翻译在中学语文教授中发挥其"最大的作用"。首先，鼓励学生勤做白话和古文的互译，以"练习文法的应用"⑥，更好地运用白话文。其次，将翻译作为搜集文学素材的方法，因为"做文最忌没有话说，翻译现成的长篇，先有材料作底子，再

① 胡适：《导言》，载赵家璧主编：《中国新文学大系：建设理论集》，胡适编选，上海：上海良友图书印刷公司，1935 年，第 16 页。

② 约翰·威克里夫（John Wycliffe），英国经院神学家，翻译家，英国散文之父。

③ 郑振铎：《俄国文学史中的翻译家》，载《改造》，1921 年，第三卷第十一期。

④ 胡适：《建设的文学革命论》，载赵家璧主编：《中国新文学大系：建设理论集》，胡适编选，上海：上海良友图书印刷公司，1935 年，第 138 页。

⑤ 胡适：《建设的文学革命论》，载赵家璧主编：《中国新文学大系：建设理论集》，胡适编选，上海：上海良友图书印刷公司，1935 年，第 127 页。

⑥ 胡适：《中学国文的教授》，载赵家璧主编：《中国新文学大系：建设理论集》，胡适编选，上海：上海良友图书印刷公司，1935 年，第 256 页。

讲究怎样说法，便容易了"①。除去以上两点，更为重要的是，翻译西洋文学为新文学提供了中国文学本身不具备的结构的方法和描写的方法。胡适认为，中国文学的方法不够完备，没有布置周密、论理严谨的长篇，不能作为新文学的典范。相比之下，西洋的文学方法完备且高明，能提供许多中国从不曾见过的体裁，可供新文学运动仿效。因此，翻译西洋文学作品且只译名家著作，不译第二流以下的著作，译作的语言必须采用白话文，避免使用古文是胡适为"新国语"的创制和文学革命所作的初步规划。显而易见，在胡适提出的"建设的文学革命论"中，翻译无论作为工具还是方法，都已被自然地视作一种理论先导，引导和推动了"国语"文学的发展。新文化运动的最终目的是要在文学革命的基础上创造出"新国语"，最终实现思想的全面解放。因而，翻译除了为本国文学提供参考和方法之外，还须尽可能地为"新国语"的创制服务。

1939 年，朱自清曾在演讲中总结过"五四"时期翻译与"国语"发展的关系，在他看来，"这时代是第二回翻译的大时代。白话文不但不全跟着国语的口语走，也不全跟着传统的白话走，却有意地跟着翻译的白话走。这是白话文的现代化，也就是国语的现代化。中国一切都在现代化的过程中，语言的现代化也是自然的趋势，是不足怪的。"②朱自清的总结一方面充分肯定了翻译对"国语"发展的推动作用，另一方面也提出了一个新的问题，即作为文学革命工具的白话文不是中国传统的白话文，而是一种翻译的白话，是"现代化"的白话文。"传统的白话文"是与古文相对的一种语言，多指禅门语录、理学语录、元白话诗曲小说等作品中所使用的清晰明白的语言，而翻译的白话特指译者在翻译西方文学作品时使用的一种特殊的白话文。这里的特殊是指"五四"初期译作语言所呈现的欧化倾向。这是因为在胡适等人看来，"白话文必不能避免'欧化'，只有欧化的白话方才能够应付新时代的新需要"③。这也说明，从新文化运动初期开始，翻译的白话在很大程度上已是"欧化"的白话。与传统白话文不同，欧化的白话是"直用西洋文的款式，方法，词法，句法，章法，词枝，（figure of

---

① 胡适：《中学国文的教授》，载赵家璧主编：《中国新文学大系：建设理论集》，胡适编选，上海：上海良友图书印刷公司，1935 年，第 256 页。

② 凌云岚考释：《朱自清：文学的标准与尺度》，济南：山东文艺出版社，2006 年，第 38 页。

③ 胡适：《导言》，载赵家璧主编：《中国新文学大系：建设理论集》，胡适编选，上海：上海良友图书印刷公司，1935 年，第 24 页。

speech）……一切修词上的方法"[1]，反映的是印欧语言复杂的语法结构和细密的组织。具体来讲，欧化的程度或许不同，但欧化是与译者所采用的"直译的笔法"有关的。在《怎样做白话文》中，傅斯年曾这样描述直译和欧化的关系：

> 练习作文时，不必自己出题，自己造词。最好是挑选若干有价值的西洋文章，用直译的笔法去译他；径自用他的字调，句调，务必使他原来的旨趣，一点不失。这样练习久了，便能自己做出好文章。这种办法，不特可以练习作文，并且可以练习思想力和想象力的确切。自己作文章时，径自用我们读西文所得，翻译所得的手段。……务必使我们做出的文章，和西文近似，有西文的趣味。[2]

通过傅斯年的理论化解释，翻译与民族语言发展的关系聚焦到了具体的翻译方法，即直译的笔法上。傅斯年的"直译的笔法"强调的是翻译过程中对源语语言结构的保留，译作的语言从而脱离传统汉语的藩篱，成为新的欧化的白话文。这样翻译过来的译作既能为"有志做白话文的人"提供可供参考的范文，也能帮助国人认识到印欧语言与汉语在句法结构和修辞手段上的差异，进一步修正和弥补汉语在语言结构上的缺陷。诚然，傅斯年的直译论不免有"全盘西化"的倾向，不过在当时的时代，傅氏稍显激进的主张有一定的理由，这充分反映出思想家对汉语本族语自身的不满以及迫切发展汉语的期望。事实上，"新文化运动"的思想发展是建立在晚清思想体系上的，是故，从晚清开始的语言改革诉求也自然延续到了新文化运动中。所不同的是，清末思想家发起白话文运动的初衷是消除中国文字"言文不一致"的弊端，借以实现教育的普及和思想的解放，故而"言文一致"是晚清语言改革的关键所在。但在"五四"时期，社会对语言文字改革却有不同的诉求和规划。钱玄同对中国文字的批判颇具代表性。

> 中国文字，论其字形，则非拼音而为象形文字之末流，不便于识，

---

① 傅斯年：《怎样做白话文》，载赵家璧主编：《中国新文学大系：建设理论集》，胡适编选，上海：上海良友图书印刷公司，1935 年，第 223 页。

② 傅斯年：《怎样做白话文》，载赵家璧主编：《中国新文学大系：建设理论集》，胡适编选，上海：上海良友图书印刷公司，1935 年，第 226-227 页。

不便于写；论其字义，则意义含糊，文法极不精密；论其在今日学问上之应用，则新理新事新物之名词，一无所有；论其过去之历史，则千分之九百九十九为记载孔门学说及道教妖言之记号。此种文字，断断不能适用于 20 世纪之新时代。[①]

在钱玄同所称的"新时代"里，语言不仅要摆脱形式束缚，为精神的自由发展创造充分条件，更要进行文法的革新，以满足时代的需求。这种需求是指当思想有所发展，语言这个载体也必须跟进、更新。与传统思想不同的"新"思想必须用新的语言文字来表达。因此，钱玄同认为，传统汉语无法用"进化论"引入后的西学新思想，中国文字字义含混，文法极不精密，本来只可代表古代幼稚之思想，决不能代表 Lamarck，Darwin 以来之新世界文明[②]。很明显，在"五四"时期，思想家对传统语言的批判从"言文不一致"转向了字义和文法问题，而语言与思想发展的关系也在"新文化运动"中再一次得到重申。显然，如何进一步发展语言并使用全新的语言去表述新的思想随之成为新文化运动尤其是文学革命的重要议题。

吴敬恒在 1918 年发行的《新青年》第五卷第五号提出用"世界语"（Esperanto）取代汉字的设想，倡导用"进步的语文""在人类的'进化线'上急起直追"[③]。在他这里，只有将汉语"世界化"和"符号化"才能体现语言的进步和思想的进化。吴氏的思想无疑是极端的，因为发展本族语并不一定要彻底抛弃本族语。语言包含着整个族群的历史发展过程，彻底废除本族语也就相当于割裂了传统，否定了历史。然而，语言与民族的思维方式紧密相连，正如整个民族的普遍思维方式不能被瞬间改变一样，民族语言也不可能在短时间内彻底改头

---

① 钱玄同：《中国今后之文字问题》，载赵家璧主编：《中国新文学大系：建设理论集》，胡适编选，上海：上海良友图书印刷公司，1935 年，第 144 页。

② 钱玄同：《中国今后之文字问题》，载赵家璧主编：《中国新文学大系：建设理论集》，胡适编选，上海：上海良友图书印刷公司，1935 年，第 142-143 页。让·巴蒂斯特·拉马克（Jean-Baptiste Lamarck），法国博物学家。他最先提出生物进化的学说，是进化论的倡导者和先驱。查尔斯·罗伯特·达尔文（Charles Robert Darwin），英国生物学家，进化论的奠基人。

③ 吴敬恒：《补救中国文字之方法若何？》，载《新青年》，1918 年，第五卷第五号，第 483-508 页。

换面。"事实上，语言本身就是与民族一道形成的。"①因此，就语言的发展而言，用"世界语"取代汉语，或将汉语"拼音化""拉丁化"的方案并不具备可行性。相比之下，以传统白话文为基础的欧化白话文兼具白话文畅达明晰和印欧语言结构精细的特点，既发展了汉语本族语，又同时保留了本族语主导性的地位，在新文化运动中表现出明显的优势，逐渐成为当时语言发展的首选途径。诚如胡适总结的，"欧化的白话文就是充分吸收西洋语言的细密的结构，使我们的文字能够传达复杂的思想，曲折的理论"②。

在"五四"初期，胡适和傅斯年等人对欧化白话文的推崇无疑将翻译，特别是直译放到一个极其重要的位置，并进一步放大了翻译的作用。虽然在胡适等人的讨论中，翻译或者直译还只是文学革命和创造欧化白话文的工具和方法，但毫无疑问的是，直译在"五四"初期已被视作促进语言发展最为有效的手段，是直接参与和推动新文化运动的重要途径。傅斯年曾对直译的上述作用做过相当精当的总结，"直用西文的句调译书，更有一重绝大的用处，就是帮助我们自做文章的方法。我们有不能不使国语受欧化的形势，所以必须用西文的意味做中国文。唯有如此，所以更不能不用直译，更不能不把直译所得的手段，作为自己做文的手段。"③继而，当语言与思想发展的关系引起社会的重视和讨论后，整个社会的翻译观念也发生了一定的改变。

对比清末民初的译名讨论可以看出，新文化运动初期直译理论的聚焦点仍然是翻译与民族语言发展之间的关系。译名讨论说明了，当大量新名词涌入传统社会时，正确的翻译方法有利于激活传统典籍中的古老词汇，丰富本族语的语汇，继而建构和发展汉语本族语，彰显新名词与新思想之间的张力。但"五四"初期对直译的探究却比清末民初的译名讨论更进一步，其原因在于直译笔法和欧化白话文的概念跳出了译名讨论的词法层面，反映出句法结构的改变与新思想引介之间的关系。回过头来看，如果没有语言的现代化，那么，作为思想和政治运动的新文化运动则几乎毫无推进的可能。直译的笔法不仅为新的汉语语体文的创制提

---

① 洪堡特：《论人类语言结构的差异》，姚小平译，长沙：湖南教育出版社，2001年，第271页。

② 胡适：《导言》，载赵家璧主编：《中国新文学大系：建设理论集》，胡适编选，上海：上海良友图书印刷公司，1935年，第24页。

③ 傅斯年：《译书感言》，载罗新璋：《翻译论集》，北京：商务印书馆，1984年，第366页。

供了话语资源，也为后来的思想革命提供了理论基础。换言之，在语言的现代化运动中，傅斯年等人的讨论为翻译作了新的注解，即，翻译并非要再现原作的特点，而是用本族语去表达原作的旨趣，这样的认识也将直译讨论提升到了新的层面，翻译确能推进本族语言的发展，但不能仅靠新语词的引入，汉语的最终发展还在于提升语法结构精密程度和字义的准确性，直译的笔法恰恰满足了汉语发展的要求。

但胡适、傅斯年等人的翻译讨论明显表征出"语言工具论"的导向，也显然因为工具论导向使得逻辑和思想出现了不完备之处。这首先表现在胡适等人对语言形式的过分强调上。对他们而言，语言仅仅是表达思想的工具，因而工具的革新理应是一切运动的基础。胡适曾直接表达过形式先于内容的观点，"初看起来，这都是'文的形式'一方面的问题，算不得重要。却不知道形式和内容有密切的关系。形式上的束缚，使精神不能有自由发展，使良好的内容不能充分表现。若想有一种新内容和新精神，不能不先打破那些束缚精神的枷锁镣铐。"[①]这样的语言观念使得"五四"初期的翻译讨论并未彻底地辨明翻译、新语言、新思想之间的关系。虽然傅斯年在《怎样做白话文》中曾分析过语言与思想的关系，"思想依靠语言，犹之乎语言倚靠思想，要运用精密深邃的思想，不得不先运用精邃深密的语言"[②]，但某些重要的问题依然无解，如为何新的思想必须用新的语言来表达？为何翻译尤其是直译能促进新思想的勃发？如何正确利用语言发展引导思想的解放？事实上，也只有回答了上述问题，新文化运动才能按照其倡导者规划的路线顺利地发展。是则，伴随着欧化白话文的大规模普及，语言与思想发展的关系再度引起了社会关注，对于翻译的认识也在此过程中得以继续深化。

（二）语言主体论与作为"心声"反映的硬译

事实上，在白话文逐渐取代文言文成为写作撰文的主要语体后，不少思想家已经意识到有必要重新讨论语言革新与思想发展之间的关系。周作人首先撰写了《思想革命》一文，区分了语言文字改革和思想革命之间的区别，再次强调新文

---

① 欧阳哲生：《胡适文集》（1），北京：北京大学出版社，1998 年，第 134 页。

② 傅斯年：《怎样做白话文》，载赵家璧主编：《中国新文学大系：建设理论集》，胡适编选，上海：上海良友图书印刷公司，1935 年，第 224 页。

化运动的最终目的是要通过文学革命实现思想革命。在周作人看来，"表现思想的文字不良，固然足以阻碍文学的发达。若思想本质不良，徒有文字，也有什么用处呢？我们反对古文，大半原为他晦涩难解，养成国民笼统的心思，使得表现力和理解力都不发达。但另一方面，实有因为他内中的思想荒谬，于人有害的缘故。……如白话通行，而荒谬思想不去，仍然未可乐观。"①这似乎说明，使用新的语体固然可以促进文学的发展，增强文字的表现力和理解力，但推动思想的全面解放仍然有赖于思想本身的发展。周作人的分析看似将思想和语言划分为毫不相关的两个实体，但实际上却又在另一方面重新阐释了语言和思想的关系，即语言就是思想的自然流露和思想本身，不应将语言看作思想表达的工具。

毫无疑问，周作人所持的语言观念与"五四"初期胡适等人的语言观念是截然不同的。前者是一种主体论的语言观，而后者是一种工具论的语言观念。事实上，早在新文化运动以前，章太炎已经开始批判大同主义的语言观念，提倡尊重语言的差异性，重视个体与语言的关系。在《规新世纪》一文中，章太炎曾尝试重新定义语言文字，"文字者，语言之符，语言者，心思之帜。虽天然言语，亦非宇宙间素有此物，其发端尚在人为，故大体以人事为准。人事有不齐，故言语文字亦不可齐。"②从章太炎给出的语言定义可以看出，语言是人的内心的自然流露和表达，其本身具有创造性。既然个体存在差异，语言之间的差异也应受到应有的尊重和重视。章太炎对语言文字的分析无疑否定了语言是思想表达工具的认识，将语言讨论的中心放置到了语言和思想本身上来。这也说明，统一语言形式是以否定语言本质为前提的，语言的独特性和创造性或许会因为取消形式上的差异或对语言形式的过度重视而被完全地忽略。

受章太炎的影响，鲁迅和周作人都在不同场合阐发过上述语言观念。在其名篇《破恶声论》中，鲁迅曾用"古文"和"怪句子"表述过他对语言文字的看法，"天时人事，胥无足易其心，诚于中而有言；反其心者，虽天下皆唱而不与之和。其言也，以充实而不可自己故也，以光曜之发于心故也，以波涛之作于脑故也。"③即，言是"心声"，是内心的真实反映。只有遵从"心声"，才能达

---

① 周作人：《思想革命》，载赵家璧主编：《中国新文学大系：建设理论集》，胡适编选，上海：上海良友图书印刷公司，1935 年，第 200-201 页。

② 章太炎：《规新世纪》，载《民报》，1908 年，第 24 号，第 80 页。

③ 鲁迅：《破恶声论》，载《鲁迅全集》（第 8 卷），北京：人民文学出版社，2005 年，第 26 页。

到"人各有己，朕归于我"的状态。因此对鲁迅而言，真正的语言是"心声"，真正的思想革命是一种自我内心的革命。周作人的语言观念与鲁迅如出一辙。1907 年，在《读书杂拾》里，周作人提出，"盖文章为物，务移人情，其与读者交以神明，相喻于感情最深之地，印象所留，至为深久，莫能溉灭"①。文章之所以能打动人心，其关键还在于作者与读者在思想上通过语言文字产生的碰撞和交汇。随后在 1908 年发表的长文《论文章之意义暨其使命因及中国近时文论之失》中，周作人进一步用"夫文章者，国民精神之所寄心"来强调语言文字是与思想浑然一体，是不可分割的整体。这也说明，在周作人眼中，语言即思想本身，只有意识到这一点，改造语言才能等同于改造思想。由此，废除古文，改用白话文来撰文写作只是形式上的改变，并不可能完全地彻底地实现思想的革命。只有将白话文真正视作思想的自然流露，思想的进一步改革才有可能。基于此，周作人重申了将建设"平民文学"作为"文学革命"主要目标之一，即"以普通的文体，记普遍的思想与事实；以真挚的文体，记真挚的思想与事实"②，重新认识语言文字的革命，将文学革命的重心转移到思想革命上来。针对如何发展"平民文学"的问题，周作人提出用古文书写"平民文学"极为困难，故此也很难在中国文学史上找到理想的"平民文学"，只有"希望将来的努力能翻译或造作出几种有价值有生命的文学作品"③。与胡适等人提倡翻译促进"国民文学"和"新国语"的创制相似，周作人也认为，翻译同时参与了文学革命和思想革命。然而，周作人并没有强调译作在语言形式上的改变，却着重提及了译作的内容，翻译出来的译作应该是"有价值有生命"的文学作品。结合他早期所表述的语言观念，我们可以将译作理解为注重个人内心表达，反映作者自我思想和创造力的作品。这一点早在周氏兄弟合作翻译的《域外小说集》中就已提及，"异域文术新宗，自此始入华土。使有士卓特，不为常俗所囿，必将犁然有当于心。按邦国时候，籀读其心声，以相度神思之所在。则此虽大海之微沤与，而性解思

---

① 周作人：《读书杂拾六》，载钟叔河：《周作人散文全集 1》，桂林：广西师范大学出版社，2009 年，第 72 页。

② 周作人：《平民文学》，载赵家璧主编：《中国新文学大系：建设理论集》，胡适编选，上海：上海良友图书印刷公司，1935 年，第 211 页。

③ 周作人：《平民文学》，载赵家璧主编：《中国新文学大系：建设理论集》，胡适编选，上海：上海良友图书印刷公司，1935 年，第 212-213 页。

惟，实寓于此。中国译界，亦由是无迟莫之感矣"[①]。"邦国时候"本指春秋战国列国各自为政的时期，周氏兄弟借"邦国"说明不同民族保持自己民族特色，有其自己的主张和心声。《域外小说集》要翻译的不仅是短篇小说那样的"异域文术新宗"，更是通过"籀读其心声"，理解外国语言文字中蕴含的独特的审美体验和新的思维方式。

也正因为周氏兄弟都将语言视为"心声"和思想的"同一物"，在如何表达出原作或原作者内在的"心声"上，周氏兄弟也采用了完全一致的方法，始终坚持用直译的方法来处理原作。日本学者木山英雄曾对周氏兄弟的语言及翻译观念做出过极为精辟的总结。在他看来，"章炳麟有关把文学不作为传统的文饰技巧，而是以文字基本单位加以定义的独特想法及其实践，为周氏兄弟的翻译活动暗示了行之有效的方法：他们在阅读原文时，把自己前所未有的文学体验忠实不二地转换为母语，创造了独特的翻译文体。进而，为了对应于细致描写事物和心理细部的西方写实主义，他们所果敢尝试的以古字古意相对译实验，哪怕因而失之于牵强，但恰恰因为如此，通过这样的摩擦，作为译者自身的内部语言的文体感觉才得以真正形成吧。"[②]

《域外小说集》序言中鲁迅特别申明，"《域外小说集》为书，词致朴纳，不足方近世名人译本，特收录至审慎，迻译亦期弗失文情。异域文术新宗，自此始入华土。"[③]此处为了达到"弗失文情"的目的，周氏兄弟所采纳的正是"宁拂逆时人"也不"任情删易"的直译手法。众所周知，《域外小说集》销路欠佳，在当时的影响甚微。但在翻译史上，这本采用直译手法翻译的短篇小说集却有很高的声誉。臧仲伦在《中国翻译史话》中曾将《域外小说集》比作"我国新时期文学翻译运动史上的第一只春燕"，认为"它为我国五四运动前后的文学翻译运动指明了方向，并给予当时和继起的文学翻译家以重大影响"[④]。虽然有些学者并不赞同上述论断，认为《域外小说集》在出版的时候其实并没有对中国的翻译活动或理论产生过丝毫的影响，但如果从引入"异域文书新宗"而言，《域外小说集》收录和引介了短篇小说这一新的叙事方式，周氏兄弟在翻译时采用的

---

① 鲁迅：《鲁迅全集》（第10卷），北京：人民文学出版社，2005年，第5824页。

② 木山英雄：《文学复古与文学革命》，赵京华编译，北京：北京大学出版社，2004年，第231页。

③ 鲁迅：《鲁迅全集》（第10卷），北京：人民文学出版社，2005年，第5824页。

④ 臧仲伦：《中国翻译史话》，济南：山东教育出版社，1991年，第97页。

直译的笔法更是不同于晚清译义的翻译手法，是一种新的翻译观念。

对此，有力的证据是"五四"时期时人们对周作人翻译的赞誉以及其后围绕鲁迅"硬译"翻译方法的争论。例如，在傅斯年的《怎样做白话文》中，直译的方法就获得了高度的赞赏，他认为唯有直译才是译书的正道，"周作人先生译的小说，是极好的。那宗直译的笔法，不特是译书的正道，并且是我们自己做文的榜样"①。钱玄同更是用"开新纪元"盛赞周作人"照原文直译，不敢稍以己意变更"②的做法。由此说明，在"五四"初期，周作人的直译笔法所产生的影响可见一斑。事实上，直译是周氏兄弟毕生所秉持的翻译方法。1925 年，周作人在为其文集《陀螺》作序时一再强调，"我的翻译向来用直译法，我现在还是相信直译法，因为我觉得没有更好的方法"③。鲁迅也在同年用几乎完全一样的表述总结了他的翻译方法，"文句仍然是直译，和我历来所取的方法一样；也竭力想保存原书的口吻，大抵连语句的前后次序也不甚颠倒"④。

然而，由于不同语言之间的巨大差异，若采用直译的方法逐句甚至逐字翻译原作，译文在表达和语法结构方面难免中不像中，西不像西，译者甚至需要参照原作的句法结构在汉语中创造新的表达方式和符号系统。在《域外小说集》中，译者在"略例"中专门说明新引入的标点符号，"此他有虚线以表语不尽，或语中辍。有直线以表略停顿，或在句之上下，则为用同于括弧"⑤。显然，译作"虚线"是汉语中从未使用过的省略号，而"直线"则是破折号。周氏兄弟在《域外小说集》中大量使用了这两种新式的标点符号，从而使得译作的语体完全不同于传统汉语。以短篇小说《四日》为例，译作的语言虽然是先秦古文，但句式结构却因为原文标点符号的保留而为之一变，"而吾何如者？皆同耳！……然吾甚羡之，斯人幸哉！其耳无闻，其伤无痛，不衔哀，不苦嶭……利矛直贯其

① 傅斯年：《怎样做白话文》，载赵家璧主编：《中国新文学大系：建设理论集》，胡适编选，上海：上海良友图书印刷公司，1935 年，第 227 页。

② 钱玄同：《关于新文学的三件要事》，载《钱玄同文集》，北京：中国人民大学出版社，1999 年，第 355 页。

③ 周作人：《〈陀螺〉序》，载钟叔河：《周作人散文全集 4》，桂林：广西师范大学出版社，2009 年，第 211 页。

④ 鲁迅：《出了象牙塔后记》，载《鲁迅全集》（第 10 卷），北京：人民文学出版社，2005 年，第 2999 页。

⑤ 鲁迅：《域外小说集略例》，载《鲁迅全集》（第 10 卷），北京：人民文学出版社，2005 年，第 5826 页。

心，……在是，——穴在戎衣，大而黝然，四周满以碧血，——此吾业也。"①
此处译文是战士在战场上对英雄主义的考问和反诘，译者为了表达战士的心声大胆采用了传统汉语中从未使用过的省略号和破折号，让读者能够真实地感受到战争对个人心灵的摧残。

除了上述新式标点符号的使用，在周氏兄弟尤其是鲁迅的译文中，超长的前置定语和状语也屡见不鲜。这一点在后来与梁实秋等人的翻译论战中屡屡受到质疑，曲译、歪译、死译等术语也在论战中涌现出来。梁实秋将鲁迅"一字不可增、一字不可减、一字不可先、一字不可后"的译作称为"死译"，嘲笑鲁迅的译作需要读者"如同看地图一般，要伸着手指来寻找句法的线索位置"②。梁实秋反对佶屈聱牙的译作，主张译作应重视读者的理解和接受度，因此他对鲁迅译作的批评相当中肯。但是仍然要指出的是，梁实秋关注的是读者的接受度以及译作与原作的对应，这导致了他在一定程度上忽视了鲁迅采用直译或者硬译的初衷以及译作的特殊功用。其实早在硬译论战之前，鲁迅就曾在《文艺与批评》的《译者附记》中对自己的硬译做了说明。

> 因为译者的能力不够和中国文本来的缺点，译完一看，晦涩，甚而至于难解之处也真多；倘将伪句拆下来呢，又失了原来精悍的语气。在我，是出了还是这样的硬译之外，只有"束手"这一条路——就是所谓"没有出路"——了，所余的唯一希望，只在读者还肯硬着头皮看下去而已。③

根据鲁迅自己的表述，即便译文晦涩难懂，译者也必须"束手"硬译的原因很多，但最重要的还是译作必须表现出原作"精悍的语气"。这也再次说明，鲁迅的"硬译"，其根本出发点还在于考虑到语言是"心声"以及思想"同一物"。因而对鲁迅而言，改造语言就等同于改造思想。在《关于翻译的通信——回信》一文中，鲁迅进一步分析了语言与思想改造的关系。

---

① 迦尔洵：《四日》，鲁迅译，载鲁迅：《鲁迅译文集》（第一卷），北京：人民文学出版社，1958年，第175页。

② 梁实秋：《论鲁迅先生的"硬译"》，载《新月》，1929年，第二卷第六、七合刊。

③ 鲁迅：《文艺与批评译者附记》，载《鲁迅全集》（第 10 卷），北京：人民文学出版社，2005 年，第 3016 页。

中国的文或话，法子实在太不精密了……这语法的不精密，就在证明思路的不精密，换一句话，就是脑筋有些胡涂。倘若永远用着胡涂话，即使读的时候，滔滔而下，但归根结蒂，所得的还是一个胡涂的影子。要医这病，我以为只好陆续吃一点苦，装进异样的句法去，古的，外省外府的，外国的，后来便可以据为己有。这并不是空想的事情。[①]

无论是《域外小说集》中采用古文与新式标点相结合的方法，还是"五四"以后逐字译、硬译原作，翻译的目的都在于引入异国的"心声"，求得国民思维的发展。诚如鲁迅晚年所说："只求易懂，不如创作，或者改作，将事改为中国事，人也化为中国人。如果还是翻译，那么，首先的目的，就在博览外国的作品，不但移情，也要益智。"[②]仅就这一点而言，周氏兄弟，特别是鲁迅对直译与思想改造的关系的阐述，远比"五四"初期胡适、傅斯年等人的认识深刻。"五四"初期提倡直译的主要目的是通过直接翻译原作，不做任何语言修饰，直接引入欧化的语言来实现语言形式的改变。然而通过直译的笔法产生的欧化白话文为何是表达新思想最好的语言形式，又如何促进了思想改造等关键性问题并未得到明确的解释。

在鲁迅、周作人等人提倡和支持直译、硬译的时候，他们首先表明的是语言为"心声"和思想"同一物"的观点。这样一来，翻译所引入的就不仅仅是异国的表达方式，而是异国新的思维方式。对鲁迅而言，欧化语法侵入中国白话的原因，并非因为好奇，乃是为了必要。借助翻译最终实现欧化语法也就不再是语言形式的变革，而是思维方式的修正。因而直译虽然有诸多问题，容易导致死译，但始终是"保存原作丰姿"是实现异国"心声"唯一的途径。或许出于上述考虑，鲁迅在翻译上力排众议，坚持硬译的原则，成为"独具我见之士"——"故今之所贵所望，在有不和众嚣，独具我见之士……举世誉之而不加劝，举世毁之而不加沮"[③]。

① 鲁迅：《关于翻译的通信——回信》，载《鲁迅全集》（第 4 卷），北京：人民文学出版社，2005 年，第 2440-2441 页。

② 鲁迅：《题"未定草"》，载《鲁迅全集》（第 6 卷），北京：人民文学出版社，2005 年，第 3761 页。

③ 鲁迅：《破恶声论》，载《鲁迅全集》（第 8 卷），北京：人民文学出版社，2005 年，第 4646 页。

周氏兄弟所持的直译论脱离了"五四"初期"工具论"的范畴，将直译转换成了一种创造性力量，为国民思维注入了异国的"心声"，真正促进了思想的革命。是则，周氏兄弟的直译、硬译虽然激起了同时代翻译家和论者的广泛讨论，但从硬译出发的曲译、歪译、死译等讨论大多带有论者主观的价值判断，着力澄清的仍然是"何为好的翻译？""如何保证译作的通顺和流畅？"等问题，是一种规定性理论，与周作人、鲁迅所理解和思考的直译存在很大的差异。后者从语言本质出发理解和界定翻译，早已脱离了规定性的范畴进入了哲学的层面，为直译问题开辟了新的讨论空间。

总体而言，从"五四"初期开始的直译讨论虽然在两种不同的向度上发展，但仍然具有共同的话语基础和连续性。话语基础是从"新文化运动"整个知识氛围而言的，围绕翻译的讨论始终是在科学主义思想的影响下展开的。从一定程度上而言，如果将"五四"运动看作一场启蒙运动，其最重要的成果在于提出了科学和民主等现代思想，并努力在各个领域践行当时科学的思想。在"五四"前创办的《科学》杂志中，杂志的创办者任鸿隽曾对科学做出如下定义，"科学者，知识而有统系之大名。就广义言之，凡知识之分别部居，以类相从，井然独绎一事物者，皆得谓之科学。自狭义言之，则智识之关于某一现象，其推理重实验，其察物有条贯，而有能分别关联抽举其大例者谓之科学。"①换言之，"五四"时期的知识领域强调对知识的系统化，讲究研究的条理性。任何讨论或研究若无系统、无条理，不讲究科学的方法，不提供事实和证据，则既不能得到认同，也不能被算作合理的学术讨论。这种对科学的过分推崇造成了"五四"时期颇具时代性的科学主义的思想。即便是在人文研究领域，新文化运动的倡导者也提倡使用科学的方法去"大胆地假设、小心地求证"。

在"五四"时期的直译讨论中，翻译讨论具有明显的系统性和条理性。胡适、傅斯年等人将翻译尤其是直译作为创造欧化白话文的有力工具和适用方法，借以创造出新的汉语，最终实现文学的革命。而在周作人和鲁迅那里，翻译是异域"心声"的直接表达。通过直译所引入的异域语言表达方式其实是新的思维方式，改变语言形式的最终目的在于实现思想的革命。即，"五四"时期的翻译讨论都有明确的目的。论者在讨论中注重事实的罗列，从理论和逻辑两个方面着力说明翻译对新文化运动的重要价值，突出直译在文学革命和思想革命中的重要作

---

① 任鸿隽：《说中国无科学之原因》，载《科学》，1915 年，第一卷第一期，第 8 页。

用。在整个翻译讨论中，语言与思想发展的关系始终主导和影响了论者对翻译的认识。胡适等人将翻译视为文学革命的工具的观点明显受到了"语言工具论"的影响，而周氏兄弟的直译和硬译也是其"语言心声论"的直接反映。但无论如何，不管是对文学革命的提倡，还是对思想革命的倡导，直译都是新文化运动倡导者重要的话语资源。得益于"五四"时期的讨论，直译概念被赋予了新的内涵，由清末民初时期的"直笔译之"转化为"五四"初期的"直用西洋一切修词上的方法"，又经由硬译、死译的讨论集中在译者"一字不可增、一字不可减、一字不可先、一字不可后"的束手硬译上。也正是借由直译的讨论，翻译、语言与思想之间的关系得到了进一步的澄清和阐释。

本 章 小 结

从西塞罗开始的直译意译讨论在近代出现了较为明显的转折。受主体性哲学的影响，"语言主体论"逐渐成为与"语言工具论"相互抗衡的语言观念，语言主体和客体之间的二元对立关系得到一定的消解，语言主体的思维如何与语言创造发生关系，语言主体如何介入语言的理解过程成为近代语言反思的主要内容，语言的本质也在此过程中得到了重新考量，语言本身的创造性随之受到了极大的肯定和关注。与此同时，考虑到翻译始终是一种语言行为和语言结果，有关翻译的讨论由于语言观念的转变被纳入到了阐释学和哲学等其他学科的范畴。由语言创造性所引发的翻译与思维、翻译与民族性等问题的讨论在翻译理论中生发并逐渐发展。正如上文所述，德国早期浪漫主义哲学家赋予了语言极其重要的地位，将语言视作思维的同一物，甚至将思维视作语言的产物。在他们看来，翻译的兴起可以同时促进语言的发展和思维的革新。这样一种思考将翻译从经验主义层面彻底抽离，使其与抽象的语言性问题关联在一起。翻译也就不再是一种简单的意义传递，而是思想（或思维）的同一物。由此，通过大量的翻译，用正确的翻译方法可以正确地处理翻译中所显现出的不同语言之间的关系，本族语自身也能得到一定的发展。本章所展现的正是在某一特定时期和特定文化背景中，语言观念的转变如何促进了翻译观念的转变，继而推动了翻译理论中直译意译问题讨论的转变和发展。

上文的分析也同时表明了这样一个事实，即虽然中西双方在某个阶段都将翻译与民族语言发展关联起来，但两种关联在现实中却存在明显差异。在德国浪漫主义时期，德语作为德国民族母语的地位岌岌可危，面临着法语强有力的挑战。因而在德国早期浪漫主义时期的翻译讨论中，讨论者已预先设定了讨论的前提，即母语会对个体的思维和表达发挥决定性的影响。如何通过正确的翻译方法增进民众的母语认同，促进民族语言的发展是彼时哲学家、文学家和翻译理论家翻译讨论的主要目的。

但在中国，从清朝末年一直持续到"五四"以后的直译意译讨论的话题更为庞杂。论者的目的多有不同，讨论的层面也较广。即便主要的直译意译讨论都与民族语言和思维有关，但讨论"开启民智"者远较讨论"发展民智"者多。其中主要的原因或许在于当时中国正身处语体文变革的过程中，语言观念受制于传统文化观念的影响，语言本身迟迟未能引起社会的重视。论者仅仅将翻译作为一种工具手段，借以整合各阶级，创制广为接受的民族国家共同语。这说明直译意译问题的讨论与中西双方的传统观念有着莫大的关系。

在《真正的阐释者：西方翻译理论与实践的历史》（*The True Interpreter: A History of Translation Theory and Practice in the West*）一书中，作者路易斯·凯利（Louis Kelly）将德国语言视作逻各斯（logos），及采用阐释学的路径归因于德国 19 世纪相对混乱的政治环境，语言在彼时是一个相对统一的因素，且受犹太思想家影响，在政治和社会环境并不稳定时，语言，如希伯来语，是重要的社会纽带（social link），可以推动社会和文化的构建。[①]但在 19 世纪末 20 世纪初的中国，虽然社会和政治环境也同样混乱，但知识界并未真正将语言作为重要的社会纽带。无论是梁启超发起的"小说界革命"、胡适等人倡导的"文学革命"，还是周作人疾呼的"思想界革命"，传统仍然只是知识分子所期望的"革命"或"调适"的基础。换言之，在近代中国的语境中，语言不能被视作所谓的"本"。

不过，虽然在近代的直译意译问题讨论中，中西思想家对语言的认同存在分歧，但都在一定程度上将语言与民族性联系在一起。有趣的是，若考察这些论述中民族性这个概念的基本内涵会发现，德国浪漫主义哲学家和中国近代思想家对

---

① Louis Kelly. *The True Interpreter: A History of Translation Theory and Practice in the West*. Oxford: Basil Blackwell Publisher, 1979, p.28.

语言中的民族性有近乎一致的看法。在直译意译讨论中，语言的民族性不是狭隘的民族主义或种族优越感，不强调血统或血缘上的亲缘关系。无论是在德国浪漫主义哲学家还是在中国近代思想家那里，语言内在的民族性近似精神上的归属。思想家寄希望通过精神的力量发展实现民族文化的统一，强调民族文化的发展对世界文化的作用。质言之，借由语言的民族性所表征的是一种共同的人文观念或"普遍的诗学"（universal poesie）。

　　值得一提的是，从语言观念、翻译观念以及讨论路径来考察，近代直译意译问题的讨论相较于早期翻译理论有很大的不同。在本书的第一章讨论中，早期翻译理论家的直译意译讨论说明，当翻译被视作一种传递时，直译意译讨论的主要分歧在于"传递何物？"以及"如何传递？"等问题。本书在第二章的分析中亦尝试说明，在近代，当语言不是传递而是思维的同一物时，语言肩负起了变革本族语言和发展整个民族思维，甚至是人类整体发展的重大任务。翻译的历史性和创造性得到了普遍的重视，直译意译问题的讨论也被导入了历史的领域，更多地涉及了语言之间的关系和语言的发展。整个讨论既体现在外族语言与本族语及传统文化价值观念的交织，又同时覆盖了过去、现在和将来三个时间的维度。

　　从本质上看，不管两个世纪的讨论在目的和方法上存在多么巨大的差异，两个时期的讨论有几乎完全一致的讨论前提，即两个时期的讨论都存在着一种普遍主义和本质主义的倾向。这是秉着普遍主义的态度，论者才会在讨论之初预设原作或源语言存在某种不变的内核，能够促进本族语言和思维的创新和发展。正如本雅明所言："思想存在与语言存在的等同对于语言学理论是形而上的，极其重要的，因为这一等同促成了这个概念，它不断地将自己擢升于语言哲学的中心并与宗教哲学构成了最亲密的联系。"[①]不过，这种普遍主义和本质主义的观念在20世纪后现代语境中被质询甚至最终被扬弃，直译意译问题的讨论对象、目的和讨论范畴也随之出现了转向。

---

① 本雅明：《论语言本身和人的语言（1916）》，载《本雅明文选》，陈永国、马海良译，北京：中国社会科学出版社，1999年，第268页。

第三章

语言·翻译·场域：直译意译问题在后结构主义思潮中的演绎

20 世纪 90 年代，直译意译相关讨论显现出明显的转向。转向意味着看待直译意译问题的视角和探讨直译意译问题的方式发生了根本性的改变。原作（源语言）与译作（目的语）"二元对立"的思想从此被极大地消解，取而代之的是翻译理论家对特定翻译策略及其效果的关注。忠实、再现等关键概念的内涵也随之改变。应该说，直译意译问题讨论中的理论转向与西方后结构主义思潮关系密切。后结构主义思潮是 20 世纪 60 年代从结构主义和后现代主义思想中衍生出的思维方式，深刻影响了西方社会的人文观念。如果说结构主义思潮是涵盖人文科学的一场松散的思想运动，那么后结构主义是"迄今已经深刻影响和改变了西方学术和思想面貌的一种理论思潮或思维方式"[①]。

当后结构主义思潮，尤其是解构主义和后殖民主义方法论对翻译领域的研究发起了巨大的冲击，翻译观念随之改变。不同理论家从不同视角审视翻译，将翻译描述为显现自我与他者、同一与差异、权力与理论共谋的场所（locus/site/episteme[②]）。与此相关的原作（源语言、原作者）和译作（目的语、读者）两极之间的关系也受到了挑战。传统翻译理论中常被提及的译作依附原作

[①] 马海良：《后结构主义》，载赵一凡：《西方文论关键词》，北京：外语教学与研究出版社，2006 年，第 167 页。

[②] episteme 即"知识领域"，是福柯在《文明与疯狂》中新造的术语，是指外在世界特定认知模式所衍生的知识范畴。对该术语的分析可参见王德威：《浅论傅柯》，载傅柯：《知识的考掘》，王德威译，台北：麦田出版公司，1993 年。

存在的关系被解构。不过正如后结构主义思潮中的解构概念源自海德格尔的拆除（abbau）和拆解（destruction），并不是以破坏性的方式去消解、拆解或分散事物内在的本质，不是"批评的批评"，而是对同一过程和结果的不同考量方式，是用提问的方式去追问包括语言的确定性和意义的界限在内的传统哲学中的"本原"问题，批判逻各斯中心主义（logoscentralism），最终达到反思西方哲学传统的目的。解构这一概念的原初意义与否定无关，其本质恰恰是一种肯定。

当后结构主义理论家借用这样一种解构和肯定的视角来反思翻译现象、事实、行为和结果时，翻译本身的存在、价值和意义的撒播等问题得到了重新思考。一方面，翻译是以德里达为代表的解构主义者展示其语言观念的切入点，试图通过翻译来说明哲学上的"在场"与"不在场"的问题，是一种纯粹哲学层面的讨论，不对任何翻译实践提供指导。另一方面，翻译研究中的解构或解构主义不是一种完备的理论，"而是用翻译来提问，审视语言的本质和'存在中的语言'，以及用翻译来暗示译者在翻译过程中可以无限地靠近或体验'延异'"[①]。在部分翻译理论家看来，解构主义思想家从哲学层面反思翻译和语言本质，影响了翻译研究的学科走向，推动了翻译研究的进一步发展。例如，埃德温·根茨勒（Edwin Gentzler）就认为，"不是因为这种思考确定了一个新的向度，而是扩展了我们用来确立翻译研究的概念框架"[②]。从历史的后见之明看来，解构主义理论或许并未确立或改变翻译研究的概念框架，但确实促进了翻译研究在哲学层面上拓展，这或许可视作根茨勒所言的"新的向度"。

进一步而言，如果后现代是一种社会的、政治的、经济的、文化的情形，那么后现代主义是在此情形下产生的，影响社会方方面面理论倾向，其主要任务和批判对象是启蒙运动以来关于世界永恒真理和普遍意义的人类解放，是反对关于人类知识和实践的宏大叙事，是要终结关于主体的神话。后结构主义虽然发轫于后现代主义思想当中，但与后现代主义的目标不同，前者想要去反省、质疑和批判的，除了永恒真理及其表征之外，更有整个西方的形而上学或哲学传统，语言成为后结构主义理论家主要考察和研究的对象。在语言的先验所指被扬弃后，理性、真理、历史性、主体性、知识、意义等西方哲学思想的核心观念遭受了前所未有

---

① Edwin Gentzler. *Contemporary Translation Theories*. Shanghai: Shanghai Foreign Language Education Press, 2001, p.146.

② Edwin Gentzler. *Contemporary Translation Theories*. Shanghai: Shanghai Foreign Language Education Press, 2001, p.146.

的质疑，知识界开始了对本质、存在、实质等关键性概念的反思和批判。在后结构主义思潮中，语言不仅是哲学讨论的场所，更是意义、知识和权力产生的场域。

受后结构主义思潮的影响，翻译理论家不再将讨论的中心放置在译者的两难抉择上，即，译者是应该靠近原作还是靠近译作，而是以语言考察为轴心，将研究的重心放置到意义的产生过程和不平等关系如何"显身"上。对他们而言，无论在理论上、文本中，还是在批评等不同层面，翻译自始至终都是差异存在的场所。翻译本身的价值恰恰就应该是去显现差异。分析这些被他们视作完全的"他者"（otherness）显现异在的地方，可以重现过去被剥夺的权利和被压抑的声音，由此语言观念得以深化，语言真正成为一种自我和身份的建构，能够实现对世界的全面透彻的认识。

基于此，译作中"文本异常顺畅"和"文本佶屈聱牙"的地方遂成为后结构主义翻译理论家格外关注的地方。后结构主义思潮下的直译意译问题讨论也随之具有了自身的特征。质言之，后结构主义思潮下的直译意译问题被演化为与存在、权力、显现、他者、霸权、身份认同有关的复杂问题，关注的是为何以及如何通过翻译这个场域来显现差异，从而到达哲学上、政治上和文化上的不同目的。随之而来的问题是，传统翻译理论中围绕"如何传递或传递什么？"以及"如何创造或创造什么？"这两个关键性的问题是如何在后结构主义思潮中演变的？后结构主义思潮催生的关键性概念如"反常规翻译"（abusive translation）、"篡改（violate）意义和内容"是如何与直译意译问题发生联系的？继而，当译作依附原作而存在的关系被质询以后，直译意译的讨论是否也随之发生了根本性的改变？又是否可以被称作美国翻译理论家口中的"新直译论"？或者说，当翻译被视作一种场域后，直译意译讨论是如何重述后结构主义理论家对语言和意义不确定性的认识的？求解上述问题将成为本章展开的主要线索。在此过程中，笔者也将继续追问后结构主义思潮中直译意译问题讨论的讨论目的、方式和内在理路，反思论者的理论立场、讨论态度以及直译意译问题的元理论向度。

第一节　20 世纪 60 年代以来语言与翻译观念的变迁

20 世纪 60 年代以来，伴随着语言学和人类学研究的发展，有关普遍主义和相对主义的论争重新引起了学界的兴趣。有关人类思维、语言结构和文化传统之间的同一性和差异性方面的研究迅速发展。洪堡特以来的普遍主义语言观念重新成为这一时期翻译研究的理论资源。正如斯坦纳对普遍主义翻译观念的描述，如果人们认同人类各种语言之间的差异只是表面现象，不同语言之间始终存在某种核心的结构，那么某种合适的翻译方法将有助于实现两种语言结构的对等。[①]上述普遍主义价值观深刻地影响了 20 世纪 60 年代以来的翻译研究，在翻译研究中也逐渐形成了所谓的"科学派"。翻译理论家尝试以语言学研究方法为基础，采用一种"科学主义"和"价值无涉"的研究态度来审视翻译过程和翻译结果。无论是威尔斯的科学主义翻译理论、卡特福德的应用语言学翻译理论，还是奈达以语用学为基础的"形式对等"和"功能对等"都旨在探讨如何在翻译过程中寻求到语言内核或"深层结构"，求得原作和目的语文本不同程度的对等。质言之，上述理论都试图通过描述和分析翻译的具体过程，为译者和翻译培训提供一些规范性的指导原则（normative principle），提出可以用于指导翻译实践的普遍性理论。

在普遍主义与相对主义大论争这一背景下产生的翻译研究语言学派有其特殊的意义和价值。这种语言学的研究模式将过去零星的翻译阐释发展为对翻译过程和结果的系统性的表述，为翻译研究引入了新的研究方法。然而，由于这些理论呈现的是一种"超验的""乌托邦"式的翻译理念，即，将翻译当作一门精密的"科学"来研究，译者的任务正是要去寻求不同语言系统中内蕴的深层结构的完全对等，这种基于语言学研究方法和普遍主义观念的翻译理论与真实语境中的翻译存在着脱节的倾向，因而在一定程度上忽视了语言背后复杂的文化问题。根茨勒对威尔斯的批评颇具代表性——追求句法、语义和读者接受等方面对等的"释义"（paraphrasing）方式"将原文中的差异性、特定的文字游戏、文本的历史内涵都抹去了"[②]。

所幸，到 20 世纪 70 年代，这种规定性的（prescriptive）的翻译研究遭到了部分翻译理论家的猛烈抨击。以伊恩-佐哈尔（Iven-Zohar）和吉登·图里（Gideon Toury）为代表的翻译理论家借用俄国形式主义理论家尤里奇·什家洛

---

① George Steiner. *After Babel: Aspects of Language and Translation*. Shanghai: Shanghai Foreign Language Education Press, 2001, p.77.

② Edwin Gentzler. *Contemporary Translation Theories*. London: Routledge, 1993, p.65.

夫（Jurij Tynjanov）的文学理论，尝试使用系统、文学规范和演绎等若干术语去描述和评价翻译与文学及非文学系统之间的关系。这种描述性的翻译研究试图说明目的语文化挑选原作的标准和方式，尝试揭示出目的语文本是如何顺应目的语文化的若干规范，以及文学翻译是如何在强势和弱势文化中发挥作用的。事实上，相较于翻译研究的语言学派，佐哈尔和图里等人的研究已经改变了翻译研究的研究对象[①]，将研究重心从翻译的过程转移到真实语境中的目的语文本上。

受上述多元系统论（theory of poly-system）和描写翻译研究的影响，巴斯内特、勒菲弗尔、玛利亚·提莫志克（Maria Tymoczko）、西奥·赫曼斯（Theo Hermans）等英美两国的翻译研究者继续推进了文学翻译研究，逐渐形成了翻译研究的操控学派（manipulation school）[②]，提出了如下观点，即翻译研究的对象不应局限于翻译的过程，而应该是翻译的文本，即根植于源语和目的语两种文化符号网络中的文本。文学翻译应被视作目的语文学系统中的子系统和既成事实，翻译研究应考察文学翻译与其他社会文化系统之间的关系。如此，透过译本所折射出的文学作品形象，我们能够考察出特定时期中目的语社会的权力关系与社会规范对译者决策和翻译接受的影响，能够对翻译结果进行更为深入的描述和阐释。操控学派的研究跳出了形式主义和科学主义的范畴，将研究兴趣转向了语境、历史和习俗等更为广阔的领域，揭示了"翻译不是在'真空'中进行的"[③]这个重要事实，提出了以文化研究为导向的研究方法，将源语和目的语社会的诗学和意识形态、两种语言文化之间的地位和关系、大众读者对目的语文本的接受能力等过去被忽视的因素纳入了翻译研究的考察范围。20世纪80年代的翻译研究的文化转向无疑扩大了翻译的研究范围，揭示了翻译与社会文化之间的互动关系。

---

① 虽然图里在《描述性翻译研究及其他》（*Descriptive Translaiton Studies and Beyond*）一书中宣称描述性翻译研究的对象是译作、翻译过程和翻译功能。但图里对过程和功能的界定十分模糊，在他的研究中，研究对象基本聚焦在目的语中的译作上。

② "操控学派"：也称"制控学派"或"摆布学派"。"操控"概念是勒菲弗尔在《翻译、改写与文学名声的操控》（*Translation, Rewriting and the Manipulation of the Literary Fame*）一书中提出的，是指译者受到意识形态、诗学、权力关系和赞助人等因素的影响对原文进行主观的扭曲和改写。

③ André Lefevere. *Translation/History/Culture: A Sourcebook*. Shanghai: Shanghai Foreign Language Education Press, 2004, p.14.

　　然而，虽然翻译研究的文化转向已经结束，但文化转向对翻译研究的影响及其对这门学科的持续推动力却始终存在，留下了一系列亟待解决的问题。以文化为重心的研究是否仍然存在片面性和狭隘性？如何继续推进翻译研究？这些关键性的问题引发了学界广泛的思考和激烈的讨论。一方面，在过多关注影响译者决策的文化因素后，诸如原作和原作者这些同样影响译者决策和译本生产的其他翻译的本体因素被放置到了翻译研究的次要位置。翻译作为语言转化的本质被忽略或贬低了，源语和目的语如何表征文化，目的语文本所体现出的不同语言的关系和语言渗透等问题并未得到解答。另一方面，在文化的作用被放大以后，社会中各种复杂的活动和社会关系被简略为"文化现象"等笼统描述，但文化之间的交互、入侵、分裂和抵抗等复杂过程的结构特征未能得到充分阐述，继而，文化中存在的不平等关系并没有完全显现出来。这说明，翻译研究中的语言学派和文化研究学派虽然扩大了翻译研究的内部和外部研究范畴，但有关翻译事实、过程和结果等翻译的本体问题仍有进一步研究的必要。翻译研究尚需在语言研究和文化研究上继续推进、深化和发展。

　　进一步而言，若重新审视上述翻译研究的语言学派和文化学派的研究目标和研究对象，我们不难发现两种研究存在着相同的阐释框架——原作和译作是作为二元对立的两极而存在的。事实上，上述翻译研究不管是从原文、原作者、目的语文本、读者等翻译研究的内部因素入手探究翻译的本质、过程和结果，还是从翻译与社会文化中的权力关系、性别、意识形态等外部因素之间的关系入手重新理解翻译行为和翻译结果，都遵循相同的理论前提，即原作和目的语文本之间的关系是事先规定的，原作和译作或原作者和读者是二元对立的两极。根茨勒在《当代翻译理论》一书中提出，解构主义以前的翻译理论尽管各自的取向（approach）不同，但都是由相同的理论框架构成的，即确信原作的"在场"，确信原作能够在目的语社会中的重现。"原作与译作的截然区分决定了上述理论对翻译本质的认识"[1]。翻译是对原作、文化、社会规范的一种透明的再现，而译者的任务是要确立自己的目标，选择靠近原作或源语言牺牲译作或目的语，或是靠近译作和目的语牺牲原作和源语言。直译意译问题的讨论范围自然也被划定在上述框架之中。

---

[1] Edwin Gentzler. *Contemporary Translation Theoies*. Shanghai: Shanghai Foreign Language Education Press, 2001, p.145.

　　然而，在后结构主义理论家看来，有关翻译本体的若干问题亟须重新思考，且应该采用新的研究方法来解答。诸如，原作是否为译作"意义"产生的本源、译作是否能够发挥再现的功能、应该去再现什么，这些过去极为笃定的问题其实都成为首先被反思和追问的问题。这些问题的答案也随之成为推动翻译研究继续发展的基本前提。如果将翻译定义为语言转换行为，那么对语言的态度和理解自然决定理论家对翻译的理解。在后结构主义理论中，如何理解语言恰恰是最关键的议题。因为知识的本源（origin）、本体（ontology）或者原作（original text）等一直以来被信以为"真"的存在都是通过语言来表征的。如果语言不是经验世界的镜子，而是对这个世界的建构的话，那么语言中就不存在任何单纯性、同一性、相似性和持续性。所有指向"在场的永恒"都必须被质疑。不仅如此，如果语言作为传达讯息的主要媒介，其本身也是需要被考察的实体，那么所有的事物有可能都是经过语言扭曲后的幻象。人类一直以来求真的企图或许根本无法实现。"现实"不是矗立在某处，固定不变的物体，历史中也不存在固定的时间点。无论在空间还是在时间上，或许都不存在某一个永恒不变的点。语言如何呈现或建构时间、空间和其他事物就成为首先需要探求的问题。"过去被剥夺的权力"、"过去被压抑的声音"，以及"一切不平等的权力关系"都应该通过语言中的不断建构得到修复。正如福柯在《词与物》（*The Order of Things*）一书中指出的，"我们现在最感到好奇的问题是：什么是语言，我们如何找到一种外围的方法使语言利用自身显现出来同时又不失其丰富性？"[①]翻译作为两种语言相遇的场所，恰巧可以作为福柯的"外围的方法"，显现出语言自身的存在和语言中的建构。由此，当语言成为一个实体的存在后，翻译随之成为后结构主义者的研究对象。梳理后结构主义者对西方哲学核心观念，尤其是对西方传统语言和历史观念的反拨才能更好地认识和理解当代翻译研究的发展。

　　后殖民主义理论，既是文化理论和跨学科研究领域的一部分，也是后结构主义思潮重要的组成部分。作为20世纪40年代反霸权主义文化研究的产物，后殖民主义关注欧洲前殖民地的文化、社会和民族问题，致力于揭示殖民主义瓦解后仍然存在的权力不平等和文化不平等现象。由于殖民地文化是以西方知识为其阐释框架的，在这种框架中产生的翻译实践和译作无疑受制于两种不同的文化和权力关系。对后殖民主义理论家而言，语言实践是文化调解的主要手段，而翻译是

---

① Michel Foucault. *The Order of Things*. London: Routledge, 2002, p.47.

展示差异的跨语际实践，无论直接使用殖民者的西方语言指代殖民地的事物，还是用本族语言表达西方话语，翻译都充分发挥了文化调解的作用。因而，考察具体的翻译事件、译作处理情况以及翻译发生的特定语境，一方面能够在一定程度上凸显出殖民地与被殖民地文化之间的互动和融合，反映出被殖民地文化、知识和意识形态如何受到西方文化的入侵和操控，另一方面也能显现出被殖民地文化如何反抗、分裂殖民者文化。显然，在后殖民主义文化研究中，翻译是文化研究的重要媒介。翻译之所以重要，主要原因还在于翻译是不平等关系存在的场域，并且这个处所随时在建构之中。

殖民地和被殖民地的文化和语言虽然完全不同，各自有着鲜明的特征，但两者却互有交互，很难截然区分，因而霍米·巴巴（Homi Bhabha）提出了"杂合"的概念，借以说明翻译是在第三空间里产生的。借用后殖民研究的方法去重新理解翻译实践和翻译结果，无疑能够深化翻译研究者对翻译本质的理解。在《变换术语：后殖民时代的翻译》（*Changing the Terms: Translating in the Postcolonial Era*）一书的前言中，作者深入解读了翻译研究中的"后殖民主义"概念，认为翻译研究框架中的"后殖民"概念有两层重要的内涵，其一是翻译研究的全球维度；其二突出了我们用于理解各种权力关系和他性关系（relations of alterity）的概念框架之重要性。[1]无论如何，后殖民主义翻译研究打破了传统翻译研究的概念框架，瓦解了宏大叙事，强调从语言内部，从文本出发探讨翻译如何消除或彰显文化差异。语言中存在的知识、权力和主体问题成为翻译研究者的主要关注对象。

后殖民主义翻译观念是后结构主义思想在翻译研究中的投射，为翻译研究带来了新的洞见。只不过，洞见并没有彻底颠覆传统翻译观念，忠实、自由、直译和意译等传统译论中的重要概念不仅未被完全消解，还频繁出现在后结构主义翻译理论中。不同的是，在翻译讨论的语境以及学界整体的语言观念发生变化后，直译意译问题的讨论范畴被随之扩大到了哲学和政治领域。欧美翻译理论家，如韦努蒂和菲利普·刘易斯（Philip Lewis）引入了"任意篡改"（violation）和"反常规使用"（abuse）等新的术语，试图从新的角度阐述"抵抗式翻译"、意译、释义等翻译策略的内涵。这些术语不仅延续传统直译意译讨论对翻译方法

---

① Sherry Simon & Paul St-Pierre. *Changing the Terms:Translating in the Postcolonial Era.* Beijing: Foreign Language Teaching and Research Press, 2007, p.13.

（策略）的论争，更将翻译的忠实问题引入了一个新的维度。作为一种语言转换，翻译不再只是简单的传递或创造，而可能是显现和建构差异的场域，甚至是解构本身。译者的任务也因此具有了一定的历史意义。译者需要运用不同的翻译方法和策略去揭示语言背后隐藏的种种虚构、叙事、遮蔽和不透明。从这一点而言，后结构主义思潮中的直译意译问题讨论无疑是以后结构主义思想为理论先导的。后结构主义思想家的研究方法被挪用到翻译研究中，用以重新理解和审视直译意译问题。因此，理解后结构主义主要思想家的思想有助于我们更好地认识和理解 20 世纪 80 年代以来的直译意译问题讨论。

第二节　解构主义哲学理论中的直译与意译

　　总体而言，西方哲学的一个明显的特征是，尽可能削弱语言使用中意义的撒播，尽可能减少语言的多歧性和模糊性，因为对语言意义作精确的逻辑分析，可以避免曲解语义，从而重新认识人类思想的深层机制，重新认识世界。进一步而言，某些策略能减少意义的扩散，能减少话语的隐喻性，从而人类可以透过语言把握和理解那些毋庸置疑的概念、观念和事物。结构主义者提出，在人类思想本质中存在一种共同的结构和形式。意义的结构与此有着密切的联系。只有理解人类整体的思想及思想的变化过程，才能从整体上理解人类思想的深层结构，继而掌握一种把握意义的理性分析模式。解构主义理论家如德里达，发展了结构主义理论对"整体性"的探索。所不同的是，德里达等人强调在认识意义的生成过程中去重新理解"整体性"。意义的撒播和语言的多义性及多歧性由此成为德里达等人的语言研究对象。若果真如德里达所言，"一个语言系统内部，或许是有数种语言和言语"①。即使是在同一门语言中，也存在好几种不同的语言。语言的多义性和多歧性不仅不能消解，还恰恰是语言本质的外在表现。通过语言能够重新思考西方形而上学哲学传统中的"在场"和"不在场"问题。翻译也因此成为德里达等人关注和谈论的重点问题。

---

① Jacques Derrida. *The Ear of the Other: Otobiography, Transference, Translation*. New York: Schocken Books, 2002, p.104.

对德里达而言，翻译是爱与恨、负债和还债、可能与不可能的矛盾统一。朱刚曾详尽地分析过德里达的"友爱"或"爱"的概念。他将施密特的"敌友之分"、尼采的"爱的正当之名"与德里达的"友爱"相关联，提出德里达的"友爱"强调的是将他者作为他者的正义性，因而是一种"非对称的、非互惠的、不要求回报的、纯粹走向他者而不返回自我的"[①]，是一种对他者的肯定，充分说明了翻译绝不是一种转化，不是译者与作者精神的相互交融。作者与译者、源语言与目的语、原作与译作之间有各自存在的价值。无论原作还是译作中的任何一个句子或者任何一个文本包含了多重意义，其本身就是自我与他者显身之处。译者只有重视修辞，合理利用语言的多义性和多歧性，才能实现不可能之可能，从语言的"在场"理解"不在场"的问题。"给直译以自由"正是德里达对翻译的要求。

也正是在德里达的基础上，部分后结构主义理论家如刘易斯提出了"反常的忠实"（abusive fidelity）或"反常的翻译"（abusive translation）这种特殊的翻译策略，提出译者的注意力应该从概念所指转移到能指运作上来，关注语音、句法和话语结构，并产生出一种注重文体感受，重视语言的非常规用法，能够创造出与原文的多重价值观、多重意义和多重表达相匹配的自为存在的译文。韦努蒂在此基础上进一步阐释了其理论体系中的异化概念，突出了翻译是如何在后结构主义视域中被视作一个显现差异的场域。

一、"给直译以自由"：解读德里达解构主义哲学理论中的直译概念

作为解构主义的奠基人，德里达以其艰深晦涩的文风、迂回曲折的讨论著称。其著作充满了大量的文字游戏、隐喻和典故。理解德里达，其实是要理解他如何运用解构的方法来质疑柏拉图主义、浪漫主义和结构主义所代表的西方传统思想，尤其是他如何通过拆解这样一种解构主义式的语言分析方法去实现他在哲学上的诉求，即颠覆西方传统思想中的逻各斯中心主义。从本质上而言，因为语言既是解构的场域也是解构的对象，德里达的解构是以语言为出发点。正如哲学

---

① 朱刚：《开端与未来——从现象学到解构》，北京：商务印书馆，2012 年，第 249 页。

家牛顿·伽伏尔（Newton Carvier）所言，西方哲学以语法、逻辑和修辞三个方面为其主要的语言框架，但德里达恰恰运用的是修辞来批判纯形式和纯逻辑。换言之，"德里达是站在修辞学的立场上来批判逻辑学的传统"[①]。事实上，修辞学讲究从语言表达者的立场看待问题，是要积极利用语言的多义性、歧义性、含混性来提高表达的明晰性。语言符号体系本身的多义性和不自足性是修辞学的研究对象。德里达之所以将修辞作为其解构的工作的切入点，正是因为修辞有助于打破结构主义的封闭性和系统性，使语言从自身显露出来。也只有说明语言不依靠说话者和符号等其他外在的事物，"不在场"的问题才能突出在场的逻各斯中心主义的悖论。进一步而言，德里达将语言作为主要研究对象，通过拆解语言来实现解构。由于文字游戏、典故和隐喻都是解构和建构的最佳手段，能够暴露出"在场的"形而上学自身的诸多"弊端"，翻译对德里达而言具有方法论的意义。也如他自己所言，"对他的思想与写作方式大概产生过某种影响"[②]。

众所周知，德里达的学术生涯是以翻译埃德蒙德·胡塞尔（Edmund Husssirl）的《几何学起源：入门》（*Origin of Geometry: An Introduction*）为起点的。该书是胡塞尔现象学的代表作，充分体现了胡塞尔对形而上学问题的探讨。当胡塞尔在思考西方哲学史这个永恒话题时，他发现康德等前辈哲学家对形而上学问题的探讨都以失败告终。因此，胡塞尔提出了一些现象学原则，试图从根本上解决诸如时间和起源等"本原"问题。对胡塞尔而言，直观事物的本质只能采用"朝向事情本身"的方式。即，通过悬置和还原的方法，重返"本原"。但事实上，如果根本没有一个不变的"本原"，没有所谓的绝对的、理想化的客观形式的存在，不管是悬置、还原，还是其他任何办法都不能回到那个客观的存在。德里达批评胡塞尔的根本原因也就在于，德里达否认不变"本原"的存在。所谓的"本原"其实是一种"延异"——一种空间上的差异（difference）和时间上的延迟（defer）。而无论是延迟还是差异都充分表明了符号不能自足地显现自身，文本中的差异是永远存在的。

在翻译过程中，作为译者的德里达借由翻译深入认识和理解了胡塞尔的现象

---

① Newton Carvier. *A Preface to Sound and Phenomenon*. In Jacques Derrida. *La Voix et La Phenomenon*. David B. Allison trans. Southwest University, 1986, p.xvi.

② 德里达：《访谈代序》，载《书写与差异》，张宁译，北京：生活·读书·新知三联书店，2001年，第6页。

学理论，并随之开始质疑胡塞尔提出的悬置与还原。可以说，德里达对西方哲学的思考是从译者的视角展开的。德里达曾明确指出，胡塞尔的现象学不仅不能自洽，其本身也同样是西方传统形而上学的延续。从双方理论立场上来看，德里达对胡塞尔的《几何学起源：入门》持有绝对的批判态度。但在另一方面，胡塞尔的现象学又同时在哲学思维模式上深刻地影响了德里达。胡塞尔早期思想以逻辑和语法分析为主，特别强调符号与其所表达的意义必须严格区分。胡塞尔现象学中的符号问题启发德里达开始拆解和建构的双重工作。受其影响，德里达重视符号与意义之间的关系。对德里达而言，翻译首先是一项矛盾的事件，既有完全理解也有彻底否定，既有爱也有恨，既有债务也有还债。其中所涉及的除了原作和原作者，更有符号、意义、语言、书写等若干问题。如前文所述，德里达理论体系中的"爱"强调的是一种对他者的肯定。这样一种肯定充分说明了翻译绝不是一种拆解，而是一种肯定中的否定，否定中的肯定。

从这一角度去思考，德里达想要肯定的是包含在翻译中的"语言显现自身"这一事实。而如果解构也同时是一种否定，那么德里达想要通过翻译内在的不可能性说明意义生成过程中的无限可能性，即，以不可能反证可能，从而彻底否定"在场的"形而上学。一方面，翻译是要直面语言的多义性、歧义性和不确定性，是意义的生成过程，因而是一项必要而又必须的工作，其本质上是肯定的；另一方面，翻译又是一项不可完成的任务，是要通过偿还一种不可偿还的"债务"实现"巴别"（Babel）式行为，其本质又是否定的。由此可见，对德里达而言，翻译所背负的双重性不仅是认识语言本质的重要途径，更是解构本身。

诚如德里达所言，解构问题归根到底是翻译的问题。事实上，对后结构主义尤其是解构主义理论家而言，翻译一直都是有效的理论建构工具。究其原因，后结构主义理论家是运用修辞来打破中世纪开始的语言研究框架，质疑和否定西方哲学传统，实现所谓的"形而上学的终结"。修辞与纯粹的形式无关，主要涉及的是对符号的使用和解释，因而是与语言的使用和事件有关的。与此同时，作为同时关乎个人话语和公共话语的事件，翻译又突出了符号与事件之间的相互关系，翻译的过程同时呈现了"事件化"（actualization）过程，使得"在场"与"不在场"问题瞬时明晰化。

尼南贾纳在《为翻译定位：历史、后结构主义和殖民语境》一书中曾指出，"从传统上来看，翻译是以现实（reality）、重现（representation）和知识等西方哲学理念为基石的"①。作为解构本身的翻译首先所要拆解的正是现实、再现、知识等西方哲学的基础。基于此，德里达提出了"给直译以自由的"的观点，期望通过直译的方法重申意义与所指、意义与词的音形整体如何区分等问题，从而重新理解忠实、再现等概念，说明"在场"与"不在场"的问题。

应该说，德里达关于直译的思考是从解构"巴别"这一概念开始的。"巴别塔"是《圣经·旧约》中与翻译有关的一个故事，被视为翻译的缘起。在德里达看来，巴别塔一词正是语言多义性和多歧性的代表。Babel 一词源自希伯来语balbal，兼具"神之门"（gate of god）与"使混乱、使迷惑"两层意思。上帝终结了语言的统一状态，让修造巴别塔的闪米特人彼此间言说不同的语言。这之后，不仅巴别塔成为一项未竟的工程，其结构永远无从完结，就连"上帝"（Bal）这个确定的，在闪米特人的专有名词中不再是单一、固定的。babel 这个词的内部存在着分裂和分化，是自身对自身的拆解。把无数的语音和语义线索汇聚到了一处，语言的多义性和多歧性也就由此具有了特殊的意义。

> 如果我们考虑一个遗留文本的生存的话，即关于巴别塔的叙事或神话，那它就不仅仅构成许多比喻中的一个。在讲述一种语言对另一种语言的不充分性时，它同时还讲述比喻、神话、转义、曲折变化、不足以补偿使我们束手无策的多元性翻译的必要性。在这个意义上，它将是关于神话根源的神话，关于隐喻的隐喻，关于叙事的叙事，关于翻译的翻译，等等。②

毫无疑问，Babel 一词考问了翻译中存在的本质问题，即，其一，从一种语言过渡到另一种语言时，译本如何能够传达出多于两种语言的复杂性？其二，如果不能传达出语言的多义性和多歧性，翻译是否还能被定义为翻译？从上述两个问题出发，真正的翻译只能是完全显露出语言自身的多义性和多歧性的翻译。然而，这种德里达所谓的真正的翻译只能依靠真正的巴别式的语言才能实现。换言之，只有能够通过语言传达自身的译作才是真正的翻译。因此可以说，翻译因为

---

① Tejaswini Niranjana. *Siting Translation: History, Post-structuralism, and the Colonial Context*. Berkeley: University of California Press, 1992, p.2.

② 德里达：《巴别塔》，载陈永国：《翻译与后现代性》，北京：中国人民大学出版社，2005 年，第 13 页。

语言的多义性和多歧性成为一种必须进行但又永远不可完成的任务——翻译是法则、职责和债务。德里达继而提出，译者的任务是指译者必须完成一项"（由其他人所赋予的）使命、承诺、职责、责任"，这项"可能意味着过错、过失、错误甚或罪过的任务"①。这是重新认识语言尤其是意义的唯一途径。

德里达对译者的任务之理解也可视作对经典《译者的任务》之回应。本雅明于 1942 年写了同名经典论文，使用职责、债务（aufgabe）讨论了翻译的实质，暗示了翻译的不可完成性和必要性。本雅明结合历史唯物主义和卡巴拉神学思想，深入探讨了如何通过不可译性之可能重返纯语言。为达到这个目的，本雅明将语言预先划分为物的语言、人的语言和上帝的语言，并认为如果译者使用人的语言来翻译上帝的语言，纯语言的种子永远没有成熟起来的可能，但通过各种语言之间的互补，却可以在语言的亲缘性中，求得纯语言。从这个意义上来讲，翻译是必须进行，但却永远不可能完成的。这种不可完成性在德里达看来正是翻译本身的价值。

在德里达的思想里，价值（value）与翻译的本质息息相关。关于价值概念的内涵，德里达在《声音与现象》（*La Voix et Le Phénoméne*）一书中曾作如下解读，"作为各种价值保证，'作为原则的原则'来认识的东西之中，即寓于一开始就提供出来的自明性，现在或面对充实而又原始的直观的意义在场之中"②。换言之，无论是任务、债务，还是价值都指向翻译过程中所包含的"语言自身显现自身"这一事件。在德里达看来，这一事件可以被称为巴别式的事件，指向的是语言之间的亲缘关系以及语言自身的意图。

与此相对的是德里达对"债务"一词的解读。在《什么是确当的翻译？》（"What is Relevant Translation？"）一文中，德里达曾用《威尼斯商人》（*The Mechant of Venice*）中的法庭审判来说明他对翻译和债务的理解。剧中主人公安东尼曾举债夏洛克。在法庭上，安东尼的律师劝说夏洛克"以慈悲为名"，放弃追讨债务。被其拒绝后，律师提出夏洛克只能依据两人之间的协议，从安东尼身上割去一磅肉，但却不能让安东尼流一滴血。夏洛克因此讨债不成。在德里达看来，欠债与偿还（render）是相伴相随的。债权人在给予的同时也已经成为债务

---

① 德里达：《巴别塔》，载陈永国：《翻译与后现代性》，北京：中国人民大学出版社，2005 年，第 21 页。

② 德里达：《声音与现象》，杜小真译，北京：商务印书馆，2010 年，第 3 页。

人，因为他所给予的也是他所背负的。债务人在举债的同时也成为债权人，因为他从举债那时起已经开始背负责任。按照这样的理解，欠债和偿还的行为既在债务之中，也在债务之外。在法庭上，偿还变成了一种对文本的字面意义的解读，律师行为被视作绝对的直译，严格按照字面意思阐释文本。但这种阐释其实是把非字面意义（经济纠纷、正义伸张）转换为文字游戏，在语言的多义性和多歧性中提出偿还的方式。正如德里达所言，"债务的约束或义务并不在给予者与接受者之间，而在两个文本之间"①。但从本质上而言，这种偿还在现实中是根本无法进行的，只是突出了偿还的可能性。这也说明直译无论对于价值之实现，还是对于偿还之可能都具有无可替代的价值。即使是最忠实原著的翻译，也是无限地远离原著、无限地区别于原著的，而这很妙。因为翻译在一种新的躯体、新的文化中打开了文本的崭新历史。②如果译者的任务是要去偿还某种不可偿还的债务，且这种债务是原作自身所背负的。这种偿还（restitution）就不是一种意义的偿还。也正是基于此，德里达提出了"给直译以自由的"的观点。

在《译者的任务》中，本雅明曾将隔行对照翻译（interlinear translation）这种绝对直译的方式视作理想翻译的原型，这是因为在本雅明看来，翻译是以人的命名方式传达上帝的语言，这从根本上预设了翻译自身的不可译性，但翻译却又通过语言自身对纯语言的趋同，在持续不断的翻译过程和译作中尝试寻求弥赛亚。这充分说明了语言不再指向具体的所指，而是指向完整的本体语言，即上帝的语言。正如本雅明所言，"翻译是无声向有声的转换过程，亦是寻求命名的过程。就此而言，翻译只是把不完美语言转换为完美语言，却不增加任何知识的过程。"③

对本雅明而言，用隔行对照翻译的方式译出的神圣文本是理想的翻译方法。因为，此种方法一方面反映了语言的上述意愿，另一方面也清晰地表明了如下事实，即语言符号的能指与所指是同一的，翻译所能传达的也只有语言自身而已。由此可见，本雅明从历史唯物主义和神学的角度对直译概念提出了一个全新的解释，直译不再是单纯的翻译策略或翻译方法，而是语言自身的意愿，是语言自身

---

① 德里达：《巴别塔》，载陈永国：《翻译与后现代性》，北京：中国人民大学出版社，2005 年，第 23 页。

② 德里达：《书写与差异》，张宁译，北京：生活·读书·新知三联书店，2001 年，第 25 页。

③ Walter Benjamin. *Reflections: Essays, Aphorisms, Autobiographical Writings*. Schocken, 1986, p.315.

的需求。直译的神圣文本代表着一个历史过程和一个无限接近"上帝之道"的过程，体现了不同语言之间的亲缘关系，指向的是语言的整体性。可以说，本雅明的直译着眼于语言最内在的本性：自我显现，又超越自我。正如本雅明所言，"只有通过物的语言存在，他才能从他自身获得关于物的知识——以名的方式。"[①]显而易见，本雅明的直译是从哲学层面去理解和把握命名与物之间的关系。这不仅瓦解了传统的语言工具论，放大了语言的非指涉功能，更从根本上改变了传统意义上将翻译作为传递的观念。

本雅明对直译的理解得到了德里达的认同。在《巴别塔》（*Babel*）中德里达也进一步阐述了他对意译和直译的理解。德里达提出，在神圣文本中，"意译和直译已经无法区分，因为它们共同构成了一个独特的、不可替换的、不可转换的事件，'物质的真实'。翻译的号召、债务、任务、分配从未像现在这样迫切。从未有比这更具可转换性的事物，然而，由于意义和直译的这种不可区别性，纯粹可转换的东西可以宣告、给予、呈现自身，把自身翻译成不可译的"[②]。

事实上，从以上分析或许不难看出，翻译、直译、意译三个概念的内涵在德里达那里其实没有丝毫差别，因为作为其哲学研究的主要方法，翻译是与在场和不在场相关的，不管是意译还是直译，只要是一种德里达所理解的真正的翻译，能够体现出语言的意图和语言背后的债务和偿还，属于真正的巴别式的事件，那么"意义和直译其实没有任何区别"[③]。可以说，与翻译有关的术语是德里达解构主义理论体系中的一个部分，故而，直译等概念皆需与债务、价值、确切等其他哲学概念参照，才能更好地理解。正如德里达在《巴别塔》一文中所总结的翻译的三个主要特征：翻译的任务不是从接受者的角度规定的，翻译的本质不是交流，原作与译作之间不是再现与生产的关系。原作和译作都只是意义生产的一部分。这种意义生产并没有结果，因此，重要的是意义生产的过程，通过这个过程可以反映出语言如何通过自身显现自身。也正是在这个过程中，语言的亲缘关

---

① Walter Benjamin. *Reflections: Essays, Aphorisms, Autobiographical Writings*. Schocken, 1986, p.319.

② 德里达：《巴别塔》，载陈永国：《翻译与后现代性》，北京：中国人民大学出版社，2005年，第40页。

③ 德里达：《巴别塔》，载陈永国：《翻译与后现代性》，北京：中国人民大学出版社，2005年，第39页。

系，巴别塔倒塌之前的多语言状态可以被把握。语言在场，但语言所言说的却并不在场，是故，意义和语词不能相互分离，符号的所指永远处于不在场过程中。直译、意译、翻译与语言的意图有关，与确定意义的转换无关。此三个概念都必须从哲学层面去理解。

这也说明，德里达对翻译的思考，一方面是借翻译之名探讨解构，另一方面是从意义的产生思考具有哲学意义的本原问题。因而与本雅明不同的是，德里达并不关注纯语言本身。他所重视的是翻译如何指向纯语言，如何作为一种意义生成的事件。换言之，虽然德里达也赞同本雅明将神圣文本的隔行对照翻译视为一切翻译的参照，但德里达关注的不是纯语言是否显现这一结果，而是显现的过程。德里达曾提出，"在同一事件中，文字停止压迫，因为它不再是外在的提出：神圣文本的有待翻译的东西，其纯粹可译性，就是极端的衡量所有翻译的理想标准"[①]。显然，在德里达这里，纯粹可译性不是指原作语言所负载的意义，而是意义的生成过程。从总体上而言，德里达的直译至少强调了以下三点内容：第一，直译是可传达的，也是可能的，是偿还不可偿还的债务；第二，直译是语言的多义性和多歧性的集中体现，强调的是意义的生成过程；第三，在直译中，语言表达了自身的意愿，并通过自身传达自身的意义和价值。

继而，如果按照德里达的提法，"给直译以自由"，翻译的价值也就不在于传统意义上的"忠实的意义传递"或"原作的绝对再现"。无论是忠实，还是再现都不是单纯的语言活动，都与哲学意义上的"是"有关。

既与"是"有关，哲学层面上的忠实是忠实于语言符号的意指活动，不是忠实于原作所表达的意义。再现也与传统译学中的再现概念不同，再现的对象其实并不在场。恰恰因为不在场，才能通过替代进行有意义的符号活动。所以再现不是去再现作为实体的对象，而是去再现意义产生的形式，即能指链。也正是在这个意义上，德里达所理解的翻译、直译和意译三个概念在理解和使用上真正抛弃了工具论。事实上，虽然德里达对翻译的阐述与翻译实践或翻译理论无关，但他却从另一个侧面呈现了翻译与语言多义性和多歧性之间的关系，给后续的翻译理论家以极大的启发。

有学者认为，德里达所提出的"延异"概念，"显然是忽视了概念、文本意

---

① 德里达：《巴别塔》，载陈永国：《翻译与后现代性》，北京：中国人民大学出版社，2005年，第39页。

义的相对稳定性，将意义的不确定性片面化和绝对化。这在理论上势必导致真理与谬误的混淆，导致一种坏的相对主义，无疑又是不足取的"①。将德里达的解构主义理论与相对主义相互关联起来的认识颇为常见。从某种意义上而言，上述解读是一种对德里达哲学理论的误读。因为德里达自始至终是反对空洞玄虚的。意义延异和撒播不是意义的失落，而是对意义无限数量的基本认同。"语言中之存在无确定项的差异"仅仅是针对在场这一哲学的根本问题。因为"它（存在）仍然植根于语言系统和由历史决定的'意义'尽管它被赋予了去蔽和异化的作用"②。这种从考察意义产生理解"在场"的哲学讨论路径虽然从侧面强调了意义的生成过程是相对的、不确定的、不断延异的过程，但强调这种相对性的最终目的还是希望能从整体的角度更好地理解意义生成，从打破二元对立之"既不真也不假"的角度重新判断意义。将德里达的这种观点带入翻译研究中，我们不难发现，这种哲学主张并没有真正解构传统译学中的忠实和对等等核心观念，也没有为实践提供直接指导。"给直译以自由"或"直译意译的界限已经被取消"等主张需要被放回到解构主义的哲学思想中去重新理解。

有趣的是，由于德里达自身的文风问题和著作中出现过多的文字游戏，如何解读德里达为探讨翻译与语言多义性关系提供新的思路。德里达在哲学层面探讨的直译问题在讨论和辨明后最终被放置到了实践层面，得以切实践行。其中，美国翻译家刘易斯在批评德里达著作的英译文本时，提出了"反常的忠实"这一概念，通过探讨原文、翻译与意译之间的关系，厘定了英译德里达的策略和主要的原则。韦努蒂以"反常的忠实"为理论基础，探讨了意大利翻译家在翻译雪莱小说时对原文的复制和增补，并进一步提出了"对语言的反常规运用"、"抵抗式翻译"等翻译策略，认为译者可以通过形式上的策略来强化语言效果，从而打破英语富有民族优越感的语言使用状态，干预掌握着文化霸权的英语国家内部的不平等的文化交流现象。在当代译学中，异化和归化两个概念通常被视为韦努蒂主要的理论贡献。关于直译意译和归化异化两组概念的探讨也一直是学界的热点。不过，从上文简略的分析可以看出，德里达的解构主义理论以及刘易斯对此的思考都为韦努蒂提供了一定的理论资源，无论是异化、归

---

① 赵铮：《德里达的"解构"之路》，载陶秀璈、姚小平：《语言研究中的哲学问题》，北京：中央编译出版社，2010年，第23页。

② 德里达：《论文字学》，汪家堂译，上海：上海译文出版，1999年，第22页。

化，还是"对语言的反常规运用"等都应被纳入这一理论谱系中去思考。是故，厘清这一理论谱系是梳理直译意译问题如何在后结构主义语境中得到发展的关键点。

二、"反常的忠实"与"评注"：意译作为理想的哲学文本翻译方法

反常的翻译（abusive translation）是刘易斯在其法语论文《朝向反常的翻译》（"Ver la Traduction Abusive"）中提出的翻译策略。刘易斯随后将这篇法语论文自译成英语。但他在翻译中，不仅将标题改为《翻译效果评估》（"The Measure of Translation Effects"），还宣称采用了意译（free translation）的方法重写了论文。论文的核心思想是讨论如何翻译德里达并将其转变为普遍意义上的翻译学本体问题，"何为翻译？"、"如何翻译？"、"如何评估译作？"以及"译作的影响如何？"等翻译学中心问题提供思路。在翻译完成后，刘易斯提出了一个尖锐的问题，即"翻译后的英语论文还能够被视作一部译作吗？"[1]刘易斯的问题直指翻译的本体。如果翻译是对原作的改变，那么这种改变在何种程度上才能被视作正当的呢？正因为刘易斯身兼译者和作者的双重身份，试图改变法语论文中规定性的理论导向，他的翻译实践与理论相互印证，极具代表性，为学界理解直译和意译概念提供了翻译学和哲学的双重路径。

为厘清改写与翻译之间的界限，刘易斯提出了"反常的忠实"概念。对他而言，"反常的忠实"所涉及的不仅是如何翻译德里达作品的问题，更是对忠实、再现、原作、译作等重要概念的重新理解。在根茨勒看来，刘易斯在使用这个术语时有明显的犹豫和克制。[2]这或许因为刘易斯充分理解英法两种语言之间的差异，也清楚地知晓英语中的"反常"（abusive）一词不能很好地传达出该词（abuse）在法语中，尤其是在德里达著作中的内涵。与德里达常常使用的"文字

---

① Philip Lewis. The Measure of Translation Effects. In Lawrence Venuti (Ed.), *The Translation Studies Reader*. 3rd edn. London: Routledge, 2012, p. 221.

② Edwin Gentzler. Translation, Poststructuralism, and Power. In Maria Tymoczko & Edwin Gentzler (Eds.), *Translation and Power*, Beijing: Foreign Language Teaching and Research Press, 2007, p. 203.

游戏"一样，abuse 本身就是一个文字游戏。刘易斯在论述"反常的忠实"时小心谨慎，也是因为他试图突出 abuse 这个术语本身丰富的内涵。

　　从字面意义来看，use 即"用法"。前缀 ab 有"不同于常规"之意。abuse 既是法语也是英语。不过其在两种语言中的内涵大不相同。法语中的 abuse 有"假的""欺骗性的""误导性的"等多种含义，英语中的 abuse 与该词在法语中的意义不同，意为"错误的""不明智的""冒犯的"。换言之，直接使用 abusive fidelity 时，不仅该词本身的含义在翻译过程中发生了转变，其在法语中的指涉也同时丢失了。在德里达的著作中，abuse 不是简单地篡改原作或译作，该词所关注的不是语言的非常规性使用方式，让其产生某种"违反惯常语言用法的译作"（strong translation）。通过翻译实现陌生化的文本效果。abuse 一词所要揭示的恰恰是现行的一种广为接受的语言体系，这也是德里达在《隐喻的后撤》（La Retrait de Metaphor）中曾猛烈抨击的语言体系。刘易斯根据德里达对"后撤"概念的阐释，将这种语言体系定义为"us 体系"（us-system），日常的（usual）、有用的（useful）和规范的语言用法（common linguistic usage）。正如刘易斯所言，"价值链将常用的、有用的和规范的语言用法关联起来。如果遵守上述价值观，那么不可避免地要去归化信息或将异域的信息变成本土的信息，语言和思想将不会受到重视，常规将不会被打破，将无法从未说或不可说中寻求到未曾思考或无法思考的内容。"[1]显然，abuse 无论在法语还是在英语中都可以被视作文字游戏，关注的是语言本身。

　　从本质上而言，刘易斯的 us 体系与德里达的"白色神话"（la mythologie blanche）和"隐喻的后撤"是完全一致的。在现代修辞学中，隐喻作为一个纯粹修辞学概念，是一种隐含的类比（implied analogy），其目的是运用想象，将两种不同的事物联系起来。正如英国修辞学家泰伦斯·霍克斯（Tyluns Howks）所分析的，隐喻来自希腊语 metaphora，meta 的意思是"超越"，而 phora 的意思是"传达"。隐喻作为一套"特殊的语言学程序"，是要"将一个对象的诸方面被'传送'或者转换到另一个对象，以便使第二个对象似乎可以被说成第一个"[2]。无论对哲学家还是对修辞学家而言，隐喻都具有重大意义，关涉到了概

---

① Philip Lewis. The Measure of Translation Effects. In Lawrence Venuti (Ed.), *The Translation Studies Reader*. 3rd edn. London: Routledge, 2012, p.221.

② 霍克斯：《隐喻》，穆南译，太原：北岳文艺出版社，1990 年，第 1 页。

念转移、图式转换和范畴过渡等方面的内容。不过，德里达在《白色神话：哲学文本中的隐喻》（*La Mythologie Blanche: La Métaphore dans le Texte Philosophique*，下文简称《白色神话》）中并不探究暗含在隐喻中的转移和转换，而是想要打破隐喻的（metaphoric）与字面的、本原的（literal）之间令人安慰的对立。[1]在哲学领域，断裂、一种朝向内在世界的道路，无法直接表明，只能通过一种隐喻来暗示，隐喻的谱系自身就应受到思考的全部重视。[2]隐喻是在不断使用中获得的新的意义。哲学文本中的隐喻暴露的是意义的增加、改变和撒播过程，体现的是修辞对逻辑的超越以及修辞和逻辑的博弈。上述超越和博弈正是德里达的"白色神话"，即"隐喻从自身抹去它原初的神话场景，但场景并未被抹去，它使用白色墨水绘制，是一幅看不见的图画，隐藏在隐迹的纸本中"[3]。

"白色神话"突出了语言中的"磨损"（usure）。usure 在法语中具有双重含义，既表达价值的增长（usury），也表示磨损。隐喻广泛用于哲学文本，隐喻的丰富性是不断地被磨损的。这种磨损可能是字面意义的不断丢失，隐喻意义不断增加的过程，也可能与之相反。德里达用"白色神话"和"磨损"来说明，在语言使用过程中存在着语词本义和转义的不断转换，存在着意义的撒播，存在着知觉和感觉的不断替代。这也说明，语言的使用其实是一个不断用转义替代本义，不断打破，不断建构起语言常规用法的过程。德里达对"白色神话"的解读为可译性提供了新的理解。在德里达的解构主义理论体系中，可译性与意义确定与否无关，关注的是意义的产生和撒播过程。只有意义处于撒播的过程，在场的形而上学才能被彻底否定。因而对德里达而言，值得引起重视的不是语言之间切实的差异，而是延异，是对结构主义"差异"理论的反拨。

众所周知，"差异"是索绪尔理论体系中的核心概念。在《普通语言学教程》（*Course in General Linguistics*）中，作为结构主义的奠基者的索绪尔创造性地提出了关于语言的四项原则，即四项二元对立的关系：语言与言语、能指与所

---

① 张逸婧：《隐喻与形而上学的关系——德里达和利科关于隐喻的争论》，载《复旦学报（社会科学版）》，2009 年第 5 期，第 30-35 页。

② 德里达：《访谈代序》，载《书写与差异》，张宁译，北京：生活·读书·新知三联书店，2001 年，第 10 页。

③ 张逸婧：《隐喻与形而上学的关系——德里达和利科关于隐喻的争论》，载《复旦学报（社会科学版）》，2009 年第 5 期，第 30-35 页。

指、历时与共时以及系统差异决定语义。尤其是符号的任意性原则对后来的结构主义理论产生了重要的影响。法国语言学家埃米尔·本维尼斯特（Émile Benveniste）认为，索绪尔的影响可从两点加以检视，其一，为现代语言学建立的新的科学基础；其二，发现了作为语言基本特征的符号概念，并将其成功植入了现代西方哲学思想，从而极大丰富了文化研究的可能性，为西方人文科学提供了重要参照模式。[①]索绪尔区分了符号、所指与能指。符号（sign）是概念（concept）与音响形象（sound-image）的结合。所指（signified）即概念，而能指（signifier）意味着音响形象。符号、能指与所指都是纯粹心理的。在论述三者之间关系时，索绪尔虽然特别强调了语言中存在的只有差异的关系，所指与能指犹如硬币的两面，不可分离，但他也同时指出，所指与能指的结合是偶然的，语言中的差异关系是通过某种优先级实现的。能指始终是高于所指的。这种优先级规定了意义约定的本质，意义必须是约定的，交流才能成为可能。

在德里达看来，索绪尔的区分无疑是一种"语音中心主义"。因为声音具有一种即时性，声音在前，而书写在后，这是思考人类交流的进化和起源的基本准则。这种思维方式将自我和现在"特权化"，突出的是意义以自我显现的方式存在。而这也正是西方传统中的逻各斯中心主义或"在场的形而上学"。存在只能通过呈现在当下的存在物来理解，语言是真理的载体，透过语言即可把握真理。但实际上，语言既然是一个系统，它的各项要素都有连带关系，而且其中每项要素的价值都只是因为有其他各项要素同时存在的结果。德里达使用文字游戏，提出了"延异"，利用两种不同语言中读音相同，书写不同的词来抗议西方传统思想中的语音中心主义，反拨"在场"的可能性。是故，"延异"是要重新思考再现和重复的可能性。

从德里达所设定的语言游戏来看，"延异"概念强调的是时间的"延宕化"（temporalization）、同一性的分裂和一种不确定状态，意味着推迟、延缓和迂回，否定的是西方传统思想中的"即时性"（actualization），是对"差异"的替补。语言中的差异让译者处于两难的境地，一方面译者需要忠实于原作的语言和信息，另一方面又要忠实于目的语信息中的指涉。译者的任务是要去再现原作的信息、内容和文本中的概念。但"延异"却提出了一种新的忠实——"忠实于

---

① 本维尼斯特：《普通语言学问题》（选译本），王东亮等译，北京：生活·读书·新知三联书店，2008年，第20—39页。

语言中的能指链，句法过程、散漫的结构以及语言机制对思维和现实的影响"①。正是在这个意义上，忠实于语言的修辞策略和表达形式的"反常的忠实"恰恰是绝对的忠实。

"反常的忠实"彻底改变了传统意义上对再现（re-presentation）的理解。无论从哪一种角度来看，再现这个概念都是和本源概念联系在一起的。在传统翻译理论中，原作通常被视作本源。既然有本源存在，译者的任务就是去忠实地再现这个本源。受亚里士多德和柏拉图的影响，语言"反映论"以及"艺术是一种模仿"的观念广为流传。按照亚里士多德的观点，自然先于语言和艺术而产生，任何艺术和语言表达都只是对事实或自然的一种反映，因而无论语言还是艺术都是次要的。在柏拉图看来，艺术是世界的复制品，而世界又是理念的复制品，所以，艺术是一种复制的复制，无论复制得如何精当，也只是次要的，不具有创造性。德里达的理论彻底否定了上述反映论和模仿论。"他反对通过对事物的真实描述和反映而认同真理的需要，无论这种描述和反映式的'相似'、'符合'、'无蔽'中还是表现在'我思'的确定性中"②。在《声音与现象》中德里达通过重新解读德累斯顿画廊，阐释了他对再现和本原的理解。胡塞尔在《几何学起源：入门》中曾专门探讨过悬挂在该画廊中的一段声明。德里达在《声音与现象》中援引了胡塞尔的例子，引用了这段著名的声明——"本画廊是一座迷宫，画廊的出口在其自身之中。"画作的主题是画廊本身，而画中的画廊中又悬挂着画作本身，所有观众都被画入了画作之中。这似乎是永无完结的再现，一种对再现的重新再现。本原的概念由此不复存在。

胡塞尔试图通过画作来阐明知觉现象学，说明真相是永远被悬置起来，无法触碰的。德里达却想通过画作展现出无限的延异。再现的不是本原，而是无限延异的过程。翻译中的再现也是同理。译作所要再现就是延异——意义的撒播过程和语言对自身的言说。根据这样的目标，好的译作是要"重视体验性、干预语言的惯常使用，努力创造出原作中的语言多义性、多歧性和表达重点，产生出译作

---

① Philip Lewis. The Measure of Translation Effects. In Lawrence Venuti (Ed.), *The Translation Studies Reader*. 3rd edn. London: Routledge, 2012, p. 226.

② 豪威尔斯：《德里达》，张颖、王天程译，哈尔滨：黑龙江人民出版社，2002 年，第 91-92 页。

自身的语言多义性、多歧义和表达的重点。"①

"反常的翻译"是在两个不同的向度上追求忠实的，其一，不断地打破语言的惯常用法，在译作中表现出语言的多义性和多歧性；其二，不断地回溯到原作中，表现出源语言本身如何打破语言的惯常用法。显然，"反常的忠实"对翻译提出了相当高的要求。译作一方面要臣服于目的语，一方面要让原作的语言从能指和所指的关系中解放出来。然而，翻译的上述困难并不指向彻底的不可译。恰恰相反，"反常的忠实"明确了翻译的必要性，也重申了原作和源语言的重要地位。从本质上而言，运用这种翻译策略旨在实现两个翻译目的：第一是要在译作中重新产生源语言常规的语言和反常规的语言使用情况；第二通过反复使用语言，包括常规和反常规的使用，突出目的语语言本身。无论哪一种翻译目的都说明，翻译的最终目的是反映出原作和译作中语言的常规和反常规使用，突出语言的多义性和多歧性。

为进一步说明"反常的忠实"策略如何运用到译者的实践中，刘易斯将德里达的《白色神话：哲学文本中的隐喻》英译本作为个案，尝试在理解法英语言差异的基础上评估英译的得失。事实上，德里达的著作一方面引起了英语学界极大的关注，另一方面又受到了诸多学者的严厉批评。最多的批评集中在意义的不确定性上。德里达强调"延异"，认为无论是本体论还是认识论上，一切都可以被质疑，没有固定的意义，没有确定性，也没有稳固的根基。这种不确定性或许指向的仅仅是虚无。因此，德里达所解构的形而上学被视作一种永远没有结果的符号链生产，除了"虚无"再没有其他有益的事物。然而，德里达并不认可这样的批评，他认为英美学界对他的批评是源自一种"误读"。误读的产生或许可以归结于以下两个原因：第一，批评家们通常看到的是解构对语言狭隘的关注以及对历史及其主体的传统观念的质疑。所以关于解构的潜在政治投入和反响的争论也许是使他们最为困扰的问题。②另一个重要的原因在于翻译。英语学界通常是根据英译本去理解德里达的，不过因为法语和英语在句法结构、修辞的使用以及符号链上存在一定的差异，英译著作并没有很好地呈现德里达的独特文风和复杂的文字游戏，这在很大程度上影响了评论者对德里达著作的理解和阐释。正如刘易

---

① Philip Lewis. The Measure of Translation Effects. In Lawrence Venuti (Ed.), *The Translation Studies Reader*. 3rd edn. London: Routledge, 2012, p.226.

② 让・普拉格：《解构》，载格洛登、克雷斯沃思、济曼：《霍普金斯文学理论和批评指南：第 2 版》，王逢振等译，北京：外语教学与研究出版社，2011 年，第 383 页。

斯所言，"在德里达那里，能指和所指的区分点已经被解构，所以，翻译德里达需要一种新的忠实原则，即要求译者注意能指链，注意遣词造句，注意推论条理，注意语言机制和思想现实形成的影响范围。"[①]

刘易斯从标点符号的使用、翻译的翻译、后缀、语词、短语和话语 6 个方面细致对比了原作和译作，尖锐地指出英语译作丧失了语言的力量（language force）。正如刘易斯在其英文论文标题"翻译效果评估"中暗示的，评估译作既是要去评价译作也是要去理解译作，评价的标准是看译作是否真正地表现出了语言意义的撒播过程及其多义性、多歧性的本质。英译者忠实译作的可读性（intelligibility），并没有采用直译的方式来保留德里达"对语言细微之处的探索"。这种翻译方法导致译作完全忽视了德里达《白色神话》的写作目的和书写方式。事实上，德里达在《白色神话》中采用的是"双向写作"（double-edged writing）的写作方式。双向是指一方面让语言的言和行同时进行，一方面又在言与行中不断产生各种各样的关系。受德里达的影响，刘易斯将翻译定义为"一种包含必要解释的再现形式"[②]。如果再现指向的是撒播和语言对自身的显现，那么解释是针对语言的常规和反常规使用而言的。刘易斯在评估《白色神话》英译的基础上，提出意译（free translation）或评注（commentary），或许是同时实现再现和解释的最好方式。

解构主义翻译理论家凯斯林·戴维斯（Kathleen Davis）认为，刘易斯的评注在本质上是有争议的。[③]事实也确实如此。在刘易斯的著作中，评注和翻译的界限并不十分明晰。不过如果考虑到刘易斯反复强调的"反常的忠实"，那么评注或许能够超越翻译的两难境地，超越语言的差异展现出原作中语言的反常之处。刘易斯反复强调评注或意译是对原作和源语言的替补。回到解构主义翻译理论中，德里达曾用柏拉图的"药"（pharmakon）来阐释替补概念的内涵。pharmakon 既不是药也不是毒，既不善也不恶，既不在其中也不在其外。替补如同 pharmakon 既不是更多也不是更少，既不是外部也不是内部。替补是要同时掩

---

① Philip Lewis. The Measure of Translation Effects. In Lawrence Venuti (Ed.), *The Translation Studies Reader*. 3rd edn. London: Routledge, 2012, p. 227.

② Philip Lewis. The Measure of Translation Effects. In Lawrence Venuti (Ed.), *The Translation Studies Reader*. 3rd edn. London: Routledge, 2012, p.225.

③ Kathleen Davis. *Deconstruction and Translation*. Shanghai: Shanghai Foreign Language Education Press, 2001, p.84.

盖和揭示它所补充之物的不足和失败。对比翻译和评注，两者虽有差别，但也是完全同一的。"评注通过翻译来替补翻译"[①]。评注和翻译的悖论性表明了译作和原作都渴望通过不同的形式回到语言本身。

　　归根结底，刘易斯提出的"反常的忠实"既是翻译的策略，也是翻译的原则。但在本质上，"反常的忠实"自始至终是对德里达语言理论的一种发展。是则，"反常的忠实"需要与传统意义上的字对字的翻译或直译区别开来，前者是要借语言的反常规使用来显现语言的多义性和多歧性，突出语言中意义的撒播。也正是在这个意义上，"反常的忠实"提倡的是一种特殊的"打着意译幌子"[②]的评注方式。从本质上看，刘易斯的意译与德里达的直译是完全一致的。意译和直译两个完全不同的概念都是通过意义撒播和语言延异，实现哲学意义上的再现和忠实。如此一来，译者在翻译德里达的著作时，运用"反常的忠实"也并不是要摒弃在当代翻译理论中占据主导地位的通顺原则，而是要体现出德里达如何解构，如何区分能指和所指，如何在文本中呈现文字游戏。韦努蒂也曾借用"反常的忠实"概念，不过在韦努蒂的理论体系中，"反常的忠实"更多的是要去清理复杂的文化政治关系。不仅如此，在刘易斯和德里达的理论体系中，原作和译作是同等重要的。但在韦努蒂处，"反常"（abuse）是指译者在目的语文化中重新创造出外语文本有违目的语语言的惯常使用形式的特征，这样一方面能让译作尽可能忠实于源语文本，一方面也能让外语文本参与到目的语语言的文化转型中。"反常的忠实"都是以目的语的语言和文化构成为导向的。"反常"是要违反目的语语言的惯常用法，注重能指，违反通顺和透明的语言使用原则，面向目的语文化实践和文化构成。

三、从"反常的忠实"到"抵抗式翻译"：韦努蒂异化概念的文化政治内涵

　　韦努蒂是当代翻译理论界中极富争议的人物，"熟谙各种批评理论，对历史

　　[①] Philip Lewis. The Measure of Translation Effects. In Lawrence Venuti (Ed.), *The Translation Studies Reader*. 3rd edn. London: Routledge, 2012, p. 239.

　　[②] "Under the aegis of 'free translation'", see Philip Lewis. The Measure of Translation Effects. In Lawrence Venuti (Ed.), *The Translation Studies Reader*. 3rd edn. London: Routledge, 2012, p. 239.

和文化语境有十分细致的研究，敢于冒着被批评的风险，提出大胆有重大意义的观点"[①]。韦努蒂在其专著《译者的隐形》中提出异化和归化两个概念以来，学界对异化、归化和直译、意译两对术语之间的区别和联系多有争论。本书在导论部分也曾从翻译的主要矛盾出发，尝试厘清这两对概念，试图说明异化和归化两个概念是直译意译问题在新语境中的延续。

韦努蒂的理论背景十分庞杂。虽然根茨勒认为其思想主要是现代主义和结构主义的，而非后现代主义和后结构主义的[②]，但若以异化概念为主要考察对象，在韦努蒂异化理论中常见后结构主义理论的影子。在包括《翻译改变一切》（*Translation Changes Everything*）在内的所有专著中，韦努蒂曾多次援引刘易斯的"反常的忠实"理论，将其作为自己主要的理论基础。因而，从某种程度而言，异化概念是与"反常的忠实"密切相关的。然而，虽然韦努蒂在《译者的隐形》中多次界定异化这一新的术语，但或许因为误读，或许因为异化和归化概念有二元对立之嫌，学界对异化概念争论颇多。在某次访谈中，韦努蒂专门对异化概念作了如下补充和说明。

> 许多争论往往没有反映对我的一些理论概念的准确理解。首先，主要的误解是把"异化翻译"与特定的话语策略等同起来。异化不是一种策略。这是在译文中表达的对外语文本和外国文化的一种道德态度。许多不同的话语翻译策略都可以产生异化的效果。不仅是策略，还有词语的选择和外语文本的选择，都可能产生异化的效果。在《译者的隐形》一书中，这些概念是通过一些特定的案例研究——历史案例的研究得出的。我认为，其中的一个问题是，读者把注意力放在了该书的第一章的一些部分，而忽略了这些概念是如何以不同的方式在不同的历史背景下逐步形成的。这是引起误解的一个原因。另一个误解是，把"归化翻译"和"异化翻译"看成是一对对立的概念。但情况并非如此，这是因为"异化翻译"也得落实在接受语文化中。因此，在一定程度上来说，异化翻译也是归化。两者

① Douglas Robinson. *What is Translation: Centrifugal Theories, Critical Interventions*. Beijing: Foreign Language Teaching and Research Press, 2007, p.97.

② Edwin Gentzler. *Contemporary Translation Theories*. Shanghai: Shanghai Foreign Language Education Press, 2004, p.41.

之间没有绝对的分界线，并在一定程度上是重叠的。[①]

　　在上文中，韦努蒂至少从以下四个层面厘清了异化概念的基本内涵：第一，异化需从道德层面去理解，不是翻译策略而是道德态度；第二，异化与归化不是二元对立的，两者不能截然区分；第三，通过采用异化策略对目的语所产生的影响以及为了实现异化而采用的策略二者不同，须分而视之；第四，异化概念是在检视英美翻译史上的特殊案例过程中产生的，是个案分析的结果。可以说，异化概念既侧重于异化的效果，又强调异化的策略，既侧重译作的阅读，也侧重翻译实践本身。其中，尤其需要引起重视的是异化概念自身的历史性。

　　如韦努蒂所言，异化概念是在翻译事件的个案分析中提出的。在《译者的隐形》一书中，韦努蒂探讨了 17 世纪以来的翻译历史，采用了"症候式阅读"（symptomatic reading）分析了弗洛伊德著作、"企鹅经典丛书"、卡图卢斯作品等多部英译作品。韦努蒂的"症候式阅读"是一种"针对译本的历史学的方法"[②]，尝试在语词、句法或话语层面找出不连续之处。正是这些文本的断裂提醒读者意识到，在包括翻译在内的文本生产过程中存在一种主导（dominance）和拒斥（exclusion）的抗衡状态。重新发掘异化翻译，不仅可以表明长期占据主导地位的透明话语如何塑造了英语中的外国文学经典和英语国家的文化身份，更能显现出翻译如何通过返回"异域的过去"来抵抗"本土的现在"。可以说，提出异化概念是要突出广泛存在于文本生产中的本土与异域、过去与现在、主流与边缘之间的对峙和张力。这种对峙也将翻译和历史界划归为一种特定权力话语的文化政治实践，"是对过去的'部分表述'，积极介入现在借以产生影响，即使这种介入不是非常明显的，甚至在某种程度上是无意识的"[③]。

　　因而，如果韦努蒂提出异化概念是为了"发展一种抵制目的语主流文化价值观的翻译理论和翻译实践，从而彰显外语文本的语言和文化差异"[④]，那么异化

---

① 郭建中：《韦努蒂访谈录》，载《中国翻译》，2008 年第 3 期，第 43-46 页。

② Lawrence Venuti. *The Translator's Invisibility: A History of Translation.* 2nd edn. New York: Routledge, 2004, p.25.

③ Lawrence Venuti. *The Translator's Invisibility: A History of Translation.* 2nd edn. New York: Routledge, 2004, p.25.

④ Lawrence Venuti. *The Translator's Invisibility: A History of Translation.* 2nd edn. New York: Routledge, 2004, p.19.

始终是"策略性的，是以目的语文化构成为依托的"①。换言之，虽然在本质上，异化翻译不是一种翻译策略，但却需要依靠特定的翻译策略来实现。文本的不连续之处也通过翻译策略去实现。从总体而言，这些策略包括源语文本的选择和翻译实践中的某些翻译策略两个层面。其中翻译策略又包括"通过能指游戏、双关语、创制新词、使用古雅语言、运用方言、嘲讽、不连续的句法和体验式的形式"②等后结构主义策略，以创造出碎片式的译作，显现出语言所指和文化的差异。正是在这个意义上，根茨勒认为异化翻译与"反常的忠实"是完全一致的。③两者都是针对翻译实践提出的建议。译者可以在翻译中选择运用上述异化策略，在译作中产生出"不连续之处"，从而有可能打破英美文化中语言通顺的文化准则，帮助译文读者在阅读译作的过程中去重新思考目的语文化的构成和文化中的各种关系。

也正是在这一点上，异化、"反常的忠实"与德里达所倡导的直译有部分相同之处：关注语言本身，使语言能够通过自身显现出自身。不过，虽然异化概念与差异密切相关，但值得注意的是，韦努蒂所理解的差异指的是一种文化和政治上的不平等关系，注重的是在特定文化政治环境对翻译行为的影响以及译作对文化发展所产生的推动力。韦努蒂曾对异化概念的缘起作出如下解释，"反对英美传统中的归化，提倡异化翻译不是与文化政治无关的提案。提倡异化翻译本身就是一项文化政治的提案。其目的是发展一种抵制目的语主流文化价值观的翻译理论，促进实践，从而彰显外语文本的语言和文化差异"④。因而，韦努蒂对差异的理解与解构主义理论体系中的意义的延异不同，这也导致了韦努蒂概念体系中"反常的忠实"与该概念在解构主义理论体系中的内涵存在差别。

韦努蒂曾详细分析过庞德翻译的《水手》（*The Seafarer*）。该诗用盎格鲁-

① Lawrence Venuti. *The Translator's Invisibility: A History of Translation*. 2nd edn. New York: Routledge, 2004, p.34.

② Edwin Gentzler. *Contemporary Translation Theories*. Shanghai: Shanghai Foreign Language Education Press, 2004, p.39.

③ Edwin Gentzler. *Contemporary Translation Theories*. Shanghai: Shanghai Foreign Language Education Press, 2004, p.39.

④ Lawrence Venuti. *The Translator's Invisibility: A History of Translation*. 2nd edn. New York: Routledge, 2004, p.18.

撒克逊方言创作，有着强烈的音韵效果。庞德在翻译过程中运用了偏向诗话的古词，采用了不连贯的句法、押头韵等。这些手段在韦努蒂看来正是一种异化翻译：注重能指，打破语言的通顺和流畅，让语言变得不再透明，以便让读者回归到语言本身。这种翻译也是韦努蒂理论体系中的"抵抗式翻译"：重视文本体验，轻视习惯用法，创造出与原文相符的语言的多义性、多歧性和表达的重点。如上文所述，只有回归到语言本身，才能区分出语言之中所包含的文化价值观。由此，通过"抵抗式翻译"，译作挑战了目的语文化，显现了翻译的文化价值。

由此可见，至少在《译者的隐形》一书中，"反常的忠实"是与"抵抗式翻译"联系起来的。在阐述自己如何翻译意大利诗人米洛·德·安杰利斯（Milo de Angelis）诗歌时，韦努蒂明确指出采用"抵抗式翻译"是对英美文化中的主流美学观的不忠和挑战，因此不是更偏向直译与原作。这也将异化、"反常的忠实"、"抵抗式翻译"等新的概念与传统的"字对字"翻译或直译区分开来。韦努蒂曾用英国 19 世纪围绕荷马史诗翻译所展开的论战为个案，阐述了何为直译之"直"。这场维多利亚时期的翻译论战是翻译史上一场极其重要的讨论。论战的双方著名批评家马休·阿诺德（Mathew Arnold）与《荷马史诗》的译者弗朗西斯·纽曼（Francis Newman）为究竟谁有资格评判（judge）译作的感染力而争论不休。韦努蒂关注阿诺德和纽曼宣扬异化翻译的不同目的，高度赞扬了纽曼的译作，认为纽曼的异化翻译是对文化政治的成功抵抗。在韦努蒂看来，纽曼采用逐行翻译，虽然紧贴原作的句式和词序，但译作并非难以卒读。不仅如此，译文中加入富有时代和地域特征的话语，还为原作增添了额外的本土意义。韦努蒂继而将纽曼的直译定义为"同时关注译作和原作的每一个字母，强调能指，强调英语译作中的常用的将能指转化为相对一致所指的意指方式"[①]。因而，这种直译注重的是语言的使用，是一种文本策略。

如果说韦努蒂所理解的直译是与意译二元对立的概念，侧重译作和原作语言的常规、反常规使用和语言的不连续之处，那么异化和"抵抗式翻译"关注的是语言的不连续与本土文化价值观的关系，"这些不连续之处显示出译作对原作的任意篡改，是对目的语文化的策略性干涉，这种干涉一方面依赖于本土的价值

---

① Lawrence Venuti. *The Translator's Invisibility: A History of Translation.* 2nd edn. New York: Routledge, 2004, p.121.

观，另一方面又攻击了本土的价值观"①。

值得一提的是，从异化翻译和"抵抗式翻译"的效果和运作来看，两者都是另类文化实践的表现方式，自始至终都是与目的语文化相关的。正如韦努蒂对翻译所作的定义，"翻译并不是一种真正意义上跨文化交流，而是一种本土化的铭刻（domestic inscription）。"②对英美文化内部的文化构成和不平等关系的关注是韦努蒂主要的理论诉求。事实上，如果文艺批评政治形势主要来源于社会环境和亚文化，那么韦努蒂的文化政治提案是要通过异化翻译去瓦解英美译界长期以来的民族文化优越感。译者因为这种优越感偏向占主导地位的英语语言价值观，炮制出语言透明的假象，导致原作不断被任意篡改。无论译作传达什么样的差异，都会被目的语文化价值所同化。其他民族的语言和文化自始至终都是为目的语国家的文化、经济和政治服务的。

美国翻译理论家马里琳·罗斯（Marilyn Rose）在 1993 年提出了一个新的术语"新直译论"（neoliteralism）③，用以描述 20 世纪 90 年代以来欧美翻译理论与实践发展的新趋势。如果传统观念中的直译是指"僵化的字对字的翻译"，那么新直译可以被理解为一种"非字对字翻译的异化"（foreignizing without slavish word-for-word rendering）。按照罗斯的解读，包括《译者的隐形》以及《翻译的再思考：话语、主体性和意识形态》（*Rethinking Translation: Discourse, Subjectivity, Ideology*）在内的著作应被视作新直译论的代表性著作。与传统直译论不同，提倡新直译的理论家热衷于翻译波德莱尔④和德里达的著作，旨在帮助译作读者体察出源语言本身的特质。罗宾逊故而认为，新直译论是一种文化精英主义，"一种乌托邦式的社会运动"⑤。与过去"字对字"式的直译翻译实践不同，文化精英主义的"新直译论"的目标是将翻译打造成为一种跨语际的目的语。

---

① Lawrence Venuti. *The Translator's Invisibility: A History of Translation*. 2nd edn. New York: Routledge, 2004, p.19.

② Lawrence Venuti. *The Translation Studies Reader*. 2nd edn. London: Routledge, 2004, p.483.

③ Marilyn Rose. *Foreignizing or Domesticating: Debating Norms Goes with the Territory*. In Edith F. Losa (Ed.), *Keystones of Commnicaiton:Proceedings of the 34th Annual Conference of the American Translators Association*. Medford: Learned Information, 1993.

④ 夏尔·皮埃尔·波德莱尔（Charles Pierre Baudelaire），法国 19 世纪现代派诗人，代表作有《恶之花》。

⑤ Douglas Robinson. *What is Translation: Centrifugal Theories, Critical Interventions*. Beijing: Foreign Language Teaching and Research Press, 2007, p.82.

仅仅从翻译实践来看，字对字或逐行翻译等传统的翻译方法仍然是语言异化的常用方法。只不过这种字对字的翻译引发了读者对语言意指方式的关注，凸显了语言的不连续之处，从而体现了目的语文化中的文化价值观念。是故，新直译论之新不在于"打造一种跨语际的目的语"，而在于将文本分析提升为一种话语实践方式。在韦努蒂异化概念中，本土文化或目的语文化构成始终是他关注的重点。如果韦努蒂的异化概念是新直译论的一部分，那么异化翻译与传统直译理论最大的不同在于，前者将翻译与文化政治紧密地结合在一起。这也为后殖民主义翻译研究提供了一定的理论参考。

第三节　严复的意译：后结构主义解读

后结构主义思潮是西方结构主义思想的一种发展，是在结构主义的基础上，挑战理性、真理、历史性、主体性、知识、意义等西方哲学思想的核心观念，对本质、存在、实质等关键性概念展开批判。其矛头直指整个西方哲学的形而上学传统。但与西方哲学传统不同，在中国传统思想中，知识和本源并非整个思想的根基。西方20世纪60年代以来的后结构主义思潮或许因此并没有在中国思想界复制。从学术发展的角度看来，后结构主义理论提倡重审语言，打破语言的透明幻象，将语言视作意义、知识和权力产生的处所。这样一种理念为进一步理解中国传统的翻译观念和翻译理论提供了一定的理论参考。以严复翻译为例，若将关注点从严复译作的影响转移到翻译事件发生的特定历史时期及特定的文化观念上，那么对于严复的意译或许会有新的理解。

严复是中国近代著名的思想家、翻译家，他的译著在中国近代史上具有举足轻重的地位。在19世纪末20世纪初中国社会面临"自秦以来未有若斯之亟"的巨变时，严复以"信、达、雅"为其译事圭臬，秉持"一名之立，旬月踟蹰"的精神，翻译了11部共计170余万字的近代西方哲学、政治学、经济学、社会学、逻辑学、法学等著作，对中国近代思想界产生了深远影响。康有为曾有"译才并世数严林，百部虞初救世心"的诗句。梁启超更是将严译称为名著，将严复誉为"清季输入欧化之第一人"。通过翻译，严复不仅引入了自由、民主、进化主义等新的思想和政治理念，更借用译著中的序跋、按语、注释等副文本

（paratexts）将中国传统文化投射到了译介的西学中，探讨了如何认识西学、如何立国、如何寻求富强等近代思想界力求澄清的重大问题。

鉴于严译在近代史上的重要性，清末民初以来，学界针对严复翻译的讨论从未停止，著名学者吴汝纶、梁启超、蔡元培、胡适、张君劢、贺麟、鲁迅、钱钟书、李泽厚都曾撰文讨论过严复的翻译。学者黄克武在梳理了百年以来的严译研究后认为，学界对严复翻译的讨论业已形成复杂的评估系统，不仅包括对严译的评论，还包括了对于评论的再评论。[①]然而，笔者考察这些评论和再评论发现，虽然论者充分肯定了严译在中国近代史上的重要地位和巨大影响，但对严复翻译本身却存在着截然不同的解读，较有代表性的有创作、达旨、意译、直译、变译、编译、非正道等等。从整体上看，上述解读似乎都以西学原著为基准，但结论却不乏相互矛盾之处。由此而来的问题是，评价严译的标准是什么？界定直译、意译、创作、达旨的依据是什么？通过上述复杂的评估系统所建构的译者严复的形象是统一的还是分裂的？又该如何继续推进严复翻译研究？事实上，翻译观念不同，认识翻译行为和翻译结果的角度也就不同，跳出翻译的透明再现藩篱，重视翻译中的再现与建构或许能更好地认识严复翻译中的文化身份构建问题，从另一个层面呼应后结构主义对语言的认识。

"信、达、雅"是严复在《天演论》译本例言中所提出的翻译标准，百年以来的严复翻译研究也多从"翻译理应求信、求达、求雅"的角度来评论严译，侧重于找寻严译与原作的异同。就严译的内容而言，贺麟曾将严译与西学原书的内容进行对比，批评严译对源语文本多有删减，介绍进化主义时刻意忽略其生物学研究及其发生的方法，介绍英国功利主义时只注重对国人努力富强的勉励，却忽略了其提倡放任、容忍、自由平等的民主思想。基于此，贺麟认为"严译的时代已经过去了"[②]。有意思的是，李泽厚却持恰恰相反的观点，盛赞严译在西学引介上所表现出来的整体性、系统性和学理性，"尽管政治路线可以有所不同，翻译形式可以大有发展，但就介绍西学、新学的整个理论水平说，却并没有超过严

---

① 黄克武：《自由的所以然：严复对约翰弥尔自由思想的认识与批判》，上海：上海书店出版社，2000 年，第 70 页。

② 贺麟：《西方哲学的绍述和融会》，载张学智：《贺麟选集》，长春：吉林人民出版社，2005 年，第 346 页。

复"[1]。在语言层面上，张君劢对严译使用文言文明显表现出不赞成的态度，"其立言之际，务求刻肖古人，以古今习用之语，译西方科学中之义理，故文字虽美，而义转歧混"[2]。但很显然，在如何看待原作与译作之间的理想关系这一问题时，论者似乎存在着分歧。即便如此，上述评论所表现出来翻译观念却似乎是基本一致的，即，译者所追求的仍然应该是译作与原作在各方面的一致。这也解释了为何在谈论和思考严复的翻译时，部分中外学者会使用失真（distortion）、改写（paraphrase）、创作（creation）等评语。

事实上，语言不仅是一种交流的工具、思维或系统，更是一种社会历史现象，语言的背后有着各种交织的社会文化观念。作为一种语言转换活动，翻译所传递出来的除了普遍认识上的意义和形式，更有不同文化观念的碰撞。在言义关系上，由于翻译包含了两次意义的生成过程，首先是原作者赋义、原文文本传义、译者释义，然后是译者赋义、译文传义、译文读者释义，因而各种不同的主体观也同样影响了翻译的过程和结果。换言之，翻译的产生和接受与各种语言、文化、主体观念有着莫大的关系。这样一来，原作与译作在语言文化等各方面的差异就使得"与原作在各方面完全的一致"的再现只能是翻译的一种理想状态。翻译的实然状态是译者在努力求得忠实的过程中受到了各种文本内的（textual）和文本外的（extratextual）因素的限制，不得不采用特定的翻译方法和策略对目的语文本进行调整。

西方当代翻译理论家皮姆曾提出，"任何翻译都至少包含以下几个部分：翻译技巧、源语文本、翻译目的、翻译观念（'译为何'）以及译者"[3]。翻译策略之制定、源语文本之选择、翻译目的之明确、对翻译的理解以及译者的主体性作用都在一定程度上指向了一个不争的事实——在翻译中几乎无法求得"完全一致的透明再现"。因此，在特定的历史语境下和实际的翻译过程中，通过翻译所再现的不是"透明的实在"，而是语言观、文化观和主体观等各种观念共同影响下的一种"建构"。

---

[1] 李泽厚：《论严复》，载《中国近代思想史论》，天津：天津社会科学出版社，2003年，236页。

[2] 张嘉森：《严氏复输入之四大哲学家学说及西洋哲学之变迁》，载申报馆编：《最近之五十年》，上海：申报馆，1923年，第33页。

[3] Anthony Pym. *Method in Translation History*. Beijing: Foreign Language Teaching and Research Press, 2007, p. 149.

由此可见，从忠实或信的角度切入所展现的只是问题的一方面，即翻译的应然状态，"是翻译活动之道德'应该'，是译者的道德义务，表达的是应翻译活动之内在目的的要求而对译者之行为的约束、责成和命令"①。问题的另一方面，翻译的实然状态仍然值得研究者予以足够的重视。换言之，翻译中不仅有对原作的再现，更有新的建构。考察翻译中的再现与建构过程也是考察本土文化与外来文化如何碰撞交互，译者的文化归属和身份如何影响其翻译行为和翻译接受的过程。也就是说，"翻译提供了一个文化自我指涉或者说自我界定的独特的标识"②。通过翻译所凸显出来的差异有助于译者从自我与他者的关系中去重新认识两种完全不同的语言文化。萨义德在《东方学》（Orientalism）中指出，"身份不管是东方的还是西方的……最终都是一种建构，这种身份建构牵涉到了自我的对立面和'他者'的构建，而且总是诉诸对不同于自我之差异的不断阐释和再阐释"③。熟悉两种语言文化的译者处于两种文化的交汇和重叠部分，通过翻译所凸显的自我与他者的关系使译者得以重新观照本土文化、他者文化和自身的文化取向。④可以说，翻译中的再现与建构是理解译者文化归属和身份问题的重要尺度。进一步而言，译者在翻译时，实际并非从一个固定的文化取向出发去否定传统文化或肯定新文化。他很可能面临着诸多路径上的选择，不断地去重新认识传统文化的精华，思考着古与今、新与旧的关系。

作为译者，严复显然意识到了翻译中的再现难题——"吾闻学术之事，必求之初地而后得其真，自奋耳目心思之力，以得之于两间之见象者，上之上者也。其次则乞灵于简策之所流传，师友之授业。然是二者，必资之其本用之文字无疑也。最下乃求之翻译，其隔尘弥多，其去真滋远"⑤。如果翻译"隔尘弥多"，如

① 张冬梅：《翻译之"应该"的元理论研究》，长沙：湖南人民出版社，2015 年，第166 页。

② 西奥·赫尔曼：《翻译的再现》，载谢天振：《翻译的理论建构与文化透视》，上海：上海外语出版社，2000 年，第 12 页。

③ Edward Said. *Orientalism*. New York: Vintage Books, 1979, p.332.

④ 澳大利亚翻译理论家皮姆曾提出了"交互文化"（interculturality）概念，可进一步参考 Anthony Pym. *Method in Translation History*. Beijing: Foreign Language Teaching and Research Press, 2007., 以及 Anthony Pym. *On Translator Ethics: Principles for Mediation between Cultures*. Heike Walker trans. Amsterdam/Philadelphia: John Benjamins Publishing Company, 2012.

⑤ 严复：《与〈外交报〉主人书》，载王栻：《严复集》（第 3 册），北京：中华书局，1986 年，第 561 页。

果严复务求通过翻译来求真，如果严复依照自己对翻译的认识来从事其翻译事业，那么就不能从失真、改写或创作的角度来理解严译，而要从翻译的应然与实然两种不同状态出发来考察严译。作为西学引介者的严复理应完全再现原作的方方面面，却因为特殊的原因改造了西学。那么这些特殊的原因是什么？严译中所再现的是什么？又建构了什么？严译中的再现与建构与严复的文化身份认同之间有着什么样的关系？笃信传统理念与崇信西方近代主义思想，哪一种理念左右了严复的翻译？在信或不信，达或不达，雅或不雅等问题之外，这些问题无疑亟待追问和反思。

一、崇真与严复翻译中的再现

要充分考察严译中的再现，需要清楚严复的翻译目的和翻译选材的标准，即"为何译"。严复自 15 岁进入福建船政学堂后开始系统学习西学，但直到 1896 年甲午中日战争后才开始专致翻译之事。吴汝纶在为《天演论》作序时曾提到严复之所以投身翻译，其最初的目的在于"救世"。严复选择《天演论》①作为其第一本完整的翻译著作就是证明。据严璩《侯官严先生年谱》中记载，严复是在 1895 年受到甲午中日战争中国割地赔款的刺激才开始翻译此书的，"和议始成，府君大受刺激。自是专致力于翻译著述。先从事于赫胥黎②之《天演论》，未数月而脱稿"③。"天演"是指"顺天者存，逆天者亡。天者何？自然之机，必至之势也"④。强调人类社会充满了激烈的竞争和适应过程。"天演"与"保种"关系密切，只有明了"天演是必至之势"，才能通晓"自强"之道。因而在《天演论》译者自序中，严复提及了其选择赫胥黎著作的原因，"赫胥黎氏此书之旨，本以救斯宾塞任天为治之末流，其中所论，与吾古人有甚合者，且于自强

---

① 关于《天演论》的出版时间，学界一直争议不断。邬国义先生在 1981 年和 1990 年两次撰文考据《天演论》的时间，将其出版时间定于 1896 年，其材料丰富，结论令人信服。参见邬国义：《关于严复翻译〈天演论〉的时间》，载《华东师范大学学报》，1981 年第 3 期，第 83-84 页。

② 托马斯·亨利·赫胥黎（Thomas Henry Huxley），英国著名博物学家，拥趸达尔文进化论。

③ 严璩：《侯官严先生年谱》，载王栻：《严复集》（第 5 册），北京：中华书局，1986 年，第 1548 页。

④ 严复：《严复集》（第 5 册），北京：中华书局，1986 年，第 896 页。

保种之事，反复三致意焉"①。由此可见，严复在翻译之前已充分了解斯宾塞和赫胥黎二人关于进化主义的分歧，且明确反对斯宾塞理论中"任天为治"的思想，转而强调"以人持天"的概念，即"民民物物，各争有以自存"。换言之，严复翻译《天演论》的根本目的是要提出"天演"这一重要的概念以帮助世人意识到人类社会及其制度都是"天演"的结果，从而接受"弱者当为强肉，愚者当为智役"的进化主义思想。这对当时正处在"大一统"传统世界的国人来说，无疑有振聋发聩之效用。

在这样一种历史语境中，《天演论》所再现的进化主义思想已经被译者严复事先限定为一种历史进步的思维和方式，从而与社会的发展联系起来。不仅如此，严复用这样一种再现的方式向世人传达了一个重要的观点，即可以通过引进西方观念来争自存、图自强。为了进一步传播自己的这一观点，严复在天津《直报》上发表了《论世变之亟》《原强》《救亡决论》等一系列文章。他认为自强保种极为迫切，但文明富强更为重要。引入"泰西之学"正是因为需要从西学中寻求到开民智、鼓民力、新民德的方法。

至于严复所谓的西学是什么，严复曾对此作过简单解答，"苟扼要而谈，不外于学术则黜伪而崇真，于刑政则屈私以为公而已"②。"黜伪崇真"指的是"西学重达用而薄藻饰，喜善疑而慎信古，其名数诸学，则借以教致思穷理之术"③。"屈私以为公"是指"以公治众而贵自由"。由此可见，严复眼中的西学其实是一种科学的态度，"中国所本无者"，能从"已然已知以推未然未知者"。如果近代西方的社会体制、法制体系和价值观念属于严复所谓的"已然已知者"，那么中国社会的民智开启、社会富强就属于"未然未知者"。对严复而言，西方国家，尤其是英国的富强是与其近代科学文化的进步有密切的关系，因此近代西方经济学、社会学、逻辑学、法学、教育学等不同学科所构成的复杂系统被严复视作是最好的参考系，指引中国寻求富强之路。回到翻译上，如果确如严复所说——"所愿者，多成几册译书，使同种者知彼族所为何事，有所鉴观焉

① 赫胥黎：《天演论》，严复译，北京：商务印书馆，1981年，第X页。赫伯特·斯宾塞（Herbert Spencer），英国进化论的先驱。

② 严复：《论世道之亟》，载王栻：《严复集》（第1册），北京：中华书局，1986年，第2页。

③ 严复：《原强修订稿》，载王栻：《严复集》（第1册），北京：中华书局，1986年，第29页。

耳"①。严复的翻译已由最初的"救世"转换为系统引介西学，其翻译的最终目的旨在为传统中国社会的全面富强提供一个可以仿效的参照系，建立一种有关文明社会的普遍性知识体系。若在此基础上进一步思考，不难发现严译从一开始就绝无可能成为原作的"透明再现"。

严复独特的翻译目的也揭示了严复在选择源语文本时的主要标准，即该文本是否关注社会的进步和发展。现已出版的九本译著——从《原富》到《社会通诠》——虽然涉及不同领域，但却都是从各个专业领域出发探讨如何寻求国家的长远发展。以严复的第二本译书《原富》，即亚当·斯密的《国富论》（*An Inquiry into the Nature and Causes of the Wealth of the Nation*）为例。虽然该书探讨的是近代经济学的各种现象和原理，但在作者所主张的"自由放任、不干涉主义和最小政府"背后却是斯宾塞对如何维护英国经济长期增长的思考。因而在《原富》译事例言中，严复特别说明该书虽属"计学"，却应译为"原富"的原委——"云原富者，所以察究财利之性情，贫富之因果，著国财所由出云尔。故《原富》者，计学之书，而非讲计学之正法"②。也就是说，严复选择该书正是因为该书详尽地分析了自由经济政策与英国在世界市场强大的竞争力之间存在着的必然的关系，能为近代中国的经济发展提供参考。严复选择翻译斯宾塞的《群学肄言》（*The Study of Sociology*）也是由于"其书实兼《大学》《中庸》精义，而出之与翔实，以格致诚正为治平根本矣"③。"发专科之旨趣"的"群学"被严复作为统领其他学科的中心，不仅能阐明"治乱盛衰之缘由"，也能说明"民德醇漓翕散之由"。但仅从经济学和社会学的角度还不足以为国家的富强构架蓝图。有鉴于此，严复引入了爱德华·甄克思（Edward Jenks）的《社会通诠》（*A Short History of Politics*）。该书作者在史料分析的基础上提出了社会发展必须经由蒙昧社会、野蛮社会和文明社会三个不同阶段。受到甄克思的启发，严复认为社会的进步是"必趋之势，必循之轨"，既属于宗法社会也属于军国社会的中国近代社会也必然要从蒙昧社会进入文明社会。然而新的问题是在社会进步时又应该如

---

① 严复：《与吴汝纶书》，载王栻：《严复集》（第3册），北京：中华书局，1986年，第523页。

② 严复：《群学肄言译余赘言》，载王栻：《严复集》（第1册），北京：中华书局，1986年，第126页。

③ 严复：《译斯氏〈计学〉例言》，载王栻：《严复集》（第1册），北京：中华书局，1986年，第97页。

何处理国家、民族和个人（小己）之间的关系？严复试图在约翰·穆勒（John Mill）的《群己权界论》（*On Liberty*）中找寻到上述问题的答案。从上述分析中不难看出，严复所选择的著作都属于"最浅最实之普通学"，为阐释社会、国家、个人、体制之间的关系提供有效的方法和工具。

概言之，上述关于严译翻译选材和翻译目的的分析在一定程度上说明，严复的思想是逐步发展的，其翻译是要为近代中国的发展提供一个有效的参照系。如何从西学中寻求到一个重构富强文明的社会的原理和方法是严复在选择源语文本的关键所在。按照这样的理解，源语文本中经济、社会现象就不是作为译者的严复所要着力再现的内容。于是对于源语文本中出现的有关西方社会的现象和事例，严复有时会加以省略和概说，有时会采用换例的翻译方法①。对此，严复在《原富》曾作过一定说明，"原书旁论四百年以来银市腾跌，文多繁赘而无关宏旨，则概括要义译之。其他……与今制不同，而所言多当时琐节，则删置之。"②从这个意义上而言，严复的翻译并不是源语文本事无巨细地复制，而是译者的"选择性再现"。在翻译中严复所关注的重点在于如何再现原书的义理，并将这些义理与中国传统理念加以对照、鉴别和理解。通过这些引介的义理，世人得以"观化察变，见其会通"，从而开启民智，步近代西方的后尘走上富强之路。

二、"达旨"与严复翻译中的建构

在严复的思想发展过程中，翻译发挥了不可或缺的作用。"选择性再现"充分说明了兼具思想家身份的严复是如何思考中国传统社会的改造与发展的。正是凭借翻译，严复逐步阐释了其理想中的"富强文明"社会的雏形，为传统社会的改造指明了方向。李泽厚认为，严复在中国近代史上的地位在于他是中国资产阶级主要的启蒙家，他是近代中国向西方寻找真理的学者，他带给中国人以一种新

---

① 严复对这种译法的说明还可参见《名学浅说》（1908）序："中间义怡，则承用原书，而所引喻举例，则多用己意更易，盖吾之为书取足喻人而已，谨合原文与否，所不论也。"贺麟据此在《严复的翻译》（1924）一文中将这种"引喻举例多用己意更易"的译法直接界定为"换例译法"。

② 严复：《译斯氏〈计学〉例言》，载王栻：《严复集》（第 1 册），北京：中华书局，1986 年，第 101 页。

的世界观，起到了空前的广泛影响和长远作用。[①]但这种"崭新阶段"不仅不是将传统文化观念完全剔除，反而是传统文化的连续性与西方新观念长期博弈的结果。在翻译中这种结果表现得更为明显。作为一种存在和思考自我的方式，翻译是对他者的包容和对差异的尊重。传统文化观念与西学新观念在严译中相互呼应，帮助身处传统社会中的严复更好地认识和理解了传统文化范畴中的现象，并将自身对两种不同文化观念的理解融会到了翻译之中。由此，严译不仅是严复自身思想体系的建构，也是中西两种不同文化观念相互建构的结果。

以严复最初引介的进化主义思想为例。在《天演论》之前，进化主义的观点已经被视作西方格致的一部分，通过外国传教士的翻译传入了中国。严复摒弃了其中的生物进化主义观点，选择了赫胥黎的著作，试图将进化主义与社会进步联系起来。在译作序言与按语中，严复多次比较了斯宾塞和赫胥黎两人不同的进化主义观念。斯宾塞的进化论强调社会及自然各个方面的进化发展，社会的进化就是社会的进步。但赫胥黎却认为，进化不仅包括了进步，还包含着从复杂到简单的某种退步现象。对赫胥黎而言，人类社会的良心本性和道德准则必然会影响社会的进步，因而他坚持将道德范畴引入到对进化问题的讨论中。正如严复在《天演论》按语中写道："斯宾塞尔之天演界说曰：'天演者，翕以聚质，辟以散力'。乃考道德之本源，明政教之条贯，而以保种进化之公例要术终焉。"[②]《天演论》中的进化主义思想否定了进化中的退步现象，强调进化中必然存在一定的道德范畴，"使民之从教而善变"。如王中江所言，"严复的进化主义，已经不是简单地在斯宾塞或赫胥黎之间（或在传统与现代之间）左右取舍、挑挑拣拣的问题。可以说，严复的进化主义是属于'严复的'，是经过严复的吸收和消化之后而形成的'观念形态'"[③]。

然而，在这种"严复式的"思想建构中，既有传统文化观念影子，也有西方近代思想的影响。严复身处两种不同的社会文化交互之中，一方面儒家思想和宗教神秘主义等传统观念影响严复的思维方式，使得严复在理解西学时无法脱离传统文化；另一方面，近代西方文化观念又赋予了严复全新的世界观。严译中的思

---

① 李泽厚：《论严复》，载《中国近代思想史论》，天津：天津社会科学出版社，2003年，第234页。

② 赫胥黎：《天演论》，严复译，北京：商务印书馆，1981年，第5页。

③ 王中江：《进化主义在中国的兴起：一个新的全能式世界观》（增补版），北京：中国人民大学出版社，2010年，第54页。

想建构是中国传统文化观念与西学相互阐释与再阐释的结果。以严译中的重要概念为例，按照明清时期西方耶稣会士的译法，从西学输入的新概念应采用音译。但严复却提出了"自具衡量，即义定名"的方法，并将这样一种翻译方法解释为，"盖翻艰大名义，常须沿流讨源，取西字最古太初之义而思之，又当广搜一切引伸之意，而后回观中文，考其相类，则往往有得。且一合而不易离"①。也就是说，如果没有"回观中文，考其相类"的工作，严复所引介的西学概念可能无法做到他所希望的"在己能达，在人能喻"。如 right 这一概念，严复认为译作"权利"，是"以霸译王，于理想为害不细"，为了与"义务"（obligation）与"责任"（duty）两个概念区分开来，严复引用了《汉书》《经义述闻》《管子》等典籍，用"直"来指"民生之所应享"。李泽厚因而认为，"严复是为了介绍西学，而用霍布士、洛克、亚当·斯密、斯宾塞等人的观点来援引、评点、估量和议论中国古人。"②并且此处的"回观中文"并不意味"复古"，而是为了寻找到一个恰当的译名。严复将 liberty 译为"自繇"即是明证，"由、繇二字，古相通假。今此译遇自繇字，皆作自繇，不作自由者，非以为古也。视其字依西文规例，本一玄名，非虚乃实，写为自繇，欲略示区别而已"③。也正是这种恰当的译名，如严复在《天演论》序言中所言，同时使得译者"转于西学，得识古之用焉"。

从这一点上可以看出，严复作为译者务求在深入理解原作的基础上，传达出原文的意义，并试图从传统文化系统中寻求到有效的途径去认识这种异域的新观念，这种认识反过来又帮助译者更好地理解了传统文化中的关键性概念。汪晖据此将严复的这种翻译方式描述为"一种创造性的过程"，认为严复所使用的中国古典的语汇改造了西方的概念，也与传统的汉语世界建立了一种紧张而又内在的相关性。④汪晖的观点切中肯綮，但却没有对这种"紧张而又内在的相关性"作进一步的界定和说明。事实上，究其实质，在严译中传统文化观念与西学观念是

① 严复：《与梁启超书》，载王栻：《严复集》（第 3 册），北京：中华书局，1986 年，第 519 页。

② 李泽厚：《论严复》，载《中国近代思想史论》，天津：天津社会科学出版社，2003年，第 229 页。

③ 严复：《〈群己权界论〉译凡例》，载王栻：《严复集》（第 1 册），北京：中华书局，1986 年，第 133 页。

④ 汪晖：《现代中国思想的兴起》，北京：生活·读书·新知三联书店，2008 年，第 834 页。

一种相互建构的关系。这样一种"相互建构"也同时凸显了严复思想中复杂的身份认同问题。如果说"认同是由承诺和自我确认所规定的，这些承诺和自我确认提供了一种框架和视界"[①]，那么严复在翻译中的两难应该不是因为翻译本身"去真滋远"，可能更多还在于他在身份认同和文化取向上的两难。

作为传统文化中的旧儒，严复是无法脱离传统文化观念去引介和建构西学的，因而严复引"荀子"以证"群学"的重要性，引《大学》的絜矩之道以明"自繇"。然而，另外，作为西学引介者的严复又习惯于从西学的观点出发，去反思和尝试"改造"传统社会与文化，如从"群学"去反思"仁义、忠信、公平、廉耻"之实，从"自由"去体会儒家"己所不欲，勿施于人"的观点。可以说，兼具译者和思想家两种身份的严复并非处在固定的文化群体之中，而是处在两种文化的交互部分，从两种语言文化同时出发去思考社会进步，谋求近代中国的富强文明之路。这也在一定程度上说明了，在严译中传统文化与西学存在着一种十分复杂的交融关系，严译中的自我与他者的关系是一种相互呼应的关系，使用"全盘西化""返本复古"等非此即彼的标签去界定严复的身份认同并不十分恰当。

翻译的应然状态与实然状态存在着差别。翻译所再现的原作与真正的原作也同样存在着差别。作为翻译家的严复引入了一系列近代西方哲学、政治学、经济学、法学等著作，力求"选择性地再现"原作的精神和义理；作为思想家的严复却一直尝试采用特定的翻译方式将其对西学、传统、富强、自由、民主、群己等重要观念的认识投射到译介的西学中，并逐步建构起了自身的思想体系。兼具不同身份的严复在翻译时处于两难的境地，可以说，他既是传播西方"进步"思想的先驱，也是改造西方思想的旧儒。

译著中的再现与建构清楚地展现了严复思想的建构以及传统文化观念与西方新观念的双重转化。然而，也正是因为这样一种交融使得严译在中国近代史和翻译史上自有其独特的位置。或许本雅明在《译者的任务》所提出重要概念"后续生命"（afterlife）为严译中的再现与建构做了最好的说明，"如果一部译作不仅仅是传达题材内容，那么它的面世标志着一部作品进入了它生命延续的享誉阶段。与拙劣译者的看法相反，这样的翻译不是服务于原作，而是其整个存在都来

---

① Charles Taylor. *Source of the Self: The Making of the Modern Identity*. Cambridge: Harvard University Press,1989, p.29.

自原作。原作的生命之花在其译作中得到了最新的也最繁盛的开放，这种不断的更新使原作青春常驻"①。

本 章 小 结

西方哲学自笛卡儿以降，历经洛克、康德等人的发展，一直延续着一种基础论的宏大计划。哲学家希望证明，人类心灵的结构乃是人类认识世界的基础。分析和理解人类心灵结构，就能认识世界的本原，把握未来的发展。但 20 世纪 60 年代以来，从结构主义衍生出来的后结构主义思潮深刻挑战了西方传统思想，影响了西方社会的方方面面。理性、历史性、真理、真实、知识、主体等西方哲学思想的核心观念遭受了前所未有的质疑，知识界开始了对本质、存在、实质等关键概念的反思和批判。由于语言自身所具有的多义性和多歧性，语言成为哲学家讨论在场与不在场问题的切入点。

语言不再被视作经验世界的镜子，语言中也不存在现实、真实、本原等永恒不变的事物。语言可能只是现实、本原的表征。翻译观念也随之受到了影响。翻译理论家开始借用后结构主义思想重审翻译中意义的产生过程，反思特定政治和文化语境下的文本生产。与此同时，翻译作为"差异"、不同文化价值观以及不平等关系"显身"的场域，受到哲学研究、文化研究、文学批评等其他领域学者的关注。在这样的理论背景下，直译意译问题随之发生了转向。转向意味着研究重点发生了改变。在后结构主义视域下，直译意译问题关注的是为何以及如何通过翻译这个场域来显现差异，从而到达哲学上、政治上和文化上的不同目的。直译和意译概念的内涵也由此得到了一定的拓展。

德里达在其著作中，运用解构的方法拆解了语言，提倡"给直译以自由"，通过直译让语言来言说自己。在德里达那里，直译与真正的翻译并无二致，两者都是爱与恨、负债和还债、可能与不可能的矛盾统一，彻底打破了二元对立的状态。翻译的价值也就不在于传统意义上的意义的忠实传递或原作的绝对再现。翻译中的忠实是指实于语言符号的意指活动，再现是要从新的层面反映语言中存在

---

① Rainer Schulte , John Biguenet. *Theories of Translation: An Anthology of Essays from Dryden to Derrida*. Chicago: The University of Chicago Press, 1992, p. 73.

的能指链。也只有"给直译以自由"，译者才能实现完全的忠实和完整的再现。德里达对直译意译问题的阐述完全在哲学层面展开，且与其解构主义理论体系中的其他关键概念密切相关。理解他对直译和翻译的阐释，也能更好地理解德里达哲学体系中相关、替补和债务等核心概念。

德里达的解构主义哲学理论并不对翻译实践提供指导，也绝非虚无的相对主义。他不仅为如何看待翻译中的意义生产和传递提供了理论参考，更为重新理解忠实、再现等译学关键概念提供了新的解读方式。德里达把粗心、遗忘和隐瞒、误解，总之一切的背叛表现看作是真正的传递过程中必然的部分。然而，这种不忠并非产生于知识能力的某种基于经验的无能。它决定着历史传承的本质，因而可以把它描述为一种本体论的有限性。在德里达的认识中，把握事物的前提是对事物有总体性、系统性的认识，需要具有敏锐的洞察力。而从整体的角度理解意义生成也就打破了二元对立的状态。因此，德里达的价值在于他并不是对本原和本体的简单拒斥和粗暴拆解，而是用一种全新的方式去认识、体验并最终进入本原和本体，"提供了一种未来形而上学的可能性。这种（可能的未来）形而上学已不再试图去追寻并居有那个非在场的本原，以获得关于它的绝对知识；相反，它只是对它的倾听、应答和回应。这样一种回应意味着一种责任，一种承担"①。

在德里达的理论基础上，后结构主义理论家刘易斯提出了"反常的忠实"概念，提出将意译（评注）作为理想的翻译方法。"反常的忠实"重视语言自身的多义性、多歧性和语言表达方式，提倡通过打破常见的、惯常的语言用法让译作和原作的语言都得到释放，让语言中的意义撒播能持续不断地进行下去。韦努蒂在反思 17 世纪以来的西方翻译理论史时，进一步提出了异化的概念，将异化、"反常的忠实"和"抵抗式翻译"视作显现语言不连续之处的主要策略，借以挑战语言透明的假象，反抗占主导地位的英语文化价值观，为本土文化引入新的意义。韦努蒂的异化概念将直译意译问题引入了文化政治的层面，从权力话语和文化价值观的角度重新思考了语言的透明与不透明的问题。

斯坦纳在《通天塔之后：语言与翻译面面观》中曾引用罗纳德·克罗克斯（Ronald Knox）的观点，将两千余年以来的传统翻译理论归结为两个简单的问题：第一，直译和意译的译文哪一种更好？第二，译者能够自由地选择不同风格

---

① 朱刚：《本原与延异：德里达对本原形而上学的解构》，上海：上海人民出版社，2006 年，第 388 页。

和习语来表达原作的意义吗？①无独有偶，1979 年，凯利在其代表作《真正的阐释者：西方翻译理论与实践的历史》中也曾援引雅克布森的两个问题来总结 1970 年之前的翻译理论史，即译者翻译了什么信息？又背叛了什么信息？②提问方式虽不同，但问题意识却可能是一样的。无论是斯坦纳还是凯利都用提问的方式追问了存在于翻译理论史中的关键点，都暗示了忠实、自由等概念在传统翻译理论史中的中心地位。值得注意的是，无论是在德里达的哲学讨论中，还是在刘易斯和韦努蒂等后结构主义翻译理论家的论述中，忠实和再现仍然是讨论翻译时的关键术语，即便这两个概念的内涵已发生了改变。

从本质上来讲，后结构主义思潮中生发的翻译理论并未彻底颠覆传统译论的理论框架。正如罗宾逊所指出的，"如果我们只是把新直译主义视作 80 年代的理论或者甚至 20 年代由本雅明所提出的理论，视作一种当下获得的发展转变，那罗斯（或者我们）可能都错了，因为直译主义甚至新直译主义是伴随翻译同时产生的。"③关于这个问题的讨论很难用罗斯的新直译论简单概括。在直译意译问题中始终存在一个形而上学和本质主义的层面。只不过，在后结构主义的语境中，本原被语言所替代。故而，相较于传统译论，后结构主义翻译讨论更关注语言自身的多义性和多歧性，强调意义的生成过程。注重语言自身的不透明，将翻译视作一种特殊场域，用以显现差异、文化价值观念和不平等的关系。如此一来，围绕直译意译问题的讨论也就不同于近代时期德国浪漫主义哲学家对此问题的思考，但获得了哲学和文化政治层面的发展。

---

① George Steiner. *After Babel: Aspects of Language and Translation*. Shanghai: Shanghai Foreign Language Education Press, 2004, p. 251.

② Louis Kelly. *The True Interpreter: A History of Translation Theory and Practice in the West*. Oxford: Basil Blackwell, 1979, p. 219.

③ Douglas Robinson. *What is Translation: Centrifugal Theories, Critical Interventions*. Beijing: Foreign Language Teaching and Research Press, 2007, p. 81.

第四章

形而上学与相对主义：直译意译问题的回顾与反思

在过去两千余年的翻译理论史发展中，直译意译这个历久弥新的问题始终伴随着翻译理论的发生和发展，是翻译理论史上持续时间最久、讨论最多、最为庞杂的问题。在《历史学十二讲》中，普罗斯特曾谈及问题与历史认知及观念之间的关系。他认为，"问题"在历史建构过程中起着决定性作用。由于过去的痕迹引导认识主体从不同角度去观察和认识事实，认识主体据此形成了不同观念。是则，观念因问题而产生，并引导问题的解决。不过，由于过去的事实和资料浩如烟海，在认识和理解事实时，资料的摒弃和选用直接决定了历史学家对同一件事情的不同看法，历史认知也由此不同。因而，由问题来确认和理解历史认知和观念具有十分重要的意义，"构成历史学对象的是问题，它在一个由事实和可获得资料组成的无限世界里进行前所未有的切割剪裁。从认识论的观点看，问题执行了一种基本的功能，因为正是它建立、构建起历史学的对象。"①翻译学上的直译意译问题也同样执行了问题的基本功能，建立和构建起翻译学的研究对象。这也解释了，从西塞罗提出意对意翻译以来，为何在翻译理论两千余年的发展历程中，关于直译意译问题的翻译学讨论从未停止。

从某种意义上而言，直译意译问题同时具有历时性和共时性特征，这从侧面反映了翻译理论史的建构是以一种连贯的形式进行，同时说明翻译理论家对翻译的认知和理解自始至终是在翻译学本体论范畴下开展的，未脱离翻译作为语言转

---

① 普罗斯特：《历史学十二讲》，王春华译，北京：北京大学出版社，2012年，第67页。

换的本体认知，对直译意译问题的梳理可视为对翻译学术史的探索。但与学术史研究略有不同的是，追问直译意译这个历史问题绝非要重构该问题的方方面面，而是通过重新确立直译意译问题内在的问题意识，呈现问题的演变过程，挖掘出该问题背后的认知方式和思想观念，对这个问题做出相对合理的历史解释，推动翻译思想和翻译理论的进一步发展。

作为翻译理论史上最为复杂的问题，持续两千余年的直译意译问题讨论无疑与讨论的历史语境密切相关。在特定历史时期里，各种观念相互交错，对翻译产生了塑造性的影响（formative influence），这也为考察直译意译问题本身的历史性生成和演变过程带来了困难。在《观念史研究：中国现代重要政治术语的形成》一书中，金观涛和刘青峰为观念作了如下定义：观念，是指人用某一（或几个）关键词所表达的思想。①换言之，人们借用几个核心的关键词来表达对某一事件和问题的思想，继而在交流中这些关键词的意义逐步社会化，赢得公共的认知，并在此基础上形成复杂的思想体系。借用上述定义考察直译意译问题与各种社会观念之间的关系，我们不难发现，历史语境中的各种观念和直译意译问题是相互依存的。理解问题有赖于如何挖掘和重构观念背后的思想体系，探讨问题也能进一步深化对历史认知和观念的理解。在翻译理论史上，直译和意译这两个极其重要的观念背后是不同理论范式对翻译核心问题的理解和叙述，是一种历史性的承继和创新。由于观念、思想或思想体系都无法脱离历史语境，对直译意译问题的认识首先关涉到了历史认知的方法论问题。

一般来讲，对宏大问题作历史考察可以采用两个基本的方法，其一是以纵向的、历时性的考察为基本线索，侧重于不同时期的变化与历史事实之间的关系；其二是以横向的、共时性的探索为基本结构，侧重于各个专题之间的共性与历史事实之间的关系。两种方法虽然不同，但都可利用碎片化的考察方式。因为，所收集的历史碎片越多，越有可能接近对某个问题整体的认识。如果说本书前三章所收集、展示和分析的直译意译讨论可被视作某种历史碎片的话，那么借助这些历史碎片或许可以反映出直译意译问题的基本构成，并进一步回答如下相关问题：直译意译问题作翻译理论史上的一个历史问题，其基本的问题意识是什么？这个问题所关涉的翻译理论诉求是什么？这个问题背后的语言和社会文化观念以

---

① 金观涛、刘青峰：《观念史研究：中国现代重要政治术语的形成》，北京：法律出版社，2010年，第4页。

及观念背后的思想体系是什么？求解上述问题亦将成为本章展开的主要方式，在此过程中，本章也将通过反思对象理论的元理论层面，思考和理解直译意译问题持续不断的主要原因。

第一节　语言观念与历史语境：求解直译意译问题的历史学方法

直译意译问题既是重要的历史事实，也是重大的历史问题。在史学界，虽然历史学家就如何真正书写和解释历史事实和历史问题展开了激烈的讨论，但并未就这个问题达成共识。其中主要的原因或在于，历史问题的解释关涉到了对历史这一历史学核心概念的理解。对"何为历史？"以及"历史何为？"的理解不同，对历史问题的解释也就不同。

对部分传统史学家而言，史料即历史，历史学的根本任务是尽可能全面地展示历史上发生的事实和出现的问题。史学家需要不断挖掘新的史料，利用新的史料一步步还原历史事件。显然，在上述历史观念背后，存在一个基本假设，即历史是对客观历史事实和事件的记录和解释。事物和事件本身的客观性和真实性不受历史记载、记录和历史学家个人叙述的影响。记载、记录和叙事使用的语言是透明的。因此，只要占有足够多的史料就可以复原客观存在的历史事实。显然，这种历史观念有悖常理。一方面，历史史料浩如烟海，任何历史学家都不可能完整地收集到相关事件的全部史料；另一方面，即便获得完整的史料，由于历史学家对某一个具体问题的直接感知也是有限的，史料中包含的过去人类的所有情感不可能通过史料获得再现。是则，虽然历史有赖于史料的收集，但"史料即历史的观点"却需要重新审视和考问。

为反驳上述观点，有部分历史学家提出了"历史解释论"。对他们而言，历史是对历史事实的解释。历史学家根据收集的史料，分析和评估某个历史事件，考察与此相关的一系列历史事件。历史学家在历史解释中起着决定性作用，解释是否合理完全取决于历史学家这一解释主体，其思维方式和对过去痕迹的理解方式决定了历史事实如何在当下重新呈现。历史的客观性由此受到了挑战。如何合理地利用和勘定史料，如何解释历史事件和历史问题成为诸多历史学家关注的重要问题。

柯林武德等历史学家以历史考察为历史学家的基本目标，强调了"历史思想"的重要地位，进一步提出了历史解释的方法论。对柯林武德而言，理解和重演历史行动者的思想是理解历史事件的关键所在。这表明"历史学家在史学实践中应该自觉意识到并在自己的研究中致力于解决特定的问题。勘定史实、重演历史行动者的思想、通过想象和逻辑推论重建各种事件之间内在和外在的关联，乃是解决这些问题的关键所在"[①]。换言之，历史问题的解释是否合理，取决于历史学家能在多大程度上还原历史行动者的思想。不过，因为历史行动者的思想是通过文字记录和保存的，故而，在一定程度上，理解思想也就被转换成如何理解思想家所书写的文本。

斯金纳借用奥斯汀的言语行为理论（speech-act theory）为如何正确理解历史思想提供了新的方法论。奥斯汀在其经典著作《如何以言行事》（*How to Do Things with Words*）中提出，语言表达可以同时实施言内行为（locutionary act）、言外行为（illocutionary act）和言后行为（perlocutionary act）等三种语言行为。上述三种行为的区分不仅明确了语言表达所包含的不同力量（forces），更清楚地显现了语言表达的字面意义、说话人意图达到的效果以及语言实际产生的效果三个方面可能存在差异。语言表达就是行动本身，理解语言需要同时去理解说话人的意图和语言所达到的效果。斯金纳据此提出，如果历史学家要去还原历史行动者的思想，那么理解思想家著作的具体内容是远远不够的。为何以及如何言说也应成为历史思想考察的一部分。具体而言，任何思想都是在某个特定场合中产生的，有其特定的意图，是针对某个特定历史问题的回答。产生思想的历史语境理应成为解释历史问题时一个不可或缺的重要考察对象。正如斯金纳所言，历史研究的注意力不应放在个别作者身上，而是放在更具普遍性的他们那个时代的话语之上，"将研究中心完全限制在文本，文本特点以及个人行为上"[②]。

在特定的历史语境中，某些社会价值的改变有可能改变重要观念的内涵。历史思想的整体建构及其表达方式都和特定时期的历史语境有密切的关系。是则，在解释历史问题，理解思想家的思想时，历史语境应作为主要参考。斯金纳的

---

① 彭刚：《叙事的转向：当代西方史学理论的考察》，2 版，北京：北京大学出版社，2017 年，第 10-11 页。

② Quentin Skinner. *Visions of Politics* (vol. 1 Regarding Method). Cambridge: Cambridge University Press, 2002, p. 118.

"历史语境主义"是一种跨文本、跨语境的研究取向。传统历史研究对历史问题解释无疑遭遇了巨大的挑战。这样的研究取向虽有重语境、轻文本的危险，但将历史语境作为历史问题解释的重要参考，能在一定程度上避免将历史问题看作一成不变的绝对实在，也能够显现出历史问题内在的复杂性。

同样针对历史解释合理性的考察，怀特提出了"元史学"（metahistory）概念。怀特认为在历史解释中存在着一个诗性层面，"每一部历史首先和首要的都是一种言辞制品，是某种特殊类型的语言使用的产物"[1]。换言之，对历史问题的解释取决于历史学家自身的叙述策略。历史学家的叙述过程存在情节化、论证模式和意识形态蕴含模式等三个主要层面，分别代表了历史学家的审美趣味、认知方式和伦理三个维度，历史学家总是按照其中的一种形式去解释历史问题。历史解释取决于历史学家如何组织历史叙述的话语。作为一种虚构的言辞，叙述话语的内容是实在与虚构的统一。历史事实虽然是实在的，但事实与事实之间的排列与历史学家的情节化模式有关，历史学家一般在"浪漫的、悲剧的、喜剧的、讽刺的"四种模式中自由选择，将历史问题和历史事件转化为可供辨识的浪漫剧、悲剧、喜剧和讽刺剧。历史叙述的意义也是通过历史学家的演绎传达出来的。演绎的方式即论证的方式。历史学家或采取"形式论"的方式，通过辨识历史问题和历史事件的独特性来寻求解释，或采用"有机论"的方式从整体和个体之关系出发探求历史问题，又或采用机械论和情景论的论证模式，通过挖掘历史事件之间的全部关系来辨明研究的对象。无论哪一种叙述和论证模式都与审美、认知和伦理有关。显然，这种历史理论是将历史叙述中的"修辞"作为考察历史问题出发点的。正确理解历史叙述中的语言也成为历史解释中重要的一环。经由怀特的分析，过去被历史学界排斥的虚构、想象、建构等观念被提升到了一个相当重要的位置。

然而，不能否认的是，将历史随意等同于虚构放大了主体的认识作用，不仅有历史同化为文学之嫌，更有过度解读历史学家在历史解释中的个人自由之嫌。本质上，怀特对历史的解释是一种语言决定论。如怀特所言，"倘若我所提出的情节化、论证模式和意识形态蕴含模式相互之间的关联是有效的话，我们就必须考虑这些模式在意识的某些更根本层次上有着其基础的可能性。那一基础就是语

---

[1] Hayden White. *Literary Theory and Historical Writing. In Figural Realism: Studies in the Mimesis Effect.* Baltimore: The Johns Hopkins University Press, 1999, p.4.

言本身。"①抛开被放大的历史主体的个人叙述自由，若仅从理论价值来看，怀特所提出的历史解释模式引导和实现了历史哲学的方法论转型，突出了语言的透明与否对历史解释的决定性作用，充分说明认识历史和解释历史问题都离不开对修辞的考察。换言之，怀特的方法论重新评定了语言在历史解释中的作用，其价值也因而远在"元史学"理论意义之上。

语言价值与历史解释的结合说明，语言观念影响并构建了史学观念。换言之，如果将语言视作透明的工具，那么历史问题只是史料的收集和勘定，如果语言是不透明的，那么历史叙述就是一种言辞行为。历史学家的语言观念其实已经预先决定了他对历史问题的看法。或者说，如果将"历史视作一种言辞制品"，那么这种历史观念产生的前提应为语言的不透明。从另外的方面而言，如果怀特等历史学家仅仅将语言视作加载历史事实的工具，那么就不会认为历史叙述中存在一个由历史学家选择的情节化模式。质言之，厘清历史学家的语言观念有助于更好地理解其史学理论的构建和发展。

显然，无论是斯金纳的历史语境主义还是怀特的"元史学"都是历史学语言转向的代表性理论。上述两种理论都强调了语言之于历史认知的重要性。语言观念影响了历史学家的历史观念，也影响了其对历史实在的把握。这种转向自然与后结构主义思潮有很大关系，语言既是后结构主义理论家的研究对象，也是其批判和反思解构主义理论的主要出发点。语言观念不同，对历史的理解也就不同。如果语言被视作透明的工具，透过历史文本就能把握客观的历史实在。但如果语言不是透明的，那么历史文本自身的修辞或许是理解和解释历史问题的关键。历史文本和思想家的思想都有自身的意图。历史问题的解释涉及了语言分析。不仅如此，历史语境主义和"元史学"在一定程度上同时表明，历史问题具有多面性，不是仅仅依靠史料的收集和勘定能够决定的。语言和历史语境是认知和解释历史问题时不可忽略的两大因素。对历史问题进行合理解释离不开对历史叙述中语言表达和修辞的分析，更离不开对历史语境细致入微的考察。

质言之，语言、历史语境和历史问题的解释是紧密相连的。在寻求特定历史问题的合理解释之前，首先需要确认通过何种方式来理解历史问题这一概念，辨明历史观念背后的语言观念，梳理产生历史问题的特定的历史语境。一方面，在

---

① Hayden White. *Tropics of Discourse: Essay in Cultural Criticism*. Baltimore: The Johns Hopkins University Press, 1986, pp. 71-72.

特定的历史语境中，解释历史问题不仅需要勘定新的史料，更需要考察历史行动者的思想及其在特定历史语境中的意图。在特定的历史语境中，历史问题和历史语境中的各种观念存在相互影响、相互制约的关系，梳理历史语境中的观念由此成为历史问题解释的基础性工作。另一方面，如何解释历史问题是由历史学家自身的历史观念决定的。对语言的看法影响了历史学家对历史概念的理解，也自然影响了历史学家对历史问题的认知和解释。质言之，从方法论的角度看来，历史问题的解释涉及了史料的勘定、历史语境判定、各种观念的梳理、文本的正确解读以及语言观念的辨别等方方面面。

一、历史语境与翻译观念：社会文化观念对直译意译问题的影响

直译意译问题是翻译理论史中的历史问题，理解这一问题可借用历史学所讨论的方法论，将特定历史时期的社会文化观念考察作为分析直译意译问题的切入点。按照上述思路，本书前三章针对直译意译问题讨论中的三个阶段开展了历时性考察。三个不同阶段的历时性分析说明，与直译意译有关的翻译思想与该思想产生的历史语境有相当大的关系。无论在西方还是在中国，传统译论中的直译意译讨论都是翻译思想与社会文化主导思想互动的产物。

如果将西塞罗提出的"意对意"翻译视作意译的缘起，那么意译的产生是与古罗马时期修辞学的蓬勃发展息息相关的。在古罗马时期，希腊文化观念是社会的主导观念，是罗马人积极效仿和学习的主要对象。无论是学者、政治家，还是自由民都热衷于学习修辞这门"说服的艺术"，从希腊古典文化中获取更多的智慧、德行和知识，从而赢得更多的认可，帮助其积极参与到社会问题的讨论中。彼时，翻译作为修辞学的一个重要组成部分得到了社会的广泛认可。作为最富成效的修辞练习手段，翻译能帮助译者整合自己的思想和语言，用最合适的语词传达最崇高的思想。西塞罗提出的"解释员"或"意对意"的翻译方法在于，凭借这种方法译出的作品会是一篇具有"强有力表达方式"的合格的演说词，能够突出语言内在的感染力。包括昆体良、小普林尼、贺拉斯在内的"后西塞罗式"（post-Ciceronian）理论家的直译意译讨论无不与这样的修辞理念相关。无论是昆体良的"竞争论"（aemulationem），还是贺拉斯的"忠实的译者"，都关注内

在于翻译中的修辞观念，旨在通过翻译练习掌握古希腊的典范作品。也就是说，古罗马蓬勃发展的修辞学观念促进了翻译练习和翻译理论的蓬勃发展，产生了西塞罗、昆体良、贺拉斯等具有社会影响力的修辞学家和翻译理论家。"意对意"翻译的内涵需与古罗马主导的修辞观念并置理解。

如果将"字对字"视作西方译论中直译的缘起，那么直译的产生与中世纪的信仰和理性之争密切相关。中世纪是西方文明发展过程中的重要阶段。进入中世纪以后，基督教文化成为西方社会的主导文化。在希腊和罗马社会有着崇高地位的逻辑与理性受到了信仰的挑战，人们突然意识到人本身需要寻找精神向往，有心智上的需求。希腊和罗马哲学从世界本身来说明客观世界的哲学探讨方式逐渐改变。哲学讨论的议题也逐渐转移到关于人类思想、情感、欲望、快乐等人的自身问题上。中世纪神学从人与上帝之间的关系探讨入手，进一步深化了人们对理性概念的认识。在无限的，不可分割的时间和空间里唯有倾听上帝的启示才能认识人存在的客观世界。"哲学成为神学的婢女"，理性不再是寻求真理的唯一方法。人的理性残缺不全，只有在上帝的感召下才能接近真理。信仰随之取代了物质和思维的二元关系问题，成为理解客观世界的唯一路径。对波伊修斯等哲学家而言，虽然神是超自然精神实体，但没有理性的思考，信仰仍然是盲从的，信仰与理性都是认识真理的源泉。传承于希腊哲学的理性与信仰相互交织，形成了奇妙的平衡。奥古斯丁提倡"字对字"的翻译，强调存在于翻译中的一种"神秘关系"，认为只有"字对字"的翻译才能将"上帝的感召"从意义中深化出来的，从"人的言词"理解上帝的智慧。是则，奥古斯丁的"字对字"翻译是其神学思想的外化。当哲罗姆提倡"意对意"的翻译，认为唯有如此，才能运用理性传递出原作的"真义"。中世纪的"字对字"和"意对意"的讨论脱离了古罗马的修辞学范畴，反映了信仰和理性对翻译观念的影响。

在18世纪末19世纪初的德国，浪漫主义思潮构成了思想界最深刻、最广阔的背景。浪漫主义者强调启蒙的理性精神，试图实现理性与情感的平衡。他们对社群观念和个人价值的关注促进了德意志民族主义的形成。在浪漫主义者看来，翻译是要把用另一种语言书写的伟大作家的创造性力量转换为德语自身的力量，语言中包含着促进整个民族和文化发展的创造性力量。从18世纪开始，法语文化逐渐成为当时欧洲主导文化，为德国的上层社会和知识界所推崇。法语文化在德国的地位威胁到了德语和德意志民族文化自身的发展。实现德意志民族文化和民族思维的发展成为德国知识界反思的重大问题。赫尔德、施莱格尔、施莱尔马赫和洪堡特等人在讨论翻译方法时，都将讨论的焦点放置到了翻译内涵的民族性、民族思维发展等问题上。直译意译问题讨论的核心内容也随之集中在语言与思维的关系以及翻译自身所具有创造性上。施莱尔马赫等人在讨论直译意译问题时所关乎的不是翻译的准确性，而是翻译背后所显现的语言关系和语言发展态势。施莱尔马赫提出的"移动作者"和"移动读者"两种翻译方法，是要选择最佳方法以便最大限度地保障本族语与外语之间的良性发展关系，即法语和德语独立和平等的关系，继而采用"移动读者"的翻译方法将能最大限度地保证德语母语的地位，促进德语吸收外语的养分，蓬勃发展。对以洪堡特为代表的哲学家而言，不同语言之间虽然相对独立，但本质上却是互补的，均指向人类语言这个更大的整体。采用直译或逐字译等翻译方法是保存人类历史的最佳方法，是要通过扩展语言的创造性和包容性，扩展思维，促进人类精神的发展以最终求得完美的人性或人类精神的完美状态。精神的创造性力量是实现民族发展和统一的最佳方式。由此可见，近代德国的直译意译讨论是早期浪漫主义哲学家对"共同的诗学"（universalpoesie）的进一步思考。

　　20 世纪以来，后现代主义思潮席卷了整个西方，反对横亘在西方传统思想中的宏大叙事，试图终结关于主体的神话。20 世纪 60 年代兴起的后结构主义思潮更是影响西方生活的方方面面。理性、真理、历史性、主体性、知识、意义等西方哲学思想的核心观念遭受了前所未有的质疑，知识界开始反思和批判本质、存在、实质等关键性概念，语言成为哲学批判的主要对象。如何打破西方中心主义，凸显文化政治中的不平等关系，显现压迫和被压迫的民族文化成为学界反思的重点问题。与此相关，翻译中文本异常流畅和佶屈聱牙这些显现文化不平等和异在的"他者"之处成为知识界关注的焦点。后结构主义思潮下的直译意译问题被演化为了与存在、权力、显现、他者、霸权、身份认同有关的复杂问题，关注的是为何以及如何通过翻译这个场域来显现差异，从而达到哲学上的、政治上的和文化上的不同目的。德里达提倡"给直译以自由"，借以显现语言的多义性和多歧性，让语言自身表达自身，从而说明在场及不在场的问题，反拨西方传统哲学中的形而上学。刘易斯提出"反常的忠实"，将意译视作理想的翻译方法，运用特定的翻译策略表现语言表达的力量，从而实现意义的不断生成。同样地，韦努蒂的异化概念和"抵抗式翻译"也是希望通过翻译改变因民族主义优越感而对边缘文化的打压，反对英美主流文化中盛行的霸权主义。

　　在东方，中国传统译论中的直译意译问题同样与特定的历史语境相关。佛学义理从汉代开始大量传入汉地，整个佛经翻译经历了从初期到逐渐成熟的过程，译经者也经历了从摸索尝试到规范译经的过程，并逐渐开始对译经活动进行思考，形成了中国古代社会独特的佛经翻译理论。佛经经序中所反映出来的"文""质"两概念虽然明显受到了南北朝时期文章学的影响，但从本质上而言，汉地的佛经翻译是佛教与中国文化互动的结果，反映了身处其中的译经者对汉地传统文化、西域文化和印度佛教文化的认知和反思。译业初期，译人语言未练，"听言揣意，方圆共凿，金石难和，碗配世间，摆名三昧，咫尺千里，亲面难通"①。译主宣读原经，解释经意，译场众人记录核查经文，但因尚未达到"彼晓汉谈，我知梵说"的程度，无法将原经中的所指与能指关系成功地移植到汉语语境中。支敏度用"同本、人殊、出异"来说明，佛经因译人不同而出现文本上的巨大差异。另外，受众的文化心理影响了经文的接受和对经文"文""质"取向的判断。佛经的翻译在初期注重佛理宣讲，忽视汉地信众的接受。之后使用"格义"之法刻意迎合汉地信众，将佛学思想与汉地社会本身存在的思想相融合，扩大了佛教的影响，继而译经僧又逐渐抛弃了"格义"的方法，坚持"言准天竺，事不加饰"，帮助汉地信众逐渐熟悉和了解古天竺、西域文化。陈寅恪曾提出，完备的中国思想史需同时兼顾儒释道三家学说，"言中之思想，可以儒释道三教代表之。此虽通俗之谈，然稽之旧史之事实，验以今世之人情，则三教之学说，要为不易之论"②。儒释道三者交互影响，佛学和道家思想在融入传统思想过程中均经过了融合与改造。汉传佛教译经史上的直译意译问题正是在传统的裂变中，依靠细致的语言考察来探察的。

19 世纪末 20 世纪初是中国历史上的多事之秋。在西方思想被大量引入后，传统社会中"因文见道"的思想受到了极大的挑战。如何在借用西方思想发展中国传统社会的同时，维护传统社会的道德观念和学术风教是当时思想家讨论的主要话题。集中在外译汉的单向度翻译行为被赋予了"启民智、求富强"，甚至"保国粹"的重责，经历了 19 世纪末"废文言崇白话"的晚清白话文运动、"五四"时期创造"新白话文体"的白话文学运动以及 20 世纪 30 年代的"大众语文论战"等重大汉语变革。在这一过程中，与直译意译相关的语言讨论逐渐演变成

---

① 赞宁：《宋高僧传》（卷三），载高楠顺次郎：《大正新修大藏经》第 50 册，台北：佛陀教育基金会出版部，1990 年，第 723 页上-723 页中。

② 陈寅恪：《陈寅恪集. 金明馆丛稿二编》，3 版. 北京：生活·读书·新知三联书店，2015 年，第 283 页。

为"破旧立新"、"文学革命论"和"建设大众文艺路线"等不同的社会主张。
清末域外小说翻译讨论中的直译意译问题是所谓"雅俗格局"的产物。清末民初
的译名问题则是翻译与本族语博弈的结果。在"五四"时期，当思想家期望借用
"文学革命"推动社会的发展时，直译意译问题被演变成为如何发展创制新的汉
语这一重要问题。借由完全的直译或能改变汉语的语法，继而进一步转变国人的
思维方式。从晚清延续到"五四"时期的直译意译问题讨论都须与特定历史时期
的新与旧、民族与世界、现代与传统等二元对立问题并置思考。

以上对前文中的直译意译讨论所作的梳理或能说明，直译意译问题受制于特
定历史时期的主导观念。特定历史语境中的主导社会和文化观念影响了翻译理论
家对翻译的认知，不同阶段的直译意译讨论因讨论语境的不同而存在明显的差
异。直译或意译不是简单的"字对字"翻译或"自由翻译"，其内涵因讨论者不
同的意图而有所差别。如此一来，考察翻译理论史上围绕直译意译的讨论时，理
解翻译理论家在特定历史语境中的言辞和行为意图就具有重要的方法论意义。通
过对直译意译有关思想作语言分析、逻辑分析和概念分析，辨析其内在的问题意
识和理论诉求，才能真正理解直译意译问题的复杂性。必须指出的是，这种"历
史语境主义"的研究方法尚有相对主义之嫌，因为若不同历史语境中的主导观
念，尤其是语言观念截然不同，那么在不同观念影响之下的历史问题或许就不会
具有相同的结构，也因此不可能具有同一性和持续性。进一步而言，从相对主义
视角理解，如果假定直译意译问题受制于产生问题的历史语境，那么绵延两千余
年的直译意译问题是否因此不再具有内在的同一性？重审直译意译问题内在的普
遍主义诉求显然成为理解直译意译元理论问题的逻辑起点。

二、语言观念与翻译观念：语言观念的变迁对直译意译问题的影响

历史学的语言学转向突出了修辞之于历史研究的重要作用。考察史料和历史
叙述的修辞能从另一个方面呈现历史的多面性。不过，转向所带来的不仅是历史
研究方法论的转变，更为人类如何获得知识提供了新的认识材料。当语言被视作
透明的工具时，历史研究从本质上而言是一种认识论，需要回答"历史是什么样
的"这一核心问题。但当语言本身被视为一种存在后，认识世界需要首先认识语

言，认识主体无法直接了解和认知过去被视为客观的史料。当此两种语言观念被带入翻译本体研究时，由于翻译从本质上而言是一种语言行为，语言观念决定了翻译本质的内涵。

在西方早期直译意译讨论中，以西塞罗式的翻译理论为例，语言被视作表达思想的工具，而翻译是一种修辞学练习方式。译者的任务是要使用最合适的词汇、最强有力的表达方式传递出希腊演说家和作家崇高的思想。因而无论是"字对字"还是"意对意"翻译都是为了更好地实现译者在语言修辞上的目的。但在奥古斯丁和本雅明看来，翻译中暗示的是不同语言之间隐秘的关系。人的语言不同于上帝的语言，上帝的创世之道与语言的命名之道同一。人的语言不同，但都归于上帝的语言，神的旨意永恒不变。唯有字对字的翻译才能唤起过往的历史和人的记忆。在近代德国，语言被视作思维的同一物，语言视作一种塑造整个民族精神和文化的创造性力量。翻译是要把用另一种语言书写的伟大作家的创造性力量转换为德语自身的力量。唯有采用正确的翻译方法才能保存其他语言的异域性，进一步发展日耳曼民族的本族语和民族思维方式。直译意译问题讨论的核心内容集中在语言与思维的关系以及翻译自身所具有的创造性上。翻译背后所显现的语言关系和民族语言的发展态势是思想家关心的主要问题。换言之，当语言被视作思想的同一物后，正确的翻译方法影响和决定了本族语与外语之间的独立和平等的关系，通过扩展语言的创造性和包容性，能够最终求得民族思维的发展、完美的人性或人类精神的完美状态。

在19世纪末20世纪初的近代中国，语言问题在社会的巨大变革中更是被赋予了极其重大的意义。经由文言到白话这一汉语语体变革，译义、译音所引发的译名问题被直接上升到了"新民""保存国文""破坏或破坏中国传统道德"等政治意识形态的高度，翻译尤其是通过翻译所引介的新文体和新名词不仅引起了官方的关注，更激起了整个社会思想界的热烈讨论。严复、章士钊、胡以鲁等人关于译名的分歧在相当程度上彰显了翻译与本国文辞、道德观念，尤其是与汉语本族语发展之间的张力。随后胡适、傅斯年、鲁迅、周作人等人又在实践和理论上试图借直译意译问题彰显出形式与内容、语言与思维的共生关系，将翻译尤其是直译作为新文化运动的话语资源，希望借助直译的笔法推动文学革命，创制新的语体或借由完全的直译改变汉语的语法，继而进一步转变国人的思维方式。由语言所引发的"民族精神""民族思维"等问题同样出现在近代中国的直译意译讨论之中。翻译自始至终是与语言和思维问题联系在一起的。

在 20 世纪 60 年代以来的后结构主义话语中，语言被视作哲学的主要研究对象，是人类探求本原、认识自我、挖掘异在的场域。过去被剥夺的权力、过去被压抑的声音，以及一切不平等的权力关系都通过语言的不断建构得到修复。由于语言中不存在任何同一性、相似性和持续性，所有指向"在场的永恒"都必须被质疑。在探求本原或本体之前，首先需要探求的是语言如何呈现或建构时间、空间和其他事物。翻译也因此不再只是简单的传递或创造，而可能是显现和建构差异的场域，甚至是解构本身。译者的任务也因此具有了一定的历史性意义，译者或许需要运用不同的翻译方法和策略去揭示语言背后隐藏的种种虚构、叙事、遮蔽和不透明。因而，在后结构主义语境中，直译意译问题关注的是为何，以及如何通过翻译这个场域来显现差异，从而达到哲学上的、政治上的和文化上的不同目的。直译和意译概念的内涵也由此具有了哲学和文化研究层面的意义。

显而易见，翻译作为一种语言转换行为受制于特定语境所建构的特定语言观念。古罗马修辞学家将语言作为一种思想传递的工具，翻译也被视作一种传递，直译意译问题是与如何传递、传递什么息息相关的。在近代，语言被视为思维的同一物，翻译被视作一种创造性的力量，直译意译问题关乎整个民族思维的发展，是与如何通过良性的语言关系来创造和发展民族思维相关的。步入现当代，当语言问题被视为一切问题的前提，翻译也被视作探求本原、认识自我和挖掘过去被压抑声音的场域，直译意译问题与语言如何显现自身、如何反抗不平等关系联系在一起。显然，在直译意译的问题中，论者的语言观念影响并决定了直译意译问题内在的翻译观念和该问题讨论的范畴和目的。直译意译问题的复杂性是由语言本身的复杂性决定的。

早在古希腊时期，智者学派的哲学家高尔吉亚（Gorgias）就通过三个基本命题说明了语言问题的复杂性。"他说，无物存在；如果说有什么存在，它也是不可认识的；如果既存在又是可以认识的，也无法向其他人讲明。"[①]高尔吉亚的三个哲学命题看似荒谬，但却清楚地表明"爱智慧"的道路因为语言的介入变得异常艰辛。事物、事物的存在以及作为符号的语言必须分而视之。换言之，在语言表达中既有确定的实在，也有抽象的本原问题，既有语言符号的使用与表达，也有个人的思想和情感。作为一种语言转换行为，翻译也自然涉及了语言表

---

① 苗力田：《亚里士多德全集》（第七卷），北京：中国人民大学出版社，1993 年，第 18 页。

达与思想传递、语言的命名与使用，语言背后的事物与存在等问题。重新理解语言的复杂性也使得认识和理解直译意译问题的普遍主义诉求成为可能。

第二节 求是与求真：直译意译问题求解

本书的直译意译问题研究是将中西译论中的直译论和意译论作为研究的对象，对其进行语言分析、逻辑分析和概念分析，辨析直译意译论的合理性基础、论证方法和根本性立场。通过直译意译的元理论研究，进一步澄清翻译研究中的某些基本问题，重新考问翻译理论的问题意识和理论诉求。参考霍姆斯在《翻译研究的名与实》中对翻译研究"元理论维度"的解读，"它所关注的问题是，在不同分支的研究中，哪些方法、哪些模式是最佳的（如怎样才能形成最有效的翻译理论，使用什么样的分析方法以获得最客观最有意义的描述结果），同时它也关注诸如学科的构成这类基本的问题"①。这也说明，考察直译意译问题的元理论的研究最终是要回答直译意译问题讨论所关心的普遍性问题是什么。联系以上对问题与观念的分析，将语言观念和翻译观念作全景式扫描，能在一定程度上呈现直译意译问题中的普遍主义维度。

一、普遍主义而非相对主义：从"范式"的角度看直译意译问题

沃尔夫冈·伊瑟尔（Wolfgang Iser）在《怎样做理论》（*How to Do Theory*）中这样总结人文学科的理论特征，"软理论（人文学科的理论）是通过框架的闭合来表现出可靠性。当它们聚焦艺术时，是通过引入隐喻或引入开放性概念来寻求闭合的"②。在翻译理论中，翻译的概念很多是通过隐喻来表达的。翻译理论家通过使用隐喻促使其理论框架完整自洽。"人们（包括翻译学者）常

---

① James Holmes. *Translated! Papers on Literary and Translation Studies*. Beijing: Foreign Language Teaching and Research Press, 2007, p.79.
② 伊瑟尔：《怎样做理论》，朱刚、谷婷婷、潘玉莎译，南京：南京大学出版社，2008 年，第 6 页。

常利用隐喻来表达翻译概念。任何有关翻译的隐喻都从某一角度而非其他角度展现翻译的概念。没有这类隐喻我们无法探讨翻译。'翻译是行为'这一暗喻反映的是翻译是一种解读与再创造的形式。'翻译是食人主义'反映了如下翻译观念，即译者拥有出于自认为合理的任何理由去利用原文的权力。"①在本书有限的讨论中，直译意译问题背后的各种翻译观念无疑都是通过隐喻的形式，依靠对比和解释的方式来表现。翻译无论是一种传递、创造还是场域，不同的翻译概念均反映出翻译理论家如何在特定的语境中，秉持特定的语言观念思考与翻译相关的问题。这似乎说明，直译意译问题背后存在完全不同的理论范式和诉求。

范式（paradigm）或称典范，是讨论科学结构时出现频率较高的术语。托马斯·库恩（Thomas Kuhn）在《科学革命的结构》（*The Structure of Scientific Revolutions*）将范式定义为：那些公认的科学成就，在某一段时间里，它们为实践共同体提供典型的问题和解答。②库恩的实践共同体是指从事相同的特定科学研究的科学家或学生。实践共同体意在强调特定科学研究是遵循相同的过程学习到有关这一领域的相关知识的。库恩之所以提出典范这个概念，是因为他认为之前的科学史在书写和思维方式上不够完备，忽略了那些只可意会，不可言传的知识（tacit knowledge），而恰恰是这些知识影响了科学家认识和接受之前的本学科知识，并在此基础上形成了个人的思想。从这个角度而言，范式应该包括两个方面的内容：第一个方面可以理解为硬核，即某个特定学科的核心理论包括科学共同体所共同拥有的通用表达方式，共同的信念（shared commitment）、共有的价值和学习这门学科的过程中使用的具体的范例；第二个方面是学科中存在的某些意会的知识，但这些知识的传承依靠的却是第一个方面提及的全部内容。

在库恩提出范式概念以后，由于范式一词本身不仅兼具模式、典范之义，更有共同、通用的暗示，因而范式概念常常和相对主义关联起来。似乎范式所指向的是完全、彻底的不可通约。继而，如果将范式简单地视作某个学科的理论体系，不存在跨范式的理解，不同理论体系之间是完全割裂的。但事实上，不仅库恩是拒斥相对主义的，范式概念本身也强调对传统的传承和历史的不断往复，并不指向相对主义。库恩采用范式一词，意在提出重写科学史的框架。因而，范式

① Andre Chesterman & Rosemary Arrojo. Shared ground in translation studies. *Target*, 2000, 12(1): 151-160.

② 库恩：《科学革命的结构》，金吾伦、胡新和译，北京：北京大学出版社，2003 年，第 4 页。

所包括的两个方面内容要与整个科学史结合理解。

考察科学的发展史，科学革命的确有赖于范式的彻底转移。但范式转移的前提是某个特定学科经历了前范式时期、范式确立时期和危机时期，这些时期为范式转移创造了充分的条件。在上述三个时期中，不同范式的价值观、世界观和方法论都是相互流通、相互影响的。可以说，科学革命或范式转移是以综合创新为基础的。旧的范式中的某些观念和方法论可能会在新的范式中被赋予新的解释，从而具有了新的意义，并成为新典范中的一部分。继承和创新皆说明，范式之间并非泾渭分明，不同范式之间完全可以通约。换言之，不同范式因具有不同的硬核，或被视作不可分割的一个整体。但从历史的观点来看，范式的形成是历时性的，因而范式所涵盖的价值观、世界观、方法论和意会的知识都有可能是从其他范式中借用的。库恩在书写科学史上所创立的范式一词其实指向的是一种承继和创新。

从这一角度去反思直译意译问题可以发现，虽然不同历史时期的语言观念、历史语境、社会意识形态、文化传统等因素是完全不同的，并由此导致了翻译观念的不同。但考察不同时期的语言观念和历史语境，强调直译意译问题受语言观念和历史语境的影响并不具有相对主义的倾向。正如范式虽有硬核，却只是承继的表征一样。硬核这个隐喻是用来说明和描述不同的范式是如何承继和发展过去的观点的，范式这个概念指向的是承继和创新。若中西翻译理论史上有关直译意译的观念的集合可以被视作不同的范式，那么直译意译问题并不因范式的不同而存在根本性的差别。从历史性的角度来看，翻译理论史上历时两千余年的直译意译问题所显现的正是不同的理论范式如何理解有关翻译的核心问题，如何整合自身的理论体系，如何提出新的问题。斯坦纳在考察了荷尔德林的直译论以后就曾提出，"令人不解的是，人们最为推崇的关于翻译本质的看法完全来自直译，来自字对字的词译（metaphrase）"[①]。从这个角度来看，如果直译意译问题确实存在着一个普遍主义维度，那么这个维度是与翻译作为语言转换行为这一本质密切相关的。语言的复杂性决定了直译意译问题的普遍主义维度。

---

① George Steiner. *After Babel: Aspects of Language and Translation*. Shanghai: Shanghai Foreign Language Education Press, 2001, p. 350.

二、二元对立与形而上学：语言的复杂性与直译意译问题的元理论向度

索绪尔认为，"思想离开了词的表达，只是一团没有定形的、模糊不清的浑然之物。……思想本身好像一团星云，其中没有必然划定的界限。预先确定的观念是没有的。在语言出现之前，一切都是模糊不清的"①。一直以来，语言都被视作思想表达的工具，任何思想都需要借助语言才能呈现。语言与思维之间有着十分紧密的联系。也正是因为这样，古希腊哲学家从一开始就高度重视语言问题，本着求是与求真的精神，对语言问题进行分析性思辨，继而将语言从日常生活中抽离出来，试图通过语言来认识形而上学等问题。从赫拉克利特提出 logos 开始，语言与理性之间的关系就成为希腊哲学家关注的重点。巴门尼德（Parmenides of Elea）凭借着对 to be 的追问②，将言说、思维和存在放在同一个层面，探讨言说背后永恒的存在。对巴门尼德等哲学家而言，语言是把握理性存在的工具和具体途径。有学者曾指出，"西方哲学的根本精神在于求真，而西方语言又为西方哲学家的思辨提供了语言形式的有利条件，所以西方哲学的精神非常自然地与语言密切联系在了一起，从一开始就具有了思辨理性的特征。"③正是由于这样一种求真精神和对语言的分析性思辨，语言的内在矛盾性在随后的哲思中慢慢地显现了出来。

柏拉图在巴门尼德的基础上进一步追问了事物本质与名称之间的关系。对柏拉图而言，能够言说的一定是真实存在的，语言可以把握真实的存在。这就意味着知识必定是真理，能够令人思考且能通过语言来把握。因而柏拉图在《斐德若篇》（*Phaedrus*）中专门强调了在言辞方面，脱离了真理就没有而且也永远不能有真正的技艺。换言之，语言是把握真理的途径，语言本身指向真知与理性。然而，以高尔吉亚为代表的希腊智者却并不赞同这样的语言观。在《海伦颂》（*Encomium of Helen*）中，高尔吉亚多次提到了他对语言的理解。高尔吉亚三个

---

① 索绪尔：《普通语言学教程》，高名凯译，北京：商务印书馆，2009 年，第 157 页。
② 在西方哲学史中，巴门尼德是第一个对 is、is not 进行反思和追问的哲学家。他提出了一个著名的命题"那是者是，并且不可能不是"（That which is , and it is impossible for it not to be）参见苗力田：《古希腊哲学》，北京：中国人民大学出版社，1989 年。
③ 刘利民：《在语言中盘旋：先秦名家"诡辩"命题的纯语言思辨理性研究》，成都：四川大学出版社，2007 年，第 103 页。

著名的"反命题"——①无物存在；②即使存在，也无法认识；③即使认识，也无法表达——充分说明了他对语言、存在与表达三者的看法：存在都是虚幻的，语言可以随心所欲地创制出不同的意见，但却并不指向存在的知识、真实乃至真理，语言中的表达问题不容忽视。这也意味着，语言与存在之间实际毫无关联。语言所呈现只是一种"似真"，表达的不是真知而是一种意见。语言自身就是修辞，语言中重要的不是真理，而是对真理的表达。

高尔吉亚等人的语言观与柏拉图的看法大相径庭，因而柏拉图在《高尔吉亚篇》（*Gorgias*）中严厉地批评了上述观点。在柏拉图看来，修辞将真知沦为了情感的傀儡，意见不过是"理念"的模拟，修辞只是模拟的模拟。在柏拉图和大部分后世哲学家的眼里，高尔吉亚关于语言的认识不过是彻头彻尾的诡辩。虽然高尔吉亚对修辞的推崇模糊了修辞与诡辩之间的界限，但不能否认的是，高尔吉亚的观点揭示了一直以来被哲学家忽视的语言的内在本质，即语言中包含着一定的情感诉求。正如德国哲学家恩斯特·卡西尔（Ernst Cassirer）所言，"语言最初并不是表达思想或观念，而是表达情感和爱慕的"[①]。事实上，这种情感诉求在一定程度上主导了"语言说服"这一重大使命，并体现了语言中所包含的个人理解。这也充分说明了语言使用者在"真"与"似真"问题上也占有一席之地，即语言使用者容易根据自身的情感诉求将语言中形成的意见向有利于自身的方向引导。这样一来，语言与事实、思想与表达之间的差异得到进一步凸显，语言中的"真"与"似真"问题变得更为复杂。

很明显，柏拉图和高尔吉亚分别代表了两种完全不同的语言观。这两种语言观可以用借用美国语言学家理查德·兰哈姆（Richard Lanham）提出的"透视"（through）与"直视"（at）两个概念[②]加以概括和区分。前者暗示了语言背后的存在，透过语言，人们可以直接获得真理。后者意味着语言创造和建构了真实，语言中的情感表达和修辞手段不容忽略。虽然"透视"与"直视"两种不同的语言观都承认了语言所具有的工具性本质，但根据兰哈姆的分析，两种语言观仍然存在着根本区别：前者是以指称为导向的（reference-oriented），暗示了实在以及关于实在的真理是超然于语言之上的；后者是以文本为导向的（text-

---

① 卡西尔：《人论》，甘阳译，北京：西苑出版社，2003年，第45页。

② Richard Lanham. *Literacy and the Survival of Humanism*. New Haven: Yale University Press, 1983.

oriented），意味着语言之中包含着个人的意见、情感和言辞表达的技巧。语言可以呈现真理，但不会直接指向真理。进一步而言，"透视"的语言观重视存在、事实和真实，而"直视"的语言观侧重于语言使用者的主体性、语言中的修辞和情感诉求。两种语言观的差异清晰地反映出语言中存在着语言与存在、知识与意见、理性与情感等二元对立关系。

翻译作为一种语言活动也无法避免地涉及语言矛盾。即当这样一种关于语言的考问被带入翻译时，语言中的各种矛盾不仅让译者在实践中面临不同的选择，更造就了两种截然不同的翻译观念，形成了对待"字对字"和"意对意"翻译方法完全不同的两种态度。以西塞罗为例，在他的翻译思想中，翻译与修辞学存在着一种特殊的内在联系。西塞罗的语言观念影响了他的修辞理念，继而也影响了其翻译思想的形成。反对"字对字"翻译方法的西塞罗相信思想的同一性，相信完全可以用纯正的拉丁语转述希腊先哲已经讨论过的重大话题，他提出：

> 遣词造句和表达思想的方法可以说不胜枚举，我相信你们对这一点是很清楚的。但是在遣词造句与思想表达的方法之间存在这样的区别，那就是如果改变词语，词语的结构便会破坏，但是思想内容仍然被保留，不管你使用什么样的词语。①

这段话充分表明了西塞罗对可译性问题的看法：希腊演说家的崇高思想能够在拉丁语中完全地保留下来，但他也进一步指出语言之于内容的重要作用。在《论演说家》中，西塞罗说明了语言与内容两者之间关系，"要知道，当任何一篇演说词都是由内容与语言两部分组成的时候，如果你取消了内容，语言便不可能有存在的基础，同样，如果你排除了语言，内容便会失去光泽。"②即语言表达与内容对演说者而言有着相同的地位，演说家崇高的思想必须通过语言表达才能发挥其作用，语言中的修辞与情感诉求是合格的演说词的必要组成部分，演说家将话题与情感在语言中完美地呈现才能达到演说家预期的效果。进一步而言，虽然西塞罗倡导"在智慧引导下的雄辩"——将智慧、德行和对事物的真实性认

---

① Cicero. *De Oratore*(Books Ⅲ). J. S. Waton trans. New York: Harper & Brothers, Publisher, 1860，pp. 251-252.

② Cicero. *De Oratore*(Books Ⅲ). J. S. Waton trans. New York: Harper & Brothers, Publisher, 1860，p. 197.

识作为使用修辞的必要前提，但只有当人们同时具有充分的勇气、原则、责任等德行和强大的语言感召力时，其演讲才能教育、打动、说服听众。因而，在处理"知识与意见、理性与情感"等语言矛盾时，西塞罗更为重视意见与情感，回到翻译中，以"直视"方式对待语言，重视语言的情感，这种"直视"语言观使得西塞罗明确反对"字对字"的翻译方法，提倡用"合格的演说词"标准去要求译作。

反观以奥古斯丁为代表的中世纪翻译理论家，他们认为，当《圣经》翻译因《圣经》本身的神圣性而极具重要性后，需要强调透过文本获得圣意的"透视"的语言观也在很大程度上影响了翻译观念的构建和翻译结果的接受。在奥古斯丁的时代，信仰是谈论一切问题的基本前提。人类的语言具有明显的缺陷，是完全透明的。奥古斯丁将词理解为唤起记忆的符号。无论人的记忆有什么样的差别，语词仍然指向的是确定的事物，即人能够用语言描述出当下的世界。然而，信众阅读和理解《圣经》并不是要揣摩原作者的思想，而是透过文本感受上帝的启示与光照。即人类语言并不指向文本，而是暗示了超然于语言之上的上帝的光照与启示。这种以"指称为导向"的语言观也完全主导了奥古斯丁时代人们对翻译的认识。虽然人们用不同的语言来翻译《圣经》，但与其他所有问题一样，内在的主如阳光般照亮译者和信众的心智，用各种语言翻译的《圣经》都可以传达出上帝的智慧，《圣经》的不同译本是获得理解圣言圣意的有效途径。他推崇"字对字"的翻译方法，强调可以通过这种可靠的翻译方法克服人类语言与思想不能合一的矛盾，尽可能地在译作中再现上帝圣言圣意合一的智慧。神学视域下这种"透视"的语言观也最终为"字对字"的翻译方法确立了自身存在的理据。

"透视"与"直视"两种不同的语言观看似泾渭分明，但当智慧、德行、情感等因素同时为语言使用者所重视并追求时，语言中的所有问题就远非用"透视"和"直视"所能区分和解决。在处理实际语言问题时，语言使用者总是不可避免地受到社会主导观念的影响，并根据自身的理念，对事实与意见、真理与表述、理性与情感等二元对立的一方有所倚重。

以西塞罗为代表的翻译理论家受亚里士多德影响，虽然并不赞同高尔吉亚近于诡辩的观点，重视事实本身，但总的来讲，相较于"事实"，他们更重视语言使用者对修辞的运用以及在演讲时对情感的展现和把握。可以说，西塞罗等人完全采用了罗马社会的实践精神来看待语言和翻译，在思想传递和语言表达的天平上向语言表达倾斜。身处中世纪的哲罗姆也笃信上帝，但他却明确提出了"意对意"的概念用以说明实际的翻译过程中译者自身的理性选择。因而虽然哲罗姆强调《圣经》的每一个词都"富有玄意"，但对哲罗姆而言，译者的责任在于传递出原作的"真义"，译者应根据正确的理解，选择合适的措辞。原作的改变出于翻译实际的需要。在面对理性与信仰问题时，哲罗姆更倾向于认为理性居于主导地位。这也说明受"透视"与"直视"两种语言观念的影响，翻译理论家或译者在对待翻译时也形成了"字对字"和"意对意"两种不同的意见。但正如论者在处理语言矛盾时各有倚重一样，论者处理翻译中的语言问题时也各有不同。可以说，早期翻译理论中的"字对字"和"意对意"这一对二元对立的概念的形成与语言中二元对立的矛盾不无关系。

由于翻译的本质是一种语言行为，对语言采用"直视"——重视语言中的存在、事实和真实等问题，或是"透视"——重视语言中的文辞和情感诉求，两种不同的方式影响了翻译理论家和译者的翻译观念，形成了两种完全不同的翻译观念：一是以源语文本背后的存在、事实和真实为翻译对象，注重文本内在的"精神"（spirit）；二是以源语文本本身为翻译对象，关注语词和语言结构，注重文本语言（letter）的转移。具体到不同译者的不同翻译行为，对"形""神"内涵的判定及其内在的言意关系所存在的认识差异，指向了"字对字"或"意对意"以及"文"与"质"的不同翻译策略。翻译观念的不同影响了译者对翻译行为、翻译过程和翻译结果的认识和判断，造成了译者在翻译方法策略、译者的责任以及译本评介等问题上的根本分歧。进一步而言，通过直译和意译这对二元对立的概念所表现出的是两个完全的极端，与从柏拉图开始逐步形成的"透视"和"直视"两种主要的语言观念相互对应，联系紧密。从这一点而言，厘清两种语言观念也能从另一层面更好地理解通过"字对字"和"意对意"讨论所展现出来的二元对立的观念。

然而，虽然"透视"和"直视"语言造成了直译意译问题中的二元对立，但无论是"透视"还是"直视"，都是与存在及真实有关的。由此，在直译意译问题的二元对立背后存在一个形而上学的维度。形而上学（metaphysics）其字面意思是"物理学之后"。在亚里士多德撰写《形而上学》以后，形而上学就演变成为一门探究求是和求真的学问。是即存在，真即真实。在中国传统文化中，真还同时具有伦理学意义，指代真善美。如果"两千年以来的翻译理论都围绕'忠实'与'自由'展开"，回答的是"直译和意译的译文哪一种更好、译者能够自由地选择不同风格和习语来表达原作的意义吗"①等问题，那么直译意译问题所要处理的无疑是求真和求是两个关键性问题。从表面上，直译和意译讨论的是哪一种翻译方法更好，但实际上论者所关注的始终是译者翻译了什么信息，又背叛了什么信息。②无论是西方早期翻译理论中的"意对意"讨论，还是中国传统佛经翻译理论中的"文质论"均指向"传递什么？""如何传递？"而在近代的德国和中国，采用哪一种翻译方法是由"创造什么？""如何创造？"决定的。在现当代的译学讨论中，哲学家相信语言就是这个宏大计划所追求的地基，将这基本结构加以严格的分析，我们就可以对语言所再现的世界本质，以及被语言所塑造的人类心灵的本性，获得透彻的了解。语言分析取消了语言之外的本原，但却把语言自身当成了新的本原。翻译所呈现的正是语言如何言说自身这一过程。质言之，本书有限的直译意译问题分析说明，在直译意译问题背后是思想家对本原，以及如何求得本原的不同认识。直译意译问题中普遍存在着求是和求真这样的形而上学层面。值得注意的是，正如哲学家对何为是、何为真争论不休一样。正是基于对是和真的不同理念，直译意译问题才因此获得了一定的历史意义。

本 章 小 结

"发端于罗马体系中的字对字、意对意讨论以这样或那样的争辩方式一直绵延到了今天。"③我们从元理论层面研究巴斯内特发现，"这样或那样的方式"有着惊人的相似，即都是以"译什么？""如何译？""为何译？"等问题讨论来呈现的。如果将语言问题单独作为研究对象，不难发现，由于语言所具有的社会性，真理与意见、理性与信仰等各种矛盾其实是与社会主导性观念息息相关的。在普遍意义上，直译和意译是二元对立的两极，相互对立，泾渭分明。译者似乎只能在直译和意译中抉择。选择的结果决定译作是靠近原作、源语言和作

---

① George Steiner. *After Babel: Aspects of Language and Translation*. Shanghai: Shanghai Foreign Language Education Press, 2001, p.251.

② Louis Kelly. *The True Interpreter: A History of Translation Theory and Practice in the West*. Oxford: Basil Blackwell, 1979, p.219.

③ Susan Bassnett. *Translation Studies*. Shanghai: Shanghai Foreign Language Education Press, 2004, p. 45.

者，还是目的语和读者。但重新回到产生直译意译分歧的历史语境、语言观念和翻译观念，我们不难发现，这两个简单的概念十分复杂，关涉到了完全不同的语言观、文化观甚至神学观念，其间既有修辞学的讨论，也有佛学、人类学、哲学和文化研究的论争。显然，从直译意译问题产生开始，这一问题就体现了中西方翻译理论家对语言、社会、政治和宗教等重要问题的思考。这种思辨性的、形而上学的思考也充分说明了直译意译问题并不仅仅限于"如何译？"等有关翻译方法的论争，而是翻译理论家或译者将自身对某些重要观念的认识转化到了其翻译观念中。可以说，围绕直译意译问题的讨论从一开始就是一种观念与认识论的结合。

事实上，翻译作为一种语言活动和社会行为的本质始终无法改变。不管是修辞学框架下的"西塞罗式"（Ciceronian）翻译理论，还是中世纪和现当代神学和哲学交互中的翻译讨论，任何社会的主导性语言观念都与翻译有着这样那样的交互。由此，在所有关于翻译的讨论中，围绕社会主导观念，尤其是语言观念的讨论从未退场。即跳出单纯的翻译方法讨论直译意译问题的阐述，充分体现了翻译家或翻译理论家如何对语言与存在、语言与理性、语言与情感、理性与信仰等多个问题的权衡和考量。如何看待和认识上述关系也成为翻译家或翻译理论家探讨翻译问题的前提。

在不同的观念和认识论中自始至终存在一个不可忽视的共同的层面，即求是和求真的形而上学层面。从总体上而言，直译意译问题是一个"知识论"的问题，因为直译意译问题一直是围绕"是什么？""如何实现？"两个基本问题展开。由于翻译是一种语言转换行为，"直视"和"透视"两种截然不同的语言观念事先已经预设了思想家对翻译的对象存在分歧。又因为翻译理论家对存在和本原的认识不同，对翻译所要实现的目标理解也就不同。一言以蔽之，思想家总是不可避免地受到社会主导观念的影响，并根据自身的理念，对事实与意见、真理与表述、理性与情感等二元对立的一方有所倚重，"是什么？"以及"如何实现？"这两个问题在不同时期被转换为了"传递什么？""如何传递？""创造什么？""如何创造？""建构什么？""如何建构？"等更加细节化的问题。求解直译意译问题也需回到讨论所发生的历史语境中，考察问题与观念之间的内在联系，反思"是"与"真"这两个至关重要的概念。

结　语

描述和重构是本书探讨直译意译问题的主要方法。本书正是通过描述和重构两千余年来中西翻译理论史中的代表性直译意译问题，尝试重新认识和理解持续不断的直译意译讨论。为了更好地呈现相关讨论的前提和理据，本书从历时和共时两个层面同时展开，尝试追踪和辨析讨论直译意译问题的同一性向度，使之成为纵贯整篇论文的主线。由于参与直译意译问题讨论的理论家不胜枚举，时间跨度也长达两千余年，直译意译问题已然不再是一个单纯的翻译学问题，而是旁涉修辞学、社会学、文化研究、人类学等诸多社会科学相关学科。相较而言，本书所作的考察可谓管中窥豹，仅能涉及有限的几位重要理论家的经典论述及有限的几个论述层面。不过，正如导论所示，任何研究都有其自身的切入点和理论立场，在翻译理论发展过程中所出现的直译意译论争并非都在同一层面，针对同一翻译问题或翻译现象产生。对于持续不断的直译意译之争，重要的不是如何终止论争，而是尽可能地认识讨论本身。是则，本书立足于翻译学，以历史语境和语言观念的梳理为经，以代表性翻译理论家直译意译理论为纬，竭力展现出所涉相关直译意译理论的提出、展开和深化的整个过程，挖掘出其中的后续生命力。本书力图把握的仅仅是贯穿于整个直译意译问题的元理论层面，即对象理论的根本性前提和合理性基础。无论如何，本书所力图呈现的仅仅是笼罩在直译意译问题上那层薄纱。笔者希望通过设置明确的研究问题，建构起合理的理论框架的确立，整合问题的方方面面，使直译意译问题研究成为一个相对有机的整体。

从历时的角度，本书逐一考察了以下三个阶段的内容。

第一，从古罗马到中世纪早期西方翻译理论中以西塞罗"意对意"和奥古斯丁"字对字"为代表的直译意译问题讨论以及魏晋以来中国传统佛经翻译理论的"文""质"论。在这一阶段，翻译被普遍视作一种传递，直译意译的论争与"传递什么？""如何传递？"等问题息息相关。

第二，18 世纪以来，以施莱尔马赫和洪堡特为代表的德国早期浪漫主义哲学家的直译意译讨论，以及清末民初的近代中国的译名问题和直译问题讨论。在这一阶段，语言被视作思想的同一物，翻译内在的"创造性力量"得到重视，直译意译的论争被放置在异域性与民族性、本族语与外国语、新与旧的张力之中，围绕"创造什么？""如何创造？"等问题展开。

第三，20 世纪 60 年代以来，西方以德里达为代表的解构主义哲学家、以刘易斯为代表的后结构主义理论家以及以韦努蒂为代表的文化研究学者对直译意译问题的讨论，继而借用上述理论重新审视了作为中国传统翻译理论重要资源的严复的翻译。在这一阶段，语言被当作一个新的本原，翻译被普遍视作一个场域，直译意译讨论围绕如何让语言言说自身，如何通过翻译显现作为"他者"的异在，如何运用特定翻译策略在翻译过程中变更措辞或意义以应对英美主流文化价值观等问题展开。

从共时的角度，本书回答了以下两个问题。

（1）中西译论中围绕直译意译所展开的讨论持续不断，其背后的翻译学元理论问题是什么？本书将中西译学中的直译意译问题讨论作并置考察，通过语言分析、逻辑分析和概念分析，辨析各个不同时期、不同语境中的直译意译论，考察其合理性基础、论证方法和根本性立场，从而揭示直译意译问题中一以贯之的普遍主义和本质主义维度，即"求真"和"求是"的形而上学维度。

（2）若将直译意译问题放逐于其本原的历史语境中，所反映出来的语言、翻译现象与历史语境的关系是什么？本书借用了历史研究关于如何认识历史事实、解释历史问题的研究方法论，通过分析不同历史时期特定的历史语境，辨析其中的主导性社会文化和语言观念，分析观念与问题之间的内在逻辑联系，提出问题确定历史认知和观念，但观念又对问题产生"塑造性"影响。本书据此提出，在认识直译意译问题时，不可忽视社会文化观念、语言观念的变迁对直译意译问题讨论的影响。将直译意译问题视作一个既存的历史事实和复杂的历史问题，从历史的内在视野出发观照历史事实和历史问题，才能理解直译意译问题的历史性。

根据本书在历时和共时层面对所选材料的分析和考察，本书对所涉翻译理论中的直译意译问题作出如下结论。

第一，直译和意译两个概念不仅指涉翻译方法和策略，更是不同翻译观念的表征，与语言观念和社会历史语境有着千丝万缕的联系。不同语言观念影响了翻译观念，也制约了直译意译问题讨论的范畴、目的和展开方式。受产生讨论的历史语境影响，翻译理论的框架和理论诉求与特定社会文化观念关系紧密。

第二，直译和意译两个概念不是割裂开来的二元对立的概念。此两个术语的使用是翻译理论家在特定历史时期中历史认知和翻译观念的外化。

第三，语言自身的复杂性造成了直译意译问题内在的二元对立。在直译意译问题讨论中始终存在一个"求是"与"求真"的形而上学层面。

第四，直译意译问题连续不断与思想家在特定历史语境中的历史认知有关，与思想家对语言的认识以及对语言背后的"是"与"真"的认识不同有关。

与此同时，在挖掘中西译学代表性的直译意译问题讨论中，本书通过史料搜集和文本分析，在如下几个方面获得了新的理论发现。

一、对直译意译问题内在的形而上学层面的揭示

语言表达中既有确定的实在，也有抽象的本原问题；既有语言符号的使用与表达，也有个人的思想和情感。作为一种语言转换行为，翻译中也自然涉及了语言表达与思想传递、语言的命名与使用，语言背后的事物与存在等问题。由于翻译的本质是一种语言行为，对语言采用"直视"——重视语言中的存在、事实和真实等问题；或是"透视"——重视语言中的文辞和情感诉求等两种不同的方式影响了翻译理论家和译者翻译观念，使得他们在审视翻译对象时逐渐形成了两种倾向：注重源语文本背后的存在、事实和真实，或是注重源语文本本身。而在具体的翻译行为中，由于两种语言和文化的差异、上帝和人类愚智天隔或者佛言与人言判若鸿沟，在反思如何传递、创造和构建本原或情感等问题时，翻译理论家和译者进一步形成了以直译或意译为代表的两种主张。继而这两种主张反过来影响他们对翻译行为、翻译过程和翻译结果的认识和判断，并由此在翻译方法策略、译者的责任以及译本评介等问题上产生了分歧。然而，不管翻译是传递、创造还是场域，直译意译问题始终围绕"传递什么？"、"创造什么？"和"构建什么？"等"是什么"的问题展开，关注"如何传递？""如何创造？""如何构建？"等"如何求得"的问题。在直译意译问题中始终存在着"求是"与"求真"这样一个形而上学层面。

二、对直译意译问题讨论向度和维度的揭示

直译和意译是翻译理论中的常用术语。从整体上而言，两者既是翻译方法，也是翻译策略。但由于不同的理论通过不同的方式寻求理论框架的闭合，具有不同的目的和诉求，尤其是在特定的历史语境中，某些社会价值的改变有可能改变重要观念的内涵，因此不同翻译理论家对直译意译问题的反思和整体建构及其表达方式，都和特定时期的历史语境有密切的关系。直译意译问题中不仅隐含着论者对"为何译？""可否译？""为谁译？""如何译？"等翻译研究中的普遍问题的关切和思考，更涉及了论者在特定历史语境中的特定历史认知。是则，直译和意译不应再被简单地视作一组二元对立的概念，而是翻译理论家翻译思想及其翻译理论中的有机组成部分。直译意译问题的复杂性在于该问题内在的历史性。在翻译研究中，认识和理解直译意译问题需要将政治、文化、哲学范畴纳入考察范围，从翻译理论家如何界定和运用直译或意译等相关概念入手，把握其理论叙述的角度、视野和价值，理解其理论叙述的合理性基础。

诚然，本书只是有选择性地论述代表性理论，侧重的是复杂历史语境中的语言观念和翻译观念之间的张力，以及在这些张力下形成的直译意译讨论。那么随之而来的问题是，本书所选择的有关直译意译问题的讨论是否能反映出这个复杂问题的全貌。与此相关，围绕本书的选题、构架和结论或许有颇多诘问。笔者在自省的同时，尝试回答以下诘问。

诘问一：在持续两千余年的直译意译问题讨论中，真的存在这样一个一以贯之的元理论层面吗？有一个一以贯之的问题和主线吗？

元理论是指从更高的层面对某一理论本身进行研究。翻译研究的元理论是对自身的审度和反思。作为翻译理论的重要组成部分，直译意译问题中不仅有论者对"译还是不译？""可否译？""为何译？""为谁译？"等翻译研究中的普遍问题的关切和思考，更有对"何为翻译？""翻译为何？"等有关翻译和翻译学本体的考量。如果"翻译理论是翻译概念和翻译原理的体系，是从实践中概括出来的对翻译活动的条理化、系统化的理性认识，是对翻译活动之本质、规律的正确反映"，那么直译意译问题所呈现的是不同翻译理论家在特定历史语境中的

对翻译活动、翻译现象和翻译行为的反思，"何为翻译？"以及"翻译何为？"这两个基本问题自始至终贯穿直译意译问题的讨论之中。通过辨析直译意译论的合理性基础、论证方法和根本性立场，理解翻译理论家理论叙述的角度、视野和价值，无疑能在一定程度上获得有关翻译本体的理性认识。

> 诘问二：直译意译问题之复杂，其中涉及的翻译思想、翻译批评和翻译方法极其丰富远远不是通过厘清社会文化和语言观念可以澄清的。笔者如何保证论文的考察是深入细致的，且不流于一种形式化的空洞的述评？

直译意译问题在翻译理论史中持续了两千余年，其本身的复杂性和历史性远不是本书可以廓清的。本书的研究从共时和历时的两个层面展开，仅仅是为了求得对直译意译问题的理性认识，即将直译意译问题作为一个历史事实和历史问题来看待，而不是将直译和意译简单地看作一组二元对立的概念。本书强调历史语境的重要性，皆因为观念与问题之间存在相互影响、相互制约的关系。正确认识特定历史语境中的社会文化主导观念，厘清语言观念是理性认识直译意译问题的首要前提。本书在考察直译意译问题时，将直译意译问题放置在特定历史时期的政治文化范畴之内，不是一种直线进化、目的论的叙述方式，而是为了进入直译意译问题自身内在视野。从这个内在视野出发，或能认识和理解直译意译问题展开的角度和价值。进一步而言，本书以直译意译问题为研究对象，考察的是直译意译问题背后的元理论层面，力图呈现的是普遍性背后的特殊性以及特殊性背后的普遍性。是则，本书在论述过程中尝试把握社会文化和语言观念与翻译观念的内在联系，并以此为主要框架，重新思考直译意译问题的复杂性和历史性。

正是考虑到直译意译问题的复杂性，本书只能在有限的篇幅中对该问题作一个有益的尝试，将研究的重点放置在直译意译问题背后的元理论层面上，对直译意译研究的问题提出解答。许多相关问题有待日后作进一步的深入研究。这里的相关问题是指：第一，关于翻译理论史的书写；第二，关于翻译批评的全面认识；第三，关于中国传统直译意译理论的重新认识和整理。

参 考 文 献

安德森：《想象的共同体：民族主义的起源与散布》，吴叡人译，上海：上海人民出版社，
　　2005 年。

奥古斯丁：《论灵魂及其起源》，石敏敏译，北京：中国社会科学出版社，2017 年。

本雅明：《本雅明文选》，陈永国、马海良译，北京：中国社会科学出版社，1999 年。

伯林：《反潮流：观念史论文集》，冯克利译，南京：译林出版社，2002 年。

曹明伦：《翻译之道：理论与实践》，保定：河北大学出版社，2007 年。

陈平原：《20 世纪中国小说史》，北京：北京大学出版社，1989 年。

陈平原：《中国现代小说的起点——清末民初小说研究》，北京：北京大学出版社，2010 年。

陈平原、夏晓虹：《二十世纪中国小说理论资料·第一卷（1897—1916）》，北京：北京大学出
　　版社，1989 年。

陈山榜：《张之洞教育文存》，北京：人民教育出版社，2008 年。

陈寅恪：《陈寅恪集 金明馆丛稿初编》，3 版. 北京：生活·读书·新知三联书店，2015 年。

陈寅恪：《陈寅恪集 金明馆丛稿二编》，3 版. 北京：生活·读书·新知三联书店，2015 年。

陈永国：《翻译与后现代性》，北京：中国人民大学出版社，2005 年。

陈子展：《中国近代文学之变迁：最近三十年中国文学史》，上海：上海古籍出版社，2000 年。

辞海编辑委员会：《辞海》，上海：上海辞书出版社，1999 年。

德里达：《论文字学》，汪家堂译，上海：上海译文出版社，1999 年。

德里达：《书写与差异》，张宁译，北京：生活·读书·新知三联书店，2001 年。

德里达：《声音与现象》，杜小真译，上海：上海三联出版社，2010 年。

邓伟：《分裂与建构：清末民初文学语言新变研究》，北京：中国社会科学出版社，2009 年。

丁守和：《辛亥革命时期期刊介绍》（第四集），北京：人民出版社，1987 年。

董琨：《"同经异译"与佛经语言特点管窥》，《中国语文》，2002 年第 6 期，第 559-566 页。

杜慧敏：《晚清主要小说期刊译作研究（1901～1911）》，上海：上海世纪出版集团上海书店出
　　版社，2007 年。

方梦之：《译学词典》，上海：上海外语教育出版社，2004 年。

傅柯：《知识的考掘》，王德威译，台北：麦田出版公司，1993 年。

高凤谦:《翻译泰西有用书籍议》,《时务报》,1897 年 5 月 12 日。

高楠顺次郎:《大正新修大藏经》,台北:佛陀教育基金会出版部,1990 年。

高平叔:《蔡元培全集》(第四卷),北京:中华书局,1984 年。

格洛登、克雷斯沃思、济曼:《霍普金斯文学理论和批评指南:第 2 版》,王逢振等译,北京:
    外语教学与研究出版社,2011 年。

辜正坤:《中西诗比较鉴赏与翻译理论》,北京:清华大学出版社,2003 年。

古雷加:《德国古典哲学新论》,北京:中国社会科学出版社,1993 年。

关熔珍:《斯皮瓦克研究》,四川大学博士学位论文,2007 年。

郭建中:《韦努蒂访谈录》,载《中国翻译》,2008 年第 3 期,第 43-46 页。

郭绍虞:《中国历代文论选》,上海:上海古籍出版社,2001 年。

豪威尔斯:《德里达》,张颖、王天成译,哈尔滨:黑龙江人民出版社,2002 年。

赫尔德:《论语言的起源》,姚小平译,北京:商务印书馆,1998 年。

赫胥黎:《天演论》,严复译,北京:商务印书馆,1981 年。

洪堡特:《洪堡特语言哲学文集》,姚小平译,北京:商务印书馆,2011 年。

洪堡特:《论人类语言结构的差异及其对人类精神发展的影响》,北京:商务印书馆,1999 年。

胡翠娥:《文学翻译与文化参与——晚清小说翻译的文化研究》,上海:上海外语教育出版社,
    2007 年。

胡以鲁:《论译名》,载《庸言》,1914 年,第二卷 1-2 号。

胡以鲁:《国学语草创》,北京:商务印书馆,1923 年。

黄克武:《自由的所以然:严复对约翰弥尔自由思想的认识与批判》,上海:上海书店出版社,
    2000 年。

黄克武:《惟适之安:严复与近代中国的文化转型》,北京:社会科学文献出版社,2012 年。

黄遵宪:《日本国志》(卷三十三),载《学术志二》,广州:富文斋,1890 年。

霍克斯:《论隐喻》,高丙中译,北京:昆仑出版社,1992 年。

慧皎:《高僧传》,汤用彤校注,汤一玄整理,北京:中华书局,1992 年。

慧皎等撰:《高僧传合集》,上海:上海古籍出版社,1991 年。

加达默尔:《真理与方法》,洪汉鼎译,上海:上海译文出版社,1999 年。

金观涛、刘青峰:《观念史研究:中国现代重要政治术语的形成》,北京:法律出版社,2010 年。

荆素蓉:《梁遇春翻译研究》,北京:外语教学与研究出版社,2012 年。

卡西尔:《人论》,甘阳译,北京:西苑出版社,2003 年。

柯林武德:《历史的观念》,何兆武、张文杰译,北京:商务印书馆,1997 年。

柯林武德:《柯林武德自传》,陈静译,北京:北京大学出版社,2005 年。

库恩:《科学革命的结构》,金吾伦、胡新和译,北京:北京大学出版社,2003 年。

李德超:《TAPs 翻译过程研究二十年:回顾与展望》,载《中国翻译》,2005 年第 1 期,第 29-
    34 页。

李泽厚:《中国近代思想史论》,北京:人民出版社,2003 年。

梁启超:《饮冰室合集》,北京:中华书局,1941 年。

梁启超:《佛学研究十八篇》,上海:上海古籍出版社,1993 年。

梁启超:《清代学术概论》,上海:上海古籍出版社,2005 年。

梁实秋:《论鲁迅先生的"硬译"》,载《新月》,1929 年第 2 卷第 6、7 合刊。

林煌天：《中国翻译词典》，武汉：湖北教育出版社，1997 年。

凌云岚考释：《朱自清：文学的标准与尺度》，济南：山东文艺出版社，2006 年。

刘刚强：《王国维美论文选》，长沙：湖南人民出版社，1987 年。

刘利民：《在语言中盘旋：先秦名家"诡辩"命题的纯语言思辨理性研究》，成都：四川大学
　　出版社，2007 年。

刘亚猛：《追求象征的力量：关于西方修辞思想的思考》，北京：生活·读书·新知三联书店，
　　2004 年。

刘云虹：《从林纾、鲁迅的翻译看翻译批评的多重视野》，载《外语教学》，2010 年第 6 期，第
　　101-104 页。

鲁迅：《鲁迅译文集》（第一卷），北京：人民文学出版社，1958 年。

鲁迅：《鲁迅全集》，北京：人民文学出版社，2005 年。

罗新璋：《翻译论集》，北京：商务印书馆，1984 年。

罗志田：《林纾的认同危机与民初的新旧之争》，载《历史研究》，1995 年第 5 期，第 117-132 页。

罗志田：《见之于行事：中国近代史研究的可能走向——兼及史料、理论与表述》，载《历史
　　研究》，2002 年第 1 期，第 22-40，190 页。

吕澂：《中国佛学源流略讲》，北京：中华书局，1979 年。

孟昭连：《文白之辨——译经史上文质之争的实质》，载《南开大学学报》，2009 年第 3 期，第
　　130-140 页。

苗力田：《古希腊哲学》，北京：中国人民大学出版社，1989 年。

苗力田：《亚里士多德全集》（第七卷），北京：中国人民大学出版社，1993 年。

木山英雄：《文学复古与文学革命》，赵京华编译，北京：北京大学出版社，2004 年。

穆诗雄：《以直译为主，还是以意译为主？——兼评几种翻译教科书的直译意译论》，载《外
　　语与外语教学》，2003 年第 7 期，第 50-52 页。

欧阳哲生：《胡适文集》，北京：北京大学出版社，1998 年。

彭刚：《叙事的转向：当代西方史学理论的考察》，2 版，北京：北京大学出版社，2017 年。

普罗斯特：《历史学十二讲》，王春华译，北京：北京大学出版社，2012 年。

浦汉明：《浦江清文史杂文集》，北京：清华大学出版社，1993 年。

钱玄同：《钱玄同文集》，北京：中国人民大学出版社，1999 年。

钱钟书：《七缀集》，北京：生活·读书·新知三联书店，2002 年。

璩鑫圭、唐良炎：《中国近代教育史资料汇编学制演变》，上海：上海教育出版社，1991 年。

任东升：《翻译学理论的系统构建——2009 年青岛"翻译学学科理论系统构建高级论坛"论文
　　集》，上海：上海外语教育出版社，2010 年。

任鸿隽：《说中国无科学之原因》，载《科学》，1915 年第一卷第一期。

申报馆：《最近之五十年》，上海：申报馆，1923 年。

沈洁：《"新学猖狂"与启蒙的生意》，载《读书》，2013 年第 10 期，第 106-112 页。

施特劳斯：《自然权利与历史》，彭刚译，北京：生活·读书·新知三联书店，2003 年。

释僧祐：《出三藏记集》，苏晋仁、萧錬子点校，北京：中华书局，1995 年。

索绪尔：《普通语言学教程》，高名凯译，北京：商务印书馆，2009 年。

谭载喜：《西方翻译简史》（增订版），2 版，北京：商务印书馆，2004 年。

汤用彤：《汉魏两晋南北朝佛教史》，北京：北京大学出版社，2011 年。

汤用彤：《隋唐佛教史稿》，北京：北京大学出版社，2010年。

唐逸：《理性与信仰：西方中世纪哲学思想》，桂林：广西师范大学出版社，2005年。

汪东萍、傅勇林：《从头说起：佛经翻译"文质"概念的出处、演变和厘定》，载《外语与外语教学》，2010年第4期，第69-73页。

汪晖：《现代中国思想的兴起》，北京：生活·读书·新知三联书店，2008年。

王东风：《归化与异化：矛与盾的交锋？》，载《中国翻译》，2002年第5期，第26-28页。

王东风：《韦努蒂与鲁迅异化翻译观比较》，载《中国翻译》，2008年第2期，第5-10页。

王宏印：《中国传统译论经典诠释——从道安到傅雷》，武汉：湖北教育出版社，2003年。

王宏志：《重释"信达雅"》，上海：东方出版中心，2007年。

王宏志：《翻译史研究 第一辑（2011）》，上海：复旦大学出版社，2011年。

王力：《古代汉语》，北京：中华书局，1962年。

王斯德等：《现代化进程中的中国人文学科（文学卷）》，上海：上海人民出版社，2005年。

王栻：《严复集》，北京：中华书局，1986年。

王运熙：《文质论与中国中古文学批评》，载《文学遗产》，2002年第5期，第4-10，142页。

王中江：《进化主义在中国的兴起：一个新的全能式世界观》（增补版），北京：中国人民大学出版社，2010年。

薇思瓦纳珊：《权力、政治与文化：萨义德访谈录》，单德兴译，北京：生活·读书·新知三联书店，2006年。

邬国义：《关于严复翻译〈天演论〉的时间》，载《华东师范大学学报（哲学社会科学版）》，1981年第3期，第83-84页。

吴敬恒：《补救中国文字之方法若何？》，载《新青年》，1918年，第五卷第五号，第483-508页。

西塞罗：《论演说家》，王焕生译，北京：中国政法大学出版社，2003年。

西塞罗：《论神性》，石敏敏译，北京：商务印书馆，2012年。

夏晓虹、王风：《文学语言与文章体式：从晚清到"五四"》，合肥：安徽教育出版社，2006年。

夏征农等：《大辞海·哲学卷》，上海：上海辞书出版社，2003年。

谢天振：《翻译的理论建构与文化透视》，上海：上海外语教育出版社，2000年。

熊月之：《西学东渐与晚清社会》，上海：上海人民出版社，1994年。

徐时宜：《古白话词汇研究论稿》，上海：上海教育出版社，2000年。

许国璋：《关于索绪尔的两本书》，载《国外语言学》，1983年第1期，第1-18页。

许均：《翻译论》，武汉：湖北教育出版社，2003年。

许理和：《关于初期汉译佛经的新思考》，顾满林译，载四川大学汉语史研究所编：《汉语史研究集刊》（第四辑），2001年，成都：巴蜀书社，第286-312页。

玄奘：《大唐西域记》，辩机撰，陈引驰、陈特注评，南京：凤凰出版社，2013年。

薛绥之、张俊才：《林纾研究资料》，北京：知识产权出版社，2009年。

伊格尔顿：《理论之后》，商正译，北京：商务印书馆，2009年。

伊瑟尔：《怎样做理论》，朱刚、谷婷婷、潘玉莎译，南京：南京大学出版社，2008年。

亚理斯多德：《修辞学》，罗念生译，上海：上海人民出版社，2006年。

严可均：《全晋文》，北京：商务印书馆，1999年。

俞理明：《佛经文献语言》，成都：巴蜀书社，1993年。

臧仲伦：《中国翻译史话》，济南：山东教育出版社，1991年。

张柏然、辛红娟：《当下翻译理论研究的两个向度》，载《中国外语》，2009 年第 5 期，第 93-97 页。

张冬梅：《翻译之"应该"的元理论研究》，长沙：湖南人民出版社，2015 年。

张静庐，《中国近现代出版史料》（初编），上海：上海书店出版社，2011 年。

张隆溪：《二十世纪西方文论述评》，北京：生活·读书·新知三联书店，1986 年。

张兴成：《现代文化政治冲突中的"母语认同"——德国浪漫主义母语观反思》，载《文艺理论研究》，2011 年第 2 期，第 79-86 页。

张学智：《贺麟选集》，长春：吉林人民出版社，2005 年。

张逸婧：《隐喻与形而上学的关系——德里达和利科关于隐喻的争论》，载《复旦学报（社会科学版）》，2009 年第 5 期，第 30-35 页。

张元济：《〈德诗汉译〉序》，应溥泉选译，上海：世界书局，1939 年。

章士钊：《答容挺公论译名》，载《甲寅》，1914 年第一卷第四号。

章士钊：《甲寅杂志存稿》，上海：上海商务印书馆，1922 年。

章士钊：《章士钊全集》（第一卷），北京：文汇出版社，2000 年。

章太炎：《规新世纪》，载《民报》，1908 年第 26 号。

赵敦华：《基督教哲学 1500 年》，北京：北京大学出版社，1994 年。

赵敦华：《中世纪哲学研究的几个关键问题——读〈理性与信仰：西方中世纪哲学思想〉有感》，载《北京大学学报（哲学社会科学版）》，2007 年第 1 期，第 49-54、59 页。

赵家璧：《中国新文学大系：建设理论集》，胡适编选，上海：上海良友图书印刷公司，1935 年。

赵一凡：《西方文论关键词》，北京：外语教学与研究出版社，2006 年。

赵铮：《德里达的"解构"之路》，载陶秀璈、姚小平：《语言研究中的哲学问题》，北京：中央编译出版社，2010 年。

郑振铎：《俄国文学史中的翻译家》，《改造》，1921 年第 3 卷第 11 期。

中国翻译工作者协会《翻译通讯》编辑部：《翻译研究论文集》（1894—1948），北京：外语教学与研究出版社，1984 年。

周伟驰：《记忆与光照：奥古斯丁神哲学研究》，北京：社会科学文献出版社，2001 年。

周作人：《知堂序跋》，钟叔河编订，北京：中国人民大学出版社，2004 年。

钟叔河：《周作人散文全集》，桂林：广西师范大学出版社，2009 年。

朱安博：《归化与异化：中国文学翻译研究的百年流变》，北京：科学出版社，2009 年。

朱刚：《本原与延异：德里达对本原形而上学的解构》，上海：上海人民出版社，2006 年。

朱刚：《开端与未来——从现象学到解构》，北京：商务印书馆，2012 年。

朱光潜：《诗论》，上海：上海古籍出版社，2005 年。

朱光潜：《西方美学史》，北京：人民文学出版社，1979 年。

朱庆之：《汉译佛典中"所 V"式被动句及其来源》，载《古汉语研究》，1995 年第 1 期，第 29-31 页。

朱志瑜、张旭、黄立波：《中国传统译论文献汇编 卷一（三国—1919）》，北京：商务印书馆，2020 年。

Baker, Mona & Gabriela Saldanha. *Routledge Encyclopedia of Translation Studies*. Shanghai: Shanghai Foreign Language Education Press, 2010.

Barnar, F. M. *Herders' Social and Political Thought: From Enlightenment to Nationalism*. Oxford:

Clarendon Press,1965.

Bassnett, Susan. *Translation Studies*. 3rd edn. Shanghai: Shanghai Foreign Language Education Press, 2004.

Benjamine, Walter. *Reflections: Essays, Aphorims, Autobiographical Writings*. New York: Schocken, 1986.

Berman, Antoine. *The Experience of the Foreign: Culture and Translation in Romantic Germany Intersections*. Albany: State University of New York Press, 1992.

Blackburn, Simon. *Oxford Dictionary of Philosophy*. 3rd edn. Oxford: Oxford University Press, 2016.

Burke, Peter. *Language and Communities in Early Modern Europe*. Cambridge: Cambridge University Press, 2004.

Carvier, Newton. *A Preface to Sound and Phenomenon*. In Jacques Derrida. *Speech and Phenomena and Other Essays on Husserl's Theory of Signs*. David B. Allison trans. Evanston: Northwestern University Press, 1973.

Chesterman, Andre & Rosemary Arrojo. Shared ground in translation studies. *Target*. 2000, 12(1):151-160.

Chomsky, Noam. *Current Issues in Linguistic Theory*. London:The Hague: Mouton & Co, 1970.

Cicero. *De Oratore* (Books Ⅲ). J. S. Waton trans. New York: Harper & Brothers, 1860.

Cicero. *De Oratore* (Books I, Ⅱ). E. W. Sutton trans. Cambridge: Harvard University Press, 1942.

Copeland, Rita. *Rhetoric, Hermeneutics, and Translation in the Middle Ages*. Cambridge: Cambridge University Press, 1991.

Davis, Kathleen. *Deconstruction and Translation*. Shanghai: Shanghai Foreign Language Education Press, 2001.

Delisie, Jean & Judith Woodsworth. *Translators through History* (Revised Edition). Philadelphia: John Benjamins Publishing Company, 2012.

Derrida, Jacques. *Speech and Phenomena and Other Essays on Husserl's Theory of Signs*. David B. Allison trans. Evanston: Northwestern University Press, 1973.

Derrida, Jacques. *The Ear of the Other: Otobiography, Transference, Translation*. New York: Routledge, 2002.

Dollerup, Cay. *Basics of Translation Studies*. Shanghai: Shanghai Foreign Language Education Press, 2007.

Foucault, Michel. *The Order of Things*. London: Routledge, 2002.

Genzler, Edwin. *Contemporary Translation Theories*. Shanghai: Shanghai Foreign Language Education Press, 2001.

Gentzler, Edwin. Translation, Poststructuralism, and Power. In Maria Tymoczko & Edwin Gentzler (Eds.), *Translation and Power*. Beijing: Foreign Language Teaching and Research Press, 2007.

Holmes, James. *Translated! Papers on Literary and Translation Studies*. Beijing: Foreign Language Teaching and Research Press, 2007.

Jespersen, Otto. *Language: Its Nature, Development and Origin*. London: H. Holt Publisher, 1922.

Julie, Rivkin & Michael Ryan. *Literary Theory: An Anthology*. Oxford: Blackwell Publishing Ltd., 2004.

Kelly, Louis. *The True Interpreter: A History of Translation Theory and Practice in the West*. Oxford: Basil Blackwell. 1979.

Kennedy, George. *The Art of Rhetoric in the Roman World*. Princeton: Princeton University Press, 1972.

Lanham, Richard. *Literacy and the Survival of Humanism*. New Haven: Yale University Press, 1983.

Large, Duncan, Mokoto Akashi, Wnanda Jozwikowska, et al. *Untranslatability: Inter-disciplinary Perspective*. New York: Routledge, 2019.

Lefevere, André. *Translation/History/Culture: A Sourcebook*. Shanghai: Shanghai Foreign Language Education Press, 2004.

Losa, Edith F. *Keystones of Commnicaiton: Proceedings of the 34th Annual Conference of the American Translators Association*. Medford: Learned Information, 1993.

Munday, Jeremy, Sara Ramos Pinto & Jacob Blakesley. *Introducing Translation Studies: Theories and Applications*. 5th edn. London: Routledge, 2022

Newmark, Peter. *A Textbook of Translation*. Shanghai: Shanghai Foreign Language Education Press, 2001.

Niranjana, Tejaswini. *Siting Translation: History, Post-structualism and the Colonial Context*. Berkeley: University of California Press,1992.

Olmsted, Wendy. *Rhetoric: An Historical Introduction*. Malden: Blackwell Publishing, 2006.

Orero, Pilar & Juan C. Sager. *The Translator's Dialogue: Giovanni Pontiero*. Amsterdam: John Benjamins, 1997.

Palmer, Richard.E. *Hermeneutics: Interpretation Theory in Schleiermacher, Dilthey, Heidegger, and Cadamer*. Evanston: Northwestern University Press, 1969.

Palumbo, Giuseppe. *Key Terms in Translation Studies*. London: Continuum International Publishing Group, 2009.

Pym, Anthony. *Method in Translation History*. Beijing: Foreign Language Teaching and Research Press, 2007.

Pym, Anthony. *On Translator Ethics: Principles for Mediation between Cultures*. Heike Walker trans. Amsterdam/Philadelphia: John Benjamins Publishing Company, 2012.

Robinson, Douglas. *Translation and Empire: Postcolonial Theories Explained*. Beijing: Foreign Language Teaching and Research Press, 2007.

Robinson, Douglas. *Western Translation Theory: From Herodotus to Nietzsche*. Beijing: Foreign Language Teaching and Research Press, 2006.

Robinson, Douglas. *What is Translation? Centrifugal Theories, Critical Interventions*. Beijing: Foreign Language Teaching and Research Press, 2007.

Said, Edward. *Orientalism*. New York: Vintage Books, 1979.

Schleiermacher, Friedrich. *Hermeneutics and Criticism: And Other Writings*. New York: Cambridge University Press, 1998.

Schulte, Rainer & John Biguenet. *Theories of Translation: An Anthology of Essays from Dryden to Derrida*. Chicago: The University of Chicago Press, 1992.

Schwartz, Benjamin I. *China and Other Matters*. Cambridge: Harvard University Press, 1996.

Schwarz, Walter. *Principles and Problems of Biblical Translation: Some Reformation Controversies and their Background*. London: Cambridge University Press, 1955.

Shuttleworth, Mark. & Moira Cowie. *Dictionary of Translation Studies*. Shanghai: Shanghai Foreign Language Education Press, 2004.

Sidverman, Hugh J. & Gary E. Aylesworth. *The Textual Sublime: Deconstruction and Its Differences*. Aylesworth: State University of New York Press, 1990.

Simon, Sherry & Paul St-Pierre. *Changing the Terms: Translating in the Postcolonial Era*. Beijing: Foreign Language Teaching and Research Press, 2007.

Skinner, Quentin. *Visions of Politic (vol. 1 Regarding Method)*. Cambridge: Cambridge University Press, 2002.

Steiner, George. *After Babel: Aspects of Language and Translation*. Shanghai: Shanghai Foreign Language Education Press, 2001.

Taylor, Charles. *Source of the Self: The Making of the Modern Identity*. Cambridge: Harvard University Press, 1989.

Tymoczko, Maria. *Enlarging Translation, Empowering Translators*. Manchester: St. Jerome Publishing, 2007.

Veeser, H. Aram. *New Historicism*. New York: Routledge, 1989.

Venuti, Lawrence. *Rethinking Translation: Discourse, Subjectivity, Ideology*. London: Routledge, 1992.

Venuti, Lawrence. *The Translator's Invisibility: A History of Translation*. 2nd edn. New York: Routledge, 2004.

Venuti, Lawrence. *The Translation Studies Reader*. 2nd edn. London: Routledge, 2004.

Venuti, Lawrence. *The Translation Studies Reader*. 3rd edn. London: Routledge, 2012.

Weissbort, Daniel & Astradur Eysteinsson. *Translation— Theory and Practice: A Historical Reader*. Oxford: Oxford University Press, 2006.

White, Hayden. *Tropics of Discourse: Essays in Cultural Criticism*. Baltimore: The Johns Hopkins University Press, 1978.

White, Hayden. *Metahistory: The Historical Imagination in Nineteenth-century Europe*. Baltimore: Johns Hopkins University Press, 1975.

White, Hayden. *Literary Theory and Historical Writing, in Figural Realism: Studies in the Mimesis Effect*. Baltimore: The Johns Hopkins University Press, 1999.

Wilss, Wolfram. *The Science of Translation: Problems and Methods*. Shanghai: Shanghai Foreign Language Education Press, 2001.